寻找百倍医药股

全新升级版

锁定未来十年的**医药龙头股**

吕长顺（@凯恩斯）著

中国经济出版社
CHINA ECONOMIC PUBLISHING HOUSE
北京

图书在版编目（CIP）数据

寻找百倍医药股：全新升级版 / 吕长顺著 .--2 版
.-- 北京：中国经济出版社，2021.4（2021.6 重印）
ISBN 978-7-5136-3040-5

Ⅰ. ①寻… Ⅱ. ①吕… Ⅲ. ①股票投资 - 基本知识
Ⅳ. ① F830.91

中国版本图书馆 CIP 数据核字（2021）第 070393 号

责任编辑　丁　楠
责任印制　马小宾
封面设计　久品轩

出版发行　中国经济出版社
印 刷 者　北京艾普海德印刷有限公司
经 销 者　各地新华书店
开　　本　710mm × 1000mm　1/16
印　　张　21.25
字　　数　319 千字
版　　次　2021 年 4 月第 2 版
印　　次　2021 年 6 月第 2 次
定　　价　59.80 元
广告经营许可证　京西工商广字第 8179 号

中国经济出版社　**网址** www. economyph. com　**社址** 北京市东城区安定门外大街 58 号　**邮编** 100011
本版图书如存在印装质量问题，请与本社销售中心联系调换（联系电话：010-57512564）

序言

人生有多少百倍机会被错过 >>>>

曾经看到这样的故事："20 世纪 70 年代末，我回祖籍老家，那时爷爷还健在，我在他老屋厅堂的条桌上看见一个半米多高的瓷花瓶，有些喜爱，就不时抚弄一下。爷爷见状爽快地说要是喜欢可以带走，那可是几辈人传下来的明朝老瓶。当时我还小，没懂得拿。"

"80 年代初，一天在邮局门口我看见一个人在叫卖整版的庚申年猴票。我问了价钱，那人回答说整版 80 枚卖 80 元。我想 8 分钱的邮票凭啥卖 1 元，不会是投机倒把吧！那人一副懒得理我的模样走开了。"

"90 年代初，我去广西凭祥，在边境上看见有卖越南黄花梨木的，老板承诺包托运。我问了价钱，老板回答说 6 000 元一立方。我想国内一方樟木才卖 1 500 元，这是抢劫啊！老板一副懒得理我的模样走开了。"

后来，那个大明嘉靖青花梅瓶被别人花 50 元钱从爷爷那收走了，拍卖会上卖到了 2 000 万元；那整版的庚申年猴票现在起价是 100 万元；黄花梨木家具如今没谁再论立方卖，而是跟黄金一样论斤两卖。人的一生总会遇到这样百倍千倍的机会，往往抓住一次就可以终身富裕，但是机会往往和我们擦肩而过，它只留给那些有准备的人。怎样才能有准备呢？就是认识和掌握事物运行的规律。

其实股市里这样百倍千倍的机会最多，投资者只要抓住一次大牛股机会，就可以为自己和家庭奠定富裕的基础。当然，这种机会并非一夜之间出现，需要投资者挑选出那些未来能成为百倍千倍牛股的少数几个小公司，一路持有，等待它们成长为千亿市值的大公司。当然，选择这样的股票，是很考验投资者分辨能力的。

在机会面前，更多的投资者在怀疑，沪指在 2001 年是 2 245 点，现在才 3 000 点左右。真的存在这样的机会吗？事实上中小板和深成指过去涨幅都超过了十倍。一个指数涨十倍，意味着有相当一大批龙头股上涨了百倍。其实 A 股中出现百倍牛股的机会也很多。中小板第一批股票从 002001 到 002040，创业板第一批股票从 300001 到 300058，很多都有几十倍的涨幅。所以，当一个股民抱怨 A 股不赚钱，认为价值投资就等于不赚钱的时候，事实反而是三年十倍的股票机会遍地都是。

如何将三年十倍股和百倍千倍股联系起来呢？投资者可以换个思路，先实现一个十倍的小目标，两次十倍牛股的机会就是百倍，三次十倍牛股的机会就是千倍。

至于千倍的股票，国内外的市场都出现过一批，虽然 A 股中出现的不是很多，但是也出现过，深圳市场的前几名：平安银行（刚上市时叫深发展，000001）、深万科（000002）都是上市十几年就上涨了千倍的股票。在成熟的美国市场，实现千倍牛股的时间要长得多，巴菲特的伯克希尔·哈撒韦公司从20世纪70年代开始持有可口可乐股票，几十年才有这样的收益。

虽然，在大多数散户股民的心中，价值投资就是套牢的代名词，但价值投资者并非只是傻乎乎地持有股票，因为价值投资是有标准的。一个价值投资者持有一只股票，可以有 11 个月亏损，但是超过一年还在亏钱的话，一定要反思，这可能不是价值投资错了，而是选择错了——要么买贵了，要么选错了。

未来股市还会有三年翻十倍、十年翻百倍的机会吗？答案是未来这样的机会会更多。因为中国经济在转型，新兴产业中这样的机会会非常多。

当然，也有人问："我怎么没有看到呢？"

股市里只有三天：昨天、今天、明天。我们要回顾昨天，把握今天，展望明天。历史不会简单重复，不过历史规律在一定条件下可以重现。历史上牛股的成长规律可以告诉我们未来哪些公司最可能成为百倍千倍牛股。本书希望帮助读者解决这样的问题：如何寻找一家能够成长为国际化大公司的小公司？高成长股票的基本规律是什么？如何选择医药大牛股？解决了这些问题，当下一次机会出现时，我们就可以抓住。

股市每天都是新的，作为投资者，要活到老学到老。学习不是一两天的事，我们需要花一辈子时间去努力，而今天的努力也是为了让明天更美好。

本书所倡导的投资就是选未来可能成长为百倍千倍牛股的"牛犊"——小公司。可能有些朋友会问："为什么不选现在大家公认的牛股呢，比如万科、中国平安、招商银行？"历史规律告诉我们，虽然"牛犊"成长为牛股有一定的不确定性，但是上一轮牛市的大牛股，99%都不会是下一轮牛市的大牛股。美国华尔街有这样一个历经40年实践检验、屡试不爽的选股理论——飞镖理论。有位学者曾经做过一个让大猩猩和专家进行炒股比赛的实验，专家们运用各种投资分析手段选股，包括选啥股、何时买、何时卖等，无不经过了所谓"交易系统"的严格论证；相对来说，大猩猩的选股方法就简单多了，它随意用飞镖投向一块写满股票代码的木板，投中哪只股票，就买哪只股票。照此思路操作，几年之后，大猩猩居然与专家们获得了差不多的投资收益！"大猩猩选股"中，专家们选择的都是当时市场公认的牛股，但是这些牛股大概率都不是下一轮牛市的牛股。所以这个故事告诉我们：下一轮牛市的大牛股，现在还处于"牛犊"状态。

怎么选出下一轮牛市的牛股呢？凭什么判断出选择的公司最可能是下一轮牛市的牛股呢？这就涉及选股模式，应该选择高成长性公司。那么如何选择高成长性公司呢？这就涉及公司的商业模式、市场空间、公司管理特色、合理估值、风险因素等多个方面。因此我们对选择的“牛犊”基本都是按照高成长模式去分析的。

本书中，我们写了一些“牛犊”和大牛股案例，并不是推荐股票，即使是给出了合理估值也不是要按照这个价格买进，因为合理估值并不等于股价的最低点，合理估值仅代表按照盈利预测模型，这个价格是合理的。我们的盈利预测参考了机构的研究报告，并且对研究报告的价值评估按照我们的估值方法进行了修正，因为有些研究报告中的评估对公司的业绩增长过于乐观。书中给出的案例是可以按照我们讲述的公司成长性估值分析模型去检验的，从而使读者在研究中掌握价值投资的真谛。在学习研究多只“牛犊”和大牛股案例的过程中，需要把其历史上的财务数据、未来盈利状况，以及盈利预测做对比，看看哪些预测正确，哪些错误。记住，盈利增长预测正确意味着股价上涨，预测错误就意味着高估。这样慢慢掌握分析公司的方法，就可以在研究过程中把握价值投资之道，享受快乐投资。

2021 年 1 月于北京

目录

contents

第一章 投资是追求大概率事件

一、投资者需要在实践中领悟

北宋杨岐方会禅师的悟性很高，起初阅读佛教经典时，心明神会。后来，他去长沙参谒石霜楚圆慈明禅师，并在楚圆门下做了十年监寺，但始终未能开悟。每次他向楚圆禅师请教时，楚圆禅师总是敷衍他，说现在没时间，以后再说，方会为此十分苦闷。

有一次，方会又去参问，楚圆禅师说："监寺以后的门人遍布天下，何必急在一时？"

方会只好苦笑。虽然师父的鼓励令人开心，可悟道的门径在哪呢？总不能老是在黑暗中摸索吧？

后来，方会实在忍不住了，把楚圆禅师拦在路上，说："师父，您今天必须和我说，否则我对您不客气！"

楚圆禅师淡淡地说："监寺知道这个事就行了。"

话音刚落，方会恍然大悟，当即跪拜在泥泞路上，向师父礼拜致谢。

楚圆禅师知道他已开悟，颔首一笑。

方会又问："师父，狭路相逢时如何？"

楚圆禅师答道：“你暂且避过，我要到那边去。”

方会心领神会，回到了寺中。

方会开悟后，为江西萍乡杨岐山住持，故称“杨岐方会”。①

▲ 杨岐方会禅师，中国宋代禅师、杨岐派宗师。其 20 岁时，不喜读书作文，后为小官，因征收商税督促不力，而夜逃瑞州九峰山，恍恍惚惚觉得好像以前游览过一样，眷恋不忍离去，就此落发为僧。后往潭州（今湖南长沙）参谒石霜楚圆禅师。

可能投资者没有明白这个故事中的道理，即方会为什么在楚圆禅师座下十年也没有得到指点，而楚圆禅师淡淡地说“监寺知道这个事就行了”之后，他就突然明白了。原因在于方会十年修炼的功夫还没有达到值得楚圆禅师指点的程度。师父的点化，只能起到画龙点睛的作用，师父讲解得再多，自己不领悟，也不会融会贯通。我们做投资讲座时经常出现这种情况，花了半天时间讲价值投资理论和投资系统，最后投资者还是追问：“我手中的这只股票到底是买还是不买？”我如果说可以买，他就会追问该买多少股？以什么价格买？这类投资者的听课结果是让人失望的，因为学习了很久，却根本不会应用，这就等于白

① 因方会住袁州杨岐山普明禅院（今江西萍乡上栗县杨岐山普通寺），故名。

花钱听课，没有听懂为什么买进，也没有听懂投资选股的方法。

“纸上得来终觉浅，绝知此事要躬行。”人有天然的惰性，故而我们才会被“速成法”吸引，本书并非传说中的《九阳真经》，我们认为投资者学习投资需要根基，根基来自实践。巴菲特 11 岁时就开始进入股市尝试交易，到 30 多岁才略通门道，而其 90% 的财富来自 60 岁以后的投资。这是一个很明显的渐进过程，如草木生长一样自然而然。

价值投资关注的是具体的公司，公司是会成长的，在其成长过程中也会存在意外，推荐一只股票，并不是一劳永逸的，还是需要知其然，并知其所以然。会一点和一点也不会，结果都是一样的。我们关注的重点不是知其然，而应该是知其所以然。

▲ 2000 年，我第一次进入了资本市场，由于认知不足，和众多进入市场的新人一样，被套。于是我问自己：为什么？为了拓展自己的知识，那一年我去了首都经贸大学读在职研究生，主修产业经济学。为了增加阅历，我还在国内某知名房产公司担任成本总监，有意识或者无意识地积累了很多关于投资的知识。2003 年我成为财经博主，开始观察中国经济、资本市场。这就是一个悟道的过程，知识和认知是不会从天上掉下来的。对我来说，理论的学习、实践的积累、反复的总结，这些方面缺一不可。

二、投资就是寻找大概率事件

老师在白纸上画个点问学生看到了什么？学生说：“这是一个点。”老师纠正道：“这是一张白纸。”诸如美国国债收益率突破了3%，大家就开始担心会不会衰退，而几家科技公司季报略微走好，华尔街投资人又开始乐观起来，完全忘记了昨天还在担忧各种战争和经济萧条。

在投资上，大多数人都习惯盯着小概率事件，因为相对于白纸上的大面积空白，那个黑点过于显眼。地球已经运行了46亿年，我们只存在于这46亿年运行的尾部，却比任何一种生物都担心未来。

大概率是什么？大概率是明天太阳会照常升起，是工作日上午股市会正常开盘，是我们终将找到属于自己的幸福。大概率就是相信大多数情况下一切如常，这个“常”是常识。历史上经济崩溃的次数很多，但是短暂而迅速，那些度过萧条期进入复苏期的公司，不但能够抹平危机带来的亏损，还会生存得更加顽强。故而一个乐观的人，从美国的历史经验看是一定会盈利的。巴菲特在股东大会上就曾经说过：“如果一个人在1776年美国建国时期买入标普指标股，到如今将是5 100万美元，这几乎不用做任何的选择，只要乐观相信美国的未来即可。”中国的人口比美国更多，经济比美国更具优势，还有政府大力支持经济发展，中国股市的未来一定会比美国更好。

所以，虽然我国资本市场发展的时间较短，但只要相信中国的未来，买入指数基金，不用做任何选择一样会变成稳定的赢家，跑过大多数高学历并且聪慧的基金经理。

一切如常，虽然偶尔有突破我们认知的事件，但我们依然依赖常识生存，一个散户成长为专业投资者的过程，其实就是一个从小概率偏好一步步走向大概率偏好的过程。

大多数人一入资本市场，首先学会了“赌”，因为所知甚少，所以“成也梭哈，败也梭哈”，渐渐便有了一个教训：“久赌必输”。为何？一次投资成功的概率是20%，连续两次成功的概率则是20%乘以20%即4%，只有4%的赢面；两次都失败的概率是80%乘以80%即64%；剩下的概率都是一次失败一次成功。小概率的博弈即为赌博。轮盘赌永远不是二选一，麻将桌上四个人也只能有一个赢家。

在资本市场赌博到一定程度，是痛彻心扉的。于是初学者们开始寻找成功的路径。若是分析一个公司的业务、了解一个公司的财务还很有难度，投资者就会开始投机，赌博中获胜的仅是少数，所以当有人大喊股市“七亏二赢一平”的时候，大家往往深以为然。另一种思路认为财富是被掠夺的，博弈是永恒的，股市盈利是赚别人的钱，所有人都是自己的博弈对手。这个阶段的投资者，已经了解了概率的重要性，在努力提高自我的胜率，降低他人的胜率，并去研究市场各买卖人的投资心态。但是很可惜，投资者往往聪明反被聪明误。如果资本市场这个“池子”水位是固定的，那么投资者之间只存在此消彼长的关系，只要智商超过平均智商就是赢家。如果这个“池子”是有排水口的，那么投资者就只能变为超人，学会预知未来，因为平均智商已经不足以取胜。有时候貌似提升概率的手段，诸如技术分析、图形分析，会给人成功的错觉，但是我们很遗憾地说：既然大家都知道这个方法，结论都是一样的，那么这个博弈还有什么用呢？所以虽然投资者已经发现了概率的重要性，但还是没有找到概率的出口。

最后，十有八九的投资者会去寻找价值。价值的原则是：“财富可以被掠夺，但也可以被创造。”如果人类社会从一开始就是通过博弈或者掠夺来增加财富的，那么现代社会就不复存在。人类社会从一开始就是建立在创造财富之上的，即使现今还存在一些财富掠夺现象，那也只是因为财富的增长不匹配人们的欲望，而其中一部分人就需要通过掠夺来使财富重新分配。进入21世纪，战争在逐渐减少，不仅仅是因为核武器导致的黑暗森林，还因为科技进步使人类总体福利提升。如今在中国，填饱肚子不再是一件困难的事情。在非洲很多原始部落，居民们也可以用手机进行通信，可以学习很多生存技能。所以人类在历史上学会了一个大概率的真理，我们的财富来自创造。价值投资者就是追着这个财富创造理论去的。价值投资者把公司看成一棵生长中的树，等它成材后获取木材。

其实人人都被大概率事件吸引。投资就是相信人类所一直信奉的大概率事件——人类的发展是必然的，有些人学习价值投资学歪了，是因为他们在和这个基础法则斗争，误入了博弈的领域。格雷厄姆是巴菲特的老师，他一直是个十分睿智的人，但他告诉巴菲特，希望巴菲特迟一点进入股市，因为按照惯例，道指还会有一次跌入200点以下的机会。巴菲特听从了老师很多的投资建议，唯独这次没有听从，买入了1万美元股票，开始了投资征途，后来有媒体问他若是听从了老师的建议会怎么样，巴菲特答："那么我如今还是只有1万美元。"

既然人类向前发展是大概率事件，对于何时开始投资，我们的建议是，越早越好。

三、我们为何认为医药繁荣是大概率事件

格林斯潘曾说过："我们有一个全球性问题，那就是生产率增长不足。不仅是美国，几乎全世界都是如此。它由西方社会正普遍步入人口老龄化这一事实引发，而我们却没有足够的资源来解决这个问题。我们现在应当转为财政盈余，而不是财政赤字。这应该是25年之前就预料到的，事实上我们也的确想到了，但没人为此做些什么。"不仅是西方社会，东方社会一样面临老龄化，如今全世界几乎所有的问题都源于此。这是一个悲观的论断。衰老意味着什么？意味着生产效率下降，健康支出增加，这势必导致财富创造的速度赶不上人类的欲望，搞不好又是一场灾难性的风暴，人类又开始在掠夺财富和创造财富之间纠结。但是我们发现，医药或者大健康产业的繁荣，能使生产率降低和健康支出的问题在一定程度上得到解决。

我们难道忘记了人口和粮食的关系了吗？当年很多人都在担心粮食供应不足，于是各国纷纷考虑计划生育政策，控制人口也是源自财富总量恒定的思想。现今情况大不相同，少数人耕种养活了多数人，而且近几年粮食供应还严重过剩了，减肥甚至成为一种潮流。

为什么？因为人类进步是大概率事件，我们的生产率总体上是提升的。和粮食的历史一样，未来医药技术也将逐步提升，并最终战胜衰老。即使短时间内不能战胜，总体福利上还是和粮食一样，如今的药并不是变昂贵了，而是变便宜了，贵的是新药，而新药最终也会因为专利到期和仿制药的出现走向廉价。

现今能够整体提高人类福利的，一个是粮食产业，另一个是健康产业。高龄而健康的人同样在给社会创造财富。

在世界范围内，以医药为代表的健康产业繁荣是大概率事件，如人类社会不停发展一样，健康产业也会发展得越来越好。

在中国，除了上文所说的老龄化，还有个发展阶段的问题。我们发现无论是日本还是欧盟国家，甚至美国等大多数国家的健康产业都有明显的技术壁垒，发展此类产业的秘诀是知识产权保护，而我国起步比较晚。一个岛屿，岛上的人都不穿鞋子，一个鞋子推销员是该卖鞋子还是应该退出这个岛屿？当然是要卖鞋子。同理，对于知识产权保护兴起不久的中国，当然是要大力推进专利实施，努力进入这个市场。

日本有很多厉害的医药公司，比如卫材、第一三共、安斯泰来、大冢制药。中国如今最大的医药公司似乎是恒瑞医药，但是相比日本的那些公司规模依然非常小。为什么我们拥有 14 亿人口的国家没有一家大型医药公司？因为我们很多方面才刚刚起步。如今医药领域机遇众多，就看我们是否能够及时把握。

四、七点建议

对于投资，我们还有七点建议奉送。

（一）莫要贪便宜

股票的价值低不等于价格低。经常听到一些分析师说从来不买股价超过10元的股票。这里面有两个认知错误：第一个是股票的贵贱是看市盈率的，股价只是一个相对参照；第二个是一分钱一分货，就如“双十一”抢购，不要指望卖家做亏本生意。

再比如研报，为什么有些收费，有些免费，有些还藏着掖着不公开？一分钱一分货。免费的券商研报主要是科普，让读者了解行业的大概，其结论没有参考价值；收费和不公开的基金研报，里面却有很多干货。当然股票不会买不到，价格高至少体现了很多人认为它值这个价格，买的人多了，股票稀缺，价格当然会高。虽然大家有可能犯群体性错误，或者认为真理掌握在少数人手里，但是也不要钻牛角尖，认为一致看好的就一定是不好的，比如腾讯，一路都是被看好，一路就是向上走。

（二）长流水，等流心

“善守才能赢，知退方能进，长流水，等流心。”什么是“长流水”呢？不要将投资当作唯一的收入来源，尤其是资金量有限的时候，价值投资或者成长投资，都不是短期的投资，如果走对了，需要持有下去，而不是半途而废，这时我们需要有持续的资金支持。巴菲特为什么可以投资成功呢？因为其背后有很庞大的保险业务支撑。谁都知道保险公司获得保费之后并不能完全占有，其还有很大的赔付可能性，而且周期往往很长，巴菲特就是很好地利用了这部分资金，逐步用保费增加自己的投资标的，然后获得投资标的的控制权，成为一个参与经营的投资者。

我们普通人没有那么好的眼光，即使有那么好的眼光也没有那么大的保险公司来提供源源不断的资金。于是，就需要有“长流水”来维持我们买的牛股。很多人愿意用钱养一个游戏账号，却没有钱养一只牛股对未来进行投资，这其实是很令人惋惜的。

“等流心”，我的理解是任何人都应该让每天有一样的心境。有人因为亏损彻夜难眠或者因为盈利兴奋不已，有人甚至因为投资生出很多心理疾病，一切都是因为静不下来，这样每天并不是在总结过往，而是在消耗自己的生命。所以投资中一旦出现了这种情绪失控的情况，一定要让自己的心情回归平静。如果回不去，那么暂时离开股市半年。市场一直在运作，不管牛熊，都能赚钱，离开一段时间调节一下，没有坏处。

在投资心态方面，富人因为保守往往能独善其身，穷人因为容易放手一搏经常一无所有，所以建议投资者要有一个健康的心态，努力维持一份工作，努力稳定自己的家庭，然后图后进，且进退自如。

（三）细节决定成败

很多投资者会找到个把指标来判断股市。我有个朋友是程序员出身，做股市一套代码就能搞定所有，有一日他突然兴奋地告诉我，他发现只要营业收入和净利润同步增长 20% 以上股票就能上涨。于是我解释了很多关于销售净利率和行业的内容，结果他摆摆手：“不需要，我已经通过软件证明过了，成功率很高，只要用代码从数据库中筛选就可以了，然后大致把关一下。”

他选了 10 只股票，开始均等买入，结果亏了很多。

我们尚不知悉为什么他之前的结论和之后的结果截然相反，也许是踩错了周期的步伐，当经济周期向上的时候，证券公司和房地产公司一路上扬，而在周期回落的时候，结局可能完全相反。所以一个指标不能解决所有问题。炒股是一个综合过程，投资者不能局限于小小的认知。细节决定成败，不要嫌麻烦，如果在分析股票的时候嫌麻烦，亏损之后会感觉更麻烦。

（四）投资是投人，选对人比选对公司更重要

一个公司的核心人物对于公司非常重要，很多上市公司高层调整就意味着

剧烈的业绩动荡。很多公司貌似业绩坚挺，然而一个突发的舆论事件就摧枯拉朽戳穿其所有谎言。我们也不愿看到上市公司高层经常用不当言行挑战公众底线，因为这对于上市公司是扣分项。

所以投资就是投人，投信任的人，投说话诚实、不造假、不造势、老实经营的人，最好公司控制人是技术出身，而公司也以技术为核心且不断扩张。我们不喜欢空讲故事的人，因为这些人总是误导我们犯错，让我们亏损。

（五）价值投资也要与时俱进

十几年前，巴菲特逃过了科技泡沫破裂，十几年后，因为买了苹果股票，巴菲特拥有了一台苹果手机，然而他坦言："似乎没有勇气打开苹果手机。"这就是一代与时俱进的价值投资者，显然岁月不饶人。我们的学习能力可能会越来越差，但是科技依然在进步。

有什么理由停留在过去？由于技术突飞猛进，那些原来认为先进的科技股可能落后了，但那也是正常的，我们只要保持与时俱进，就能够发现这种现象，及时改进。所以与时俱进很重要。价值投资者并不是大盘追逐者，价值投资者需要弄清楚投资标的的具体业务。如果认知在一次元、在超市货架，那么就只能投资超市货架的产品；如果认知在宇宙，那么特斯拉的火箭业务照样可以尝试。

（六）不要把失败推给运气

这个世界的确需要一点运气，但是，在投资领域的失败却不能归结为运气不佳。投资成功的关键是风险控制，在风险可控的前提下谋求更多的进取。很多人因为缺乏风险控制和仓位管理技巧导致亏损，却抱怨运气不佳，完全忽视了自己决策时所犯的错误，这是不利于进步的，也是成功路上的一大障碍。

我们看到大多数成功的投资者是在反思过去失败的前提下不断前进的，虽然成功之后他们往往很少谈及失败，但是这并不代表其没有经历过失败。投资很神奇，每一次失败都有原因。很多人对于部分失败迹象敏感度不够，调查不细致，以为是运气的问题，实质上都有未曾发现的问题，我们不能指望未来不再犯同样的错误，但至少应该把成败的原因搞明白。

总要从失败中学到点什么，否则学费白交了。

（七）坚持梦想

想了未必有，不想什么都没有。梦想总要有，万一实现了呢？但是在投资的路途上，依然有很多人半途而废。开始的时候，也许觉得价值投资很简单，就是跟着大V抄底。其实价值投资是一种分析师投资，具有较强的专业性。专业人士在大学、在工作中已经积累了如山的知识，在投资过程中，投资者要去和武装到牙齿的专业人士拼杀，抠下他们的“门牙”，这个难度可想而知。所以价值投资同样要求投资者坚持梦想，循序渐进，努力让自己更专业，甚至在某些方面超越所谓的专业人士。这个过程，必须坚持。

▲　2009年十大博客颁奖典礼现场。我从2003年追随梦想开始写作至今，已经记不清大大小小有多少荣誉了，从来没有考虑过终点。也许巴菲特也没有想过真正退休，生命不息，梦想不止。

“我要稳稳的幸福，能抵挡末日的残酷。”正如歌中所唱，我们追求的正是稳稳的幸福，注重现金流水，注重循序渐进，打造自己的认知“护城河”，认真思考那些公司的发展和人类的未来，冷静地用资金投票，即使犯错也要有足够的资本买单。这就是大概率成功的人生，能够做好投资的人，也应该是人生的赢家。

第二章 投资的盈利模式

一、价值投资是一种盈利模式

每个成功的公司都有自己的成功模式，有些是因为技术研发一枝独秀，有些是因为品牌传播名扬四海，最终这些公司把优势都化作了大量的利润。同样，价值投资也是一种盈利模式，我们发现多数成功的价值投资最终都会聚焦到公司，一个伟大的价值投资者往往同样是一个伟大的公司经营者。这方面巴菲特就是很好的例子。近几年“股神”的投资已经从财务性投资进化到了并购，他开始深入改变公司的治理结构，并且协助公司业绩更上一层楼。学会价值投资的人能够在各个领域无往不利，因为其知识已经覆盖了很多方面。

价值投资类型主要可以划分为：价值低估型投资、周期投资、公司拐点投资、高成长性投资。这些投资方法都聚焦于公司，价值投资者可以选择一个方向，也可以齐头并进。巴菲特曾说自己是 85% 的格雷厄姆、15% 的费雪。这个量化的意思是，巴菲特奉行价值低估型投资和高成长性投资，因为格雷厄姆聚焦于价值低估型投资，而费雪聚焦的是高成长性投资。格雷厄姆研究的主要阶段是 1929 年之后的经济萧条期，主要奉行的是防风险策略。可见巴菲特更加注重风险防控，投资者可以安心购买伯克希尔·哈撒韦公司的股票。

为了更好地把握方向，下面就给投资者介绍几种投资方法。

（一）价值低估型投资方法

价值低估型投资方法是价值投资之父格雷厄姆的方法，属于精算师式的投资方法，这种方法的盈利模式买进的依据是资产价值低估，更多关注的是资产的安全性，要求投资人理性区分。比如好公司的股票收益率应该高于债券收益率，因为风险和收益是匹配的。如果市价低于清算价值，反而可以获得更多的收益，那么买入促进其倒闭也是可以盈利的。这个方法的优点是安全性比较高，被称为“烟屁股投资”，即以烟屁股的价格买到一支香烟。这种方法一般适合抄底。

2008 年 10 月，中国股市接近净资产的公司比比皆是，但是那个时候有几个投资者敢买进？巴菲特就买进了花旗银行，价格在 0.9 美元以下，2009 年花旗银行上涨到 10 美元，短短一年就获利 10 倍。还记得沪指降到 1 664 点的前一周，我在某俱乐部演讲，当时只来了 9 个人，我确凿地说下周大盘见底，目标是 1 650~1 700 点，因为 A 股沪深两市的平均市净率已经达到 1.5 倍的历史最低点，和 998 点的市净率一样。当时有个西安的朋友，立即抄底买进，结果正好遇到 2009 年上半年的大牛市，大多数股票都翻了几倍，获利颇丰。

大量的股价低于净资产一般只有在大熊市的时候才出现，这个方法是有缺点的：一是在熊市快结束的时候手中要有大量现金，而散户往往是套在顶部，底部割肉；二是股市稳定之后，用这个方法容易选到垃圾股，因为在正常情况下，只有一些垃圾股才容易出现股价低于净资产的情况。巴菲特就是用价值低估的方法买进了目前的公司伯克希尔·哈撒韦。当初这个公司是个纺织类公司，由于纺织行业的发展周期已经过去，公司业绩极差，所以巴菲特买进后股价一直下跌，被套得很深，最后他不得不全部买下这个公司，置换出纺织资产，注入了目前的保险资产，公司得到了重生。不否认巴菲特在青年时期曾用价值低估型投资方法积累了第一桶金，但是也要看到他的青年时期正是“二战”结束、冷战开始之时，各种不确定因素堆积导致股价长期低迷，巴菲特经常可以以净资产的 1/3 买入一家公司的股票。这种情况在进入 20 世纪七八十年代之后就不再出现了，虽然美股依然遵循一定的价值逻辑运行，但是总体上大多数股票都远远高于公司的净资产和清算价值，因为社会稳定了，没有那么多的战争和不确定性，所以即使遭遇金融危机，也找不到匹配的极端廉价的资产。但是这并不能掩盖格雷厄姆理论的光芒，因为其宣扬的是对于风险和安全性的重视，任何投资者只有在控制风险和了解资产的前提下，才有可能做到理性投资。

（二）周期投资方法

周期投资方法，主要包括经济周期和技术周期对上市公司股价的影响。选择有竞争优势公司的护城河理论，是对价值投资的深化：面对不同的经济周期，上市公司的业绩会出现周期性变化，周期性投资者主要研究股价和经济周期的变化规律，包括宏观经济周期和行业经济周期对上市公司的影响。周期投资方法的判断难点在于对经济周期指标的分析判断，特别是在宏观经济出现拐点时是否有足够的政策敏锐性，对于采购经理指数（PMI）、居民消费价格指数（CPI）、原油价格、美元指数等是否有足够的敏感性。2008 年 11 月 10 日国务院推出了扩大内需的十项措施，可以认为是经济政策出现拐点的重大信号，股市也就此见底反弹。投资者需要明白世界各国政府都不会让经济出现大萧条，都会在市场失灵的时候出手扭转经济下滑趋势，这就是政府“看得见的手”，就是经济政策上的削峰填谷。

一直以来巴菲特都否认其会关注宏观层面的东西，认为价值投资者要关注估值而不是经济周期，但巧合的是，巴菲特每一次买入低估股票的时间都是经济周期的底部。我们其实可以看到这里面的相通点，牢记格雷厄姆的著名忠告：“任何时候都要考虑公司最坏的情况。”这也是巴菲特考虑了经济周期大背景，买入可口可乐股票的前提。无论是 1929 年，还是 1987 年，可口可乐都体现了很强的抗周期性。所以我们认为不是所有价值投资者都回避经济周期，一部分投资者主动拥抱经济周期，比如跟随经济周期买周期股；另一部分投资者主动回避经济周期，比如侧重于规避经济周期的防御性标的。这就是周期性投资的盈利方法。

▲ 2009年7月，我在北京卫视参加一档节目，同台的还有龚方雄、刘纪鹏、金岩石、启明、冯矿伟。节目中只说了一件事，沪指3 300点到顶了，需要控制好仓位，很简单的周期逻辑，“4万亿”从底部捞起了股市，但是股市指数已经反弹了一倍。当时个人认为弱周期还没有结束，所以在那个时间点贪婪显得很不合时宜。后来证明我是对的，那个月高点之后，股市进入了漫长的熊途。

（三）公司拐点投资方法

“在股票市场上，要寻求别人还没有意识到的突变。”这是投资大师索罗斯的名言。索罗斯被誉为伟大的投资家、预测家和超级冒险家。1973年10月，当埃及和叙利亚武装部队大规模进攻以色列时，以色列十分震惊。战争在某种层面上意味着国与国军事实力的较量，种种迹象表明：以色列的军事技术在当时的战争中已经不再有优势。这使索罗斯想到了美国的军事技术很可能也已过时。如果美国国防部意识到自己武器装备已过时了，他们有可能会花大量经费进行更新改造。沿着这一思路，索罗斯在股票投资上有了新的方向。事实证明，1974 年中期，索罗斯通过军工公司的股票获利颇丰。

这种独辟蹊径早他人一步，最后取得不菲收益的事在股市里屡见不鲜。寻找拐点说起来容易，但是做起来很难，要善于且喜欢寻求别人还没意识到的突变，并且从突变中发现对投资标的的影响，寻找到内在的逻辑关系，从而把握住投资机会。行业周期、产业业绩拐点出现的时间很关键，介入不能太早也不能太晚。比如投资高铁建设类上市公司，2004 年，中国铁道部发布了“拟采购时速 200 公里的铁路电动车组，共计 200 列”的招标公告，大量引进高铁技术。2008 年 8 月中国第一条高铁建成，从 2004 年到 2008 年，中国高铁行业经历了孕育期、阵痛期、成长期。到 2010 年，京沪高铁时速达到 486.1 公里，成为国际“第一快”，中国高铁行业进入迅速壮大期。随着高铁建设进程的日益加快，从 2009 年开始诞生了像“时代新材”这样两年上涨 6 倍的大牛股。

在宏观经济上，拐点投资也经常发挥作用。索罗斯就曾多路出击，抓住各国的宏观经济拐点时期，用对冲的方式赚钱。拐点投资和周期投资是有差别的，经济周期周而复始，比如根据美林时钟做出的经济周期投资，其依据主要是宏观经济阶段，投资周期性标的，说到底是追求大方向的正确；而拐点投资是寻求预期的突然改变，比如大家都觉得很乐观，却突然生发出一个危机点或者机会点，由于预期的落差，波动加大。所以，拐点投资并不一定和周期投资同步。

▲ 2011年2月9日，我在山东卫视公布了看好的股票——汤臣倍健，之后在7月的北京卫视，我重复了这一观点。汤臣倍健在那个时候开始多品类建设产品线，并且开始建设自己的保健品电商渠道，而之前它只是个卖蛋白粉的。这一年，股市是熊市，记得2月9日股市还有2 770点左右，一年后的2012年底，市场已经击穿了2 000点整数关口，但是汤臣倍健却逆市上扬，上涨超过30%，我成为当年最牛的基金经理。可以说我们不止一次在逆势中找到避风港，这就是拐点投资和周期投资并不同步的实际例子。

（四）高成长性投资方法

投资就是买公司的一部分。也许从几个月，甚至一两年来看，公司股价的上涨和公司的基本面无关。但是如果把时间放得长远些，按照3~5年的周期，上市公司的股价上涨和业绩增长呈正相关。

公司的成长性，主要是关注其业绩是否能持续稳定增长。我们的高成长性选股方法兼顾彼得·林奇的成长估值模型和费雪的上市公司管理及财务分析研究，同时还要考虑到上市公司的财务竞争优势。

成长的确定性比高成长本身还要重要，如今很多公司都热衷于讲故事而忽视了真正的成长，真正的成长需要有符合行业逻辑、强于行业平均水平的增长。如果一家公司没有明确的竞争优势，只能维持行业平均的增长水平，但它却超过了其他公司，那原因是什么呢？这就是我们要探查的了。成长股投资者一方面了解公司的竞争优势，选择行业中最好的股票；另一方面在行业之间进行选择，选择有朝气、有生命力的行业。把公司看成一棵成长的树，有些品种的树必然能长成参天大树，而有些注定只有一墙高。同一品种的树也许都能长很高，但是我们需要选择最高的那一棵。等它成长，验证我们的判断，这就是最朴实的成长股投资。

（五）如何综合选择投资方法

投资是一个综合的过程，并不存在一种投资方法可以一劳永逸，但是投资者需要把重点放在股票的成长性上面，尽量用成长性来跨越周期和各种随机事件。我们还需要了解低估值投资，实际上格雷厄姆也提到过，不能看股价便宜就直接购买，而应该了解股价背后资产的安全性。在巴菲特早期的成功投资中就有很多案例来自对亏损股的购买，只是巴菲特抄底亏损股和一般投资者贪便宜是不同的，巴菲特了解其收购的公司。

各种投资方法的核心其实就是了解公司：如果了解房地产和经济周期的关系，那么就可以做一个周期投资者；如果了解一个亏损公司未来会变好，亏损是暂时的，那么就依然可以做一个价值低估型投资者。每个人要根据自己的能力来确定投资方向。但是对于大部分投资者来说，成长型投资方法更适合，根据目前的认知水平，继续扩展认知，到自己了解的领域进行各种投资。彼得·林奇在他的《聪明的投资人》一书中推荐了一种日常式的投资方式——关注生活中的细节：你的桌椅板凳，你的电商平台购物车，你妻子的化妆品……什么东西备受欢迎，什么公司就有很好的成长性。当这些产品出现了颓势，并不需要去公司调研，只要采访一下你的家人，或者用一点小礼物问一下超市销售人员即可。

当然，我们还是要强调，资产安全性十分重要，投资应在保证资产安全性的前提下去寻求成长性。对于金融机构也一样，谁的风险控制做得好，谁就能立于不败之地。目前，所有的金融机构都有风控部门。所以，投资者的学习也要把握两个方向：风险防控和公司竞争力研究。

（六）针对科技领域的投资方法

我们强调围绕行业特性的投资方法，比如针对银行地产，周期性的投资方式一定更加适合；针对消费股，最好通过财务指标总结出股票的价值和估值，因为消费股每年业绩波动不大。医药股其实有两个分支：创新医药、生物制药是科技股，而中医药和保健品是消费股。

如果经常参加一些专业投资者的聚会，就会发现投资者们都会说一个名词："赛道"。近几年专业投资者不再盯着市盈率、市净率、市销率指标，甚至不看资产结构，不看财报。他们很多人投资只看"赛道"。好赛道，比努力更重要。典型的说法是："在风口，猪都能飞。"大家逐渐形成共识，在一个好赚钱的行业，努力是次要的。比如茅台发展是因为茅台很努力吗？比如云计算为什么会聚集这么多的科技巨头竞相进入呢？

首先，选一个赛道，这个赛道未来有很大的发展潜力，上下游供应链还没有完全形成，但日渐完善。行业本身新颖，用户体验好。

其次，看这个赛道上有几家企业。如果企业不多，就投资最大的那家，如果企业很多，则投资赛道前三的企业。整体上不看任何经营团队的能力，因为行业排名已经很好地体现了团队能力。

再次，通过资本力量影响行业格局。资本是热衷控制的，巴菲特最近几年实际上也热衷并购。再回头看孙正义，其在 WeWork 投资遭遇危机，最大的原因是没有获得控制权。实际上专业资本这几年的玩法和过去大不相同，以前甘于做背后支持者、财务投资者，因为专业的人做专业的事，投资者不懂行业具体知识。但这几年新兴产业的经营者真的比资本懂的更多吗？实际上未必。孙正义并购谈判是这么谈的："这是我最后的底线，你要多少融资都没有关系，但如果你不接受我的融资，我就投资你的对手。”所以，资本并不只是上市公司的附庸，已越来越多地介入了上市公司的经营。

最后，通过跟踪行业演变，判定投资标的的变现方式。有潜力的，等待首次公开募股（IPO）溢价再次跳升；没有潜力的，在行业内部促进公司并购，以出售方式实现投资变现。

综上，一般投资者没有那么大的实力，我们是从财务投资的角度接受股票价格的。但是，我们会发现即使没有广泛投资赛道的能力，以赛道视角来投资二级市场也是可行的。

尤其是创新类医药股，赛道就是其研发的管线，我们可以通过了解其管线研发时点，预测其研发路径节点。比如关键节点是某个药物什么时候能够通过三期临床，并预估这个药物的市场空间容量，看是十亿级销量的药物，还是百亿级销量的药物，然后在药物研发成功之前提前布局，在销售接近巅峰的时候有序退出。一个药物的研发—销售周期，就是一个投资周期。

世界上很多跨国大企业都是按照药物研发周期发展的。比如辉瑞，一开始是个柠檬酸生产厂，属于化工领域；“二战”期间，其深罐发酵技术用于青霉素制备，结果大获成功，青霉素从稀缺药变为廉价药；“二战”之后，青霉素生产迅速扩张，辉瑞也乘胜追击，生产出土霉素、四环素、吡罗昔康等；到了1998年，其另一个重磅产品西地那非（万艾可）阴差阳错地成为另一款爆发性产品，这几年逐渐有仿制药出现，因为辉瑞的专利到期了；如今的辉瑞，通过并购惠氏等企业，也通过自我研发，出现了多个大单品，比如立普妥、络活喜、左洛复、恩利等。

新药对于药企，就像燃料火箭一样，要上天，需要一级级的火箭助推。往往医药公司股票回调，都是因为研发管线当下“青黄不接”，而一旦新品接续上，不管是100倍市盈率还是20倍市盈率，都会有一波庞大的行情。

所以，投资科技领域，如今是“重赛道不重车手”，外人很难清楚上市公司经营者的才干，只要不是那种庞氏骗局，一般的经营者在风口还是能够赚到钱的，而创新企业也需要赛道。围绕产品进行布局，就是现在科技股投资的主要方式。

二、上市公司商业模式分析

上市公司的商业模式是指上市公司是如何赚钱的。任何公司都有自己的业务结构，但并不是所有公司都盈利，所以并不是所有公司都有盈利模式。

上市公司的盈利模式就是公司的赚钱渠道。具体说就是如何划分公司的收入结构、成本结构以及相应的目标利润。我们分析公司的成长性就要具体分析公司的特质，看它的盈利模式是否具有持续性、可复制性，公司未来的发展空间有多大，公司在这个产业价值链中是否有定价权，公司是否可以打败同行业的竞争公司等。

▲ 2013年6月，在北京卫视，我通过对竞争力和商业模式的理解，断言了安科生物将在未来3年有10倍的增长，最后预言的确成真了。如今，该公司并没有停止成长，我们依然关注着这个标的，也相信在未来，其还能创造更多的惊喜。

我们在分析上市公司的商业模式时，主要考虑以下几个因素：

（一）上市公司的产品品牌或者技术优势是否胜过竞争对手

消费类公司容易产生牛股。最优秀的生产消费品的公司，其品牌价值远胜于其他品牌。典型的是在很多国家都有一种或者几种产品被视为国家的品牌形象，甚至可以被市场当作收藏品而不仅仅是消费品，比如中国的茅台酒、法国的拉菲酒、德国的奔驰老爷车、瑞士的欧米茄表等。

（二）上市公司在产业链中是否有定价权，产品的涨价是否自己说了算，上市公司能否通过涨价获得超额利润

不要认为上市公司都有定价权。水电油煤气等公共产品的定价都是由政府来监督的，所以我们不要被上市公司巨大的利润额所迷惑。别看中国石油是号称亚洲最赚钱的公司，但其销售成品油的定价权在国家发展改革委手里。而且，也不是所有公司都有不断涨价的能力。

有些产品虽然公司可以自主定价、自主涨价，但是如果涨价后产品销量下降，就说明产品的竞争力不够。虽然上市公司都可以涨价，但是如果涨价后销量下降，市场会迅速被其他品牌占领，业绩也会下滑，所以能涨价和有产品定价权是两回事，有定价权的前提是公司的产品销量不会因为涨价而出现明显下滑。

（三）上市公司是否有能力进一步提高总体销售额和市场占有率，并发现新的产品增长点

上市公司的竞争主要集中在价格竞争和差异化竞争上，如果公司生产的产品没有特点，那么这个公司只能依靠价格竞争来占领市场。在市场扩张阶段，依靠价格去打败竞争对手是最重要的竞争手段。一旦依靠价格打败了竞争对手，形成垄断，公司就又可以通过涨价来控制市场。

典型的案例是高盛通过收购中国的养猪场和投资海普瑞来控制产业链。

2008年8月，高盛斥资2亿~3亿美元，在中国生猪养殖的重点地区湖南、福建全资收购了十余家专业养猪场。以高盛为代表的国际私募股权投资（PE）渗透的是中国养殖业的整条产业链。2010年海普瑞A股上市，高盛GS Pharma的持股市值高达34.38亿元，其2007—2009年在海普瑞获得的投资回报大约是49.9倍，尽管海普瑞复权股价只剩最高时的一半，但4年多的时间资本增值近50倍，也算是一个通过控制猪小肠资源创造的投资神话。

（四）上市公司是否有强大的销售团队、独特的销售模式和销售能力

虽然护城河理论里没有管理团队的销售能力，但是对于任何一个公司来说，团队的销售能力都是非常重要的，要能迅速占领市场，给竞争对手造成进入压力，典型的是微软和苹果的销售模式。

Windows是针对DOS系统设计的，普通人经常被DOS的烦琐代码困死，所以早期的PC普及度很低。Windows开天辟地一举突破，让普通人不需要经过特殊训练也能操纵鼠标，从此，PC风行天下。微软凭借其产品的技术优势和团队的销售优势，迅速占领了电脑操作系统市场，打败了几乎所有的对手。虽然开始时苹果电脑起诉微软侵犯了其视窗操作系统专利，但是仍然挡不住微软迅速扩张的步伐。对于硬件公司来说，要么系统兼容微软系统，要么就会被淘汰出局。结果是除了苹果电脑，几乎所有的不兼容微软产品的软件生产商和硬件生产商都被打倒，成就了微软股价上涨百倍的神话。

苹果公司在手机如此饱和的情况下推出iPhone，在极短时间内销售量突破百万台，连苹果公司联合创始人史蒂夫·沃兹尼亚克（Steve Wozniak）和费城市长也加入了排队购买大军，尽管苹果公司前CEO乔布斯许诺赠送给沃兹尼亚克一部iPhone。“没有改变就没有未来。”苹果公司的销售能力让人看到了竞争力。“好酒也怕巷子深”，就是说好的公司也要有好的销售团队，而好的销售团队要有迅速占领市场的能力。

（五）相对于竞争者，上市公司的价格或者产品质量、竞争优势是否突出

有竞争优势的优秀公司能给其竞争对手造成巨大的市场压力。上市公司的竞争力不完全自己说了算，我们考察一个上市公司的盈利状况时不妨去咨询它的竞争对手。

经常逛服装商店的人都知道，商场的品牌服装都是集中在一起销售的，一个公司的品牌很难完全压倒另一个公司的品牌，因为大家各具优势。但如果到北京朝阳门的蓝岛附近考察，就会发现这里没有其他的商业公司，主要是蓝岛的对手在这里很难生存。“无敌是多么寂寞”，竞争对手的恐惧能够很好地反映出一家公司的实力。

（六）上市公司的产品是否存在高转换成本，多长时间才可以被其他产品或者技术替代

苹果电脑之所以没有被竞争对手打败，主要还是其在图形处理领域强大的优势，它以前是做平面设计的专业电脑，图形处理的专业人士买电脑首选苹果，他们在熟练使用苹果电脑之后，再去学习其他电脑是很复杂的一件事情。这就是高转换成本。

同样具有高转换成本的还有手机号码运营商，我们已经数不清手机号码绑定了多少东西，所以换一个手机号是很麻烦的事。这也构成了如今电信运营商的竞争格局，如果移动在4G时代是老大，那么在5G时代只可能巩固其老大的地位，因为我们不可能放弃我们的手机号码。

三、价值投资者要有平常心

什么是平常心？首先投资者要尊重股市牛熊交替运行的客观规律，尊重上

市公司的成长周期，不轻易高估或低估自己的能力；其次投资者在积极主动投资的同时，不能苛求自己每次都卖在最高点，买在最低点。投资者需要有一颗从容淡定的心，投资不能影响生活。要想有这颗平常心，就不要拿全家所有的钱去投资，不要拿维持基本生活的钱去投资，从这点来说，在有住房和基本生活来源的前提下，可以拿 3~5 年内不会用到的钱投资，即使这些钱亏损了也不会直接影响生活。

股市有时是非理性的，投资者很容易受到市场情绪的感染，只有保持平常心，才能做出理性的选择，成为市场的赢家而不是败给自己的贪婪和恐惧。

投资市场经常有疯狂的时候，看到的都是诱惑，唯有保持平常心的人才能避免受到误导。每次当股市达到最高点的时候，很多投资者会丧失平常心，沉浸在快速暴富的美梦里，结果当泡沫破灭之时，损失惨重。

投资是一门学问，很多伟大的科学家也遇到过投资失败，包括爱因斯坦和牛顿这样的科学巨人。牛顿曾醉心于对财富的渴求，在英国著名的“南海泡沫”中，他也是早期投资的股东，在获利 100%之后他出清了该公司的股票，然而在那之后，股价又节节攀升，超出了基本面支撑的范畴，牛顿最终没能抵抗住投机冒险的诱惑，又以更高的价格买回更多的南海公司股票，结果损失惨重。“我可以计算出天体的运行，却无法计算出人类的狂热”，这是他投资失败后的感悟。

美国股市 40 年的平均回报率只有 6% 左右，略高于国债收益。这可以看作是价值投资的平均收益，任何时候我们都不能神化价值投资的长期收益。投资者不能也不该对股市抱以太高的财富“膨胀”期望，而应该以平常心看待和参与，要充分认识到股市并不是一夜暴富的发财工具。购买股票之后，我们大可不必天天盯着股价的微小波动，那样既浪费时间，也让自己与市场离得“太近”。股市投资只是个人生活的一部分，不要把所有的精力放在其中，还是一切如常的好。如果一开始就抱以平常心态，而不是强烈的收益期望，那么立足公司的成长性，坚持长期回报的投资往往能在终了时给人一份惊喜。身为投资者，我们应学会用相对长远的眼光去追随公司的发展。这件事情说起来容易，做起来很难。我们研究私募基金近几年的排名后发现，私募基金的排名基本上每年都在变化。上一年的第一名，大多数都是第二年的最后几名。我们并不否认私募基金是价值投资，但是一个优秀的投资者应该能够连续多年获得稳定持续的复利回报，经年累月地赚钱而不是一夜暴富，常赚而不是大赚；资本市场的高额利润应来源于长期积累，是低风险下持续盈利的结果。职业交易者只追求最可靠的看得见的利润，业余投资者只关注利润最大化且满足于短暂的辉煌，这也是多数人易现辉煌、难有成就的根本原因。重仓单一股票和频繁交易导致业绩巨幅震荡是业余投资者的表现，且两者相互作用、互为因果。有耐心、有信心并顽强执着地积累成功才是职业的交易态度。

第三章

公司的定性分析 >>>>

一、定性为何如此重要

格雷厄姆说："投资运作是可以在定性和定量两方面均被证明合理的操作。"

其实在刚进入投资领域的时候，我们天然有一种数据崇拜，总觉得专业的投资者应该一切以数字为依据，精确地预测未来。分析师总是能提供很多数据表格或者回归分析，而巴菲特也在股东大会上对自己的精算师大加赞赏。如今保险行业里的险种设计是离不开精算师的，精算师通过数理分析和统计分析对风险进行定价，设计出不同的险种，让未来赔付的金额低于保费收入，这样保险公司才会有收益。如果预测是错误的，那么大量可能性的赔付会使得保险公司入不敷出，出现风险。

但即使专业如精算师，依然无法十分准确地预测未来，因为未来不可知，比如 2008 年次贷危机对于债券保险的冲击（信用违约掉期 CDS 就是债券保险，推荐大家看看电影《大空头》），再比如奥巴马医改政策使得美国保险公司的医疗保险业务收不抵支。按理说精算师应该合理地给风险定价，但是专业机构的精算师依然会犯很多错误。巴菲特的美亚保险（AIG）和伯克希尔·哈撒韦能够在次贷危机中不受冲击完全是因为它们固守传统的保险业务，诸如车险和人寿保险，若是大胆走出一步将大量资金放在财产保险上，再专业的精算师也一样会功败垂成。故而精算师的计算仅仅是一种锦上添花，不起决定性作用。

我们所知的是已经发生的事件，对我们有价值的是没有发生的事件。所有的计算都是站在一个预期不变的角度。打个比方说，物理学上一个球受到一个力后，在平面上滚动，得知摩擦系数和初始力，那么经过一番计算，就知道这个球能滚多远，这的确是一种很有用的未来预测。但是现实往往纷繁复杂，没有哪个平面摩擦系数是恒定的，桌面和重力垂直这种理想状态有时候也只能近似达到，更不要说一开始给予的动能是否可以用数字精确计算，于是这个球也许并没有停留在预定的位置。这只是一个简单的模型，如果将其延伸到人类社会，需要考虑的变量会更多，如考虑某个趋势问题的时候加入了三个变量，即使每个变量的预测准确率都达到70%，但在三个不太确切的变量的共同影响下，也许准确率就只有34%左右，这还没有考虑突发的随机事件。

经济学家预测经济不准确，本质上也是相同的原因。一方面，很多经济学家最喜欢将模型装入一个“理性人的盒子”，大多数古典自由经济学的崇拜者都是理性人分析者，他们觉得人都是趋利避害的，如果遇到可以套利的情况一定会出手，比如债券暴跌，理性人因趋利避害必然会接盘扫货。但是人又如何能做到完全理性？1929—1933年大萧条期间，一张10元面值的债券跌到5元，人们还是不敢接盘，“动物精神”驱使人类恐慌和贪婪，很多时候往往表现出一种非理性。

▲ 他是我网名的由来，他喜欢用“动物精神”来描绘经济社会中的个体，他说：“从长期看，我们都死了。”所以他让我们过好当下。很多人知道他是20世纪最伟大的经济学家，也许没有之一，而他也是一位股神，是在大萧条中战胜市场获得收益的少数人。他就是约翰·梅纳德·凯恩斯。

另一方面，当经济学家做出了预测，就会有人防止其预测的事情发生，政策制定者会“防微杜渐”，就好像物理课上的那个球，知道继续滚动会砸到人，就加个障碍让其改变轨道，因此经济学家的预测虽然对人类有益，却也往往会变成失败的预言。

经济学家预测经济的失灵、物理学球体滚动的轨迹计算失误，都从一个侧面告诉我们，未来有很多不确定性，想精确地知晓明年某家公司的利润增长是多少，基本是不可能的，定量只能作为一种参考工具。定性却能给出直观的感受，更加贴近投资者的需求。

经常有人问我“某只股票最高能涨到多少呢”，或者“某只股票多少价位可以建仓”。很遗憾，我们提供的一些估值方法如前所说都只是用来参照的，人的非理性根本无法定量，就像你为了某件事生气，你会说“我很生气”，但是你不会说“我的怒气值增加了50%”，因为生气无法量化。当一只股票被过度关注的时候，顶部一样无法量化，我们只能定性地看这家公司是否依然优秀，而相对其优秀的程度这个价格是否还值得继续持有，然后卖在大概的顶部区域，买在大概的底部区域。

从一定程度上说，定性比定量更加复杂，考虑方向性问题的时候需要考虑大量细节，方向错了，再多的计算都是错的。所以，定性需要获得更加充分的信息，这些信息里面有数据，也有非数据，就像时下最热门的大数据分析师，将数据和非数据归类总结，得出结论。从经验来说，一个完整的公司分析，我们一般是从信息中提取各种细节，然后对于这个上市公司有一个定性的判断。比如我们预计一家公司资产会从轻资产步入重资产，负债会升高，利润里面现金份额会减少，资金面会趋紧，继而我们进入报表浏览和统计，看其财务数据是否和我们所知的匹配。如果不匹配，就要“打破砂锅问到底”；如果匹配，就按照过去的增长率进行趋势分析，当然也可以考虑做持续增长率的计算，或者做数理统计，得出这个趋势的近似值，继而对这个公司进行未来预测。数据和非数据之间并不能简单地合并计算，它们是用来相互印证的。当我们充分了解了一个公司时，也就知道了这个公司的所有敏感点。

二、投资者如何看待宏观经济

宏观观测是有益的。

巴菲特总是否认其关注宏观经济，他一直声称投资只需要坚持自己的理念，并鼓励投资者投资标普500指数基金，不要管宏观经济的波动。那么我们是不是不用关心宏观经济了呢？非也，现实中巴菲特总是在经济危机后出手。比如其对可口可乐的投资是 1988 年，而当时可口可乐已经存在很久了，所以为什么是 1988 年，而不是 1982 年，因为美国 1987 年有一次大规模的闪崩。巴菲特根据自己对行业的判断，得出了可口可乐价格低于价值的结论，也可以认为，他其实是在利用宏观经济危机制造的恐慌捡便宜。宏观经济的周期循环大概率和估值的波动相互匹配，经济萧条的时候遍地的黄金乏人问津，明显可以赚钱的逻辑谁也不信，而经济扩张的时候，即使是一个谎言众人也趋之若鹜。所以与其说巴菲特不关心宏观经济，不如说巴菲特将对宏观经济的观察融入估值体系当中了，他只是不屑于那些有关宏观经济的危言耸听，当价格和价值的逻辑关系形成，巴菲特自然而然抄到了底，然后又可以告诉众人，他不考虑宏观层面的波动。

宏观层面对于中国股市的股民有特殊的意义，从历史经验看，股市在未来还是摆脱不了政策的影响，虽然这种影响可能会逐步减弱，但彻底消除并不容易。

（一）宏观分析的常规武器：PEST 模型分析

如何来进行宏观分析呢？典型的是用 PEST 模型分析。

P（Politics）政策环境分析，确切地说是政治和法律分析，最基本的当然是政治稳定，这构成了所有股票投资的一个基础。继而要考虑很多问题，打个比方，受我国“一带一路”倡议的影响，中日韩交往渐密，朝美和谈重启，浙江的炒房团也已经杀到丹东，这时就考验政治敏锐性了，一般老百姓在饭桌上闲聊的时候，有的投资者已经将这些内容兑换成了货币。对于具体的行业，我们考察其在宏观层面的政策扶持力度，从宏观层面了解这个行业的集中度。

E（Economy）经济环境分析，分析经济结构、经济体制等问题。欧美的经济自由度较高，中日经济中政府更多地参与资源配置。在崇尚经济学奥地利学派的国家，投资者可以更多地购买产权，除了房产，还有各种虚拟资产，因为产权项目的增加对于这些国家来说意味着繁荣，产权保护意味着繁荣的创新和创造，所以投资者更看好的是专利权属，或者其他的权属登记，诸如著作权、股权等。经济学供给学派又是另一种景象，他们认为供给决定需求，当供给的现有产品已经进入行业繁荣的末端，企业家就会开发更多的功能，或者换个包装继续创造需求，因为供给学派认为有多少供给就有多少需求。比如智能手机，我们没有这个需求，但是乔布斯带来了第一次供给，于是我们的需求就来到了触屏时代，可以说需求是凭空产生的。在崇尚供给学派的国家，投资者更加注重投资未见过的产品，比如马斯克的种种设想。在崇尚凯恩斯主义的国家，产业政策是非常重要的关注点，政府支持将是一个行业持续发展的基础性条件，比如日本。我国其实是兼收并蓄的实用主义国家，我们有供给侧改革，有产权保护，有产业政策……说到底各类经济学都是要解决实际问题的。邓小平同志说："不管黑猫白猫，抓到耗子就是好猫。"这是经济体制的例子。对于更加直观的经济指标，诸如通胀率、利率，则在跨国投资中决定了投资者的成败。对于具体行业，经济分析直接影响的是投资额，对于具体公司，经济分析意味着投资端的成败和融资端的难易程度。

S（Society）社会或文化环境分析，说社会分析其实并不好理解，一说文化分析大家都懂了。前几年我有个好朋友想要去非洲一个伊斯兰国家养猪，我们都替他十分担忧，但那个朋友相当自信："我们是封闭式的养殖，那个国家华人越来越多，猪肉价格高昂，正因为伊斯兰国家没人养，所以才有市场。"我们依然很担心，每次通话开头都是一句调侃："啊呀，你还活着呀！"最后朋友的养猪场关张了，是因为大家看到在这些地区养猪也没出问题，一下子有了很多的养猪场，生产过剩了。这个例子说明，我们需要关注一个地区的社会或文化环境。再比如星巴克，美国人喜欢外带的咖啡，而中国人更喜欢堂食，所以中国的星巴克有更大的顾客空间。如今中国公司大量开展国际业务，特别是在"一带一路”沿线国家，一些国家国民生活比较“休闲”，在那里开展工程业务的上市公司会感觉比较痛苦；另一些国家诸如中东的产油国家，虽然劳务都是中国自己输出，但是回款和现金流相当可观。在具体行业的宏观分析中，主要目的是了解消费者的消费偏好和购买力，以支撑增长率预期。

T（Technology）技术环境分析，从宏观上看，国与国之间的技术是有高低差异的，而各国所具有的资源禀赋和比较优势又各不相同。比如中国的产业链完整，从设计到量产周期更短，而德国更适合产品细节研发，美国可以更灵活地调动资本力量，所以很多公司在硅谷有分部和实验室，而工程师经常聘请自德国。之前美的购买了德国机器人公司库卡，业界对这项并购普遍乐观，就是基于技术环境的分析。虽然美的不能获得库卡的任何技术，但是仅仅从产品进口方面考虑，这依然是一次成功的并购。在具体行业分析中，技术层面的分析集中在生产效率上，因为生产效率直接影响利润率。

PEST分析就是一个信息的分类汇总，我们罗列出世界上发生的大事，然后丢入这个“箩筐”，如果是公司内部的决策层，会将这些信息结合内部信息进行SWOT分析，但是作为外部投资者，则完全没有必要。推荐大家在手机上建四个备忘录，或者语音，或者手写，将认为重要的事情的日期和内容简讯记录下来，并在后面附一个基础判断，比如：

2018年2月22日，美国长期国债收益率第一次触及3%——预示着全球资金成本即将上升，融资将更加昂贵，周期类资产及新兴市场将面临压力。

这种记录有什么好处呢？首先，记录了事件，这个事件会在未来成为决策的依据。投资者的确在很多时候需要权衡利弊，若是跟着感觉走，就会忽略信息，被新闻内容牵着鼻子走。其次，记录这些事件可以检验一下自己的理解是否正确，诸如上面这条简讯，为什么触及3%就会产生些许恐慌？历史上到底发生了什么使得华尔街的专业投资人草木皆兵？有时候你的判断可能是错误的，但是不要紧，可以反复检视自己的认识。

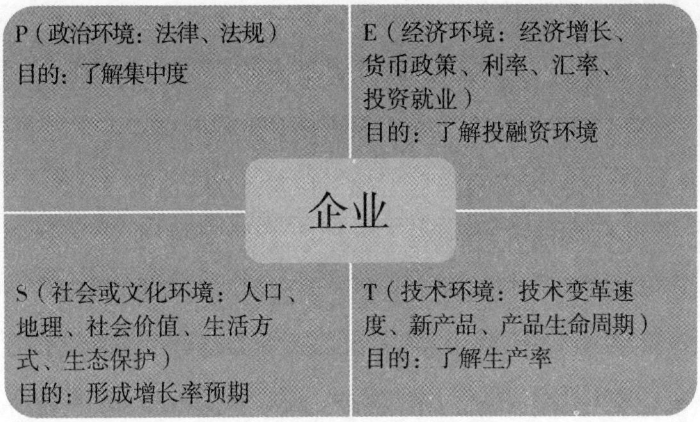

▲ 图中有一些经验式的内容加注，PEST 有时也被称为 STEP、DESTEP、STEEP、PESTE、PESTEL、LEPEST 或 PESTLE（政治 Politics、经济 Economy、社会文化 Society、技术 Technology、法律 Legal、环境 Environment）。2010 年后更被扩展为 STEEPLE 与 STEEPLED，增加了教育（Education）与人口统计（Demographics）。PEST 的主要目的是进行 SWOT 分析（S 优势、W 劣势、O 机会、T 威胁）。

正确地解读信息十分重要，成熟市场的标志就是信息对称性高。A 股的信息对称性存在问题，虽然我们看到监管层在信息披露上做了很多努力，但是短期内要达到非常高的信息对称依然是不可能的。A 股信息不对称的一个表现是，通过媒体解读我们会误解信息释放的含义，诸如宏观上防风险，很多媒体解读的是利好金融股，但是 2018 年上半年的行情清楚地给出答案，防风险就是要金融业收敛信贷，这本身是一个主动收缩的行为，因为每一次风险都是金融行业过度扩张导致的。我们从一些文章里看到的是另外一种解释，认为防风险是在增加金融业的稳健程度，有人甚至认为这是金融业的供给侧改革，零散的 P2P 或者网络贷款被压缩，继而贷款需求整体向现有大型机构转移。另外，银行业表外业务纳入表内，二级资本债可以进行债转股，取消商业银行存款上限，都被解读为利好。有时候从结果倒推可以得出很多结论，也能给我们提供很多很好的视角。

（二）一种宏观投资策略：美林时钟

当然宏观层面的分析最终要落实到公司，一些投资者仅研究宏观周期就可以赚到钱，知名而普遍的方法诸如美林时钟。以下是美林时钟的几个阶段：

（1）复苏阶段。经济上行，通胀下行。投资首选股票，次选债券。

（2）过热阶段。经济上行，通胀上行。投资首选股票，次选大宗商品。

（3）滞胀阶段。经济下行，通胀上行。投资首选持币观望，次选大宗商品。

（4）衰退阶段。经济下行，通胀下行。投资首选债券，次选持币观望。

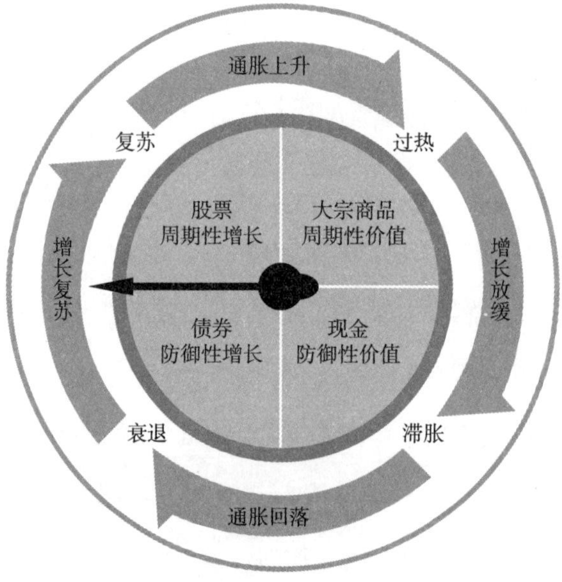

▲ 美林时钟是美国投行美林证券提出的一个 The Investment Clock 资产配置理论。经典的繁荣至萧条的经济周期四个阶段以顺时针推进，在此过程中债券、股票、商品和现金依次变现优于其他资产。

不夸张地说，在周期投资上美林时钟的确是一个很好的参照，美股牛市基本上遵循这个规律，所以通胀率和非农数据不停发布，告诉市场我们现在处于什么阶段。对于 A 股，美林时钟的意义也是存在的，中国的经济周期和美国略有差异，小周期基本同步于猪肉价格，所以又叫“猪周期”，故而有人谈论A股周期的时候就有“3年一小牛、6年一大牛”的说法。虽然有时候表现得不太明显，但是大致上价格的循环变化可帮助投资者进行一些中期的买卖操作，诸如在周期低谷的时候分批买入，等待两到三年后在周期的相对高点获利离场。也有一种方式，定投股票五年，在第六年泡沫起来的时候结束定投，将所有资金买入债券和高安全性的固定收益产品，然后等到泡沫破裂卖出固定收益产品继续定投。历史证明这些方法是有效的，符合中国A股的情况。但是未来也许会因为博弈者众多而变样，不过有一点是比较确定的，股市依然是跟随实体经济价格趋势走的，紧缩和通胀都会有很明显的现实表现，有心人自然会关注到价格的变化，那些价格就体现在菜篮子里。

前面我们说了PEST，也说了美林时钟判断周期，宏观层面的理解应该来自生活，我们每天接触的信息流并不仅仅提供给我们谈资，这里面是包含着金钱的，机会总是眷顾有心人，而抛弃那些没心没肺的人。对于宏观层面的判断，最重要的是经济周期判断。投资者需要接受周期、面对周期、利用周期。

一般情况下，以下几个行业属于周期性行业：金融行业、地产行业、大宗商品行业、能源行业、汽车行业、旅游行业、航空业。以下几个行业属于非周期性行业：供水供电等公用事业行业、快速消费品行业、健康与医药行业。

当周期性行业不明朗的时候，非周期性的行业就体现出了一定的逆周期性，资金开始追求防御，追捧防御品种。我们不能说这是绝对的因果，毕竟具体行业受到的影响是多方面、多角度的，且各不相同，但是我们至少看到有些行业没有受到周期的影响。

▲ 西西弗斯是希腊神话中的悲剧人物，为了阻止人类死亡，他曾一度绑架了死神，结果惹怒众神，让其每日推石上山，由于山路陡峭，每次没有到达山顶，石头就又滚落下来。很多人认为这预示着周期和轮回，经济也是如此，不知道能够被推到多高，也不知道会以什么速度回落，但是经济周期总是周而复始。另外这个故事还有个隐含的预示，人类可以对抗自然法则，比如我们可以干预市场，但是相应地也会受到自然的惩罚。

（三）专业人士的宏观参照工具：CDS 价差

关于宏观趋势性判断，投资者还可以了解一下衍生品。比如 CDS（信用违约掉期）价差。CDS 是什么？简单地说就是债务保险，保险的买方平时向卖方支付固定费用，如果债务人无力承担债务，那么 CDS 卖方就代替债务人归还债务。一般来说 CDS 是为债券对冲风险、增加安全性的。但是也可以被利用来对赌和做空。比如《大空头》里面的主角就直接买入 CDS 产品，而其本身没有持有债券，这样他们盈利就只有一种可能性——债务违约，然后由 CDS 出售者赔付钱款。剧中的投行一开始当然很乐意接受这类业务，因为债务违约的可能性一直不高，这类交易简直就是签合同拿钱的生意，可结果事与愿违。

我们知道了 CDS 的原理，但 CDS 的价格是怎么确定的呢？赔付的金额是根据债券标的的金额确定的，唯一可以浮动的价格是买方支付给卖方的固定费用，这个固定费用如何确定呢？如果这个目标债券是安全性很高的债券，比如国债，那么违约几乎不可能，固定费用就非常低，几乎接近零，比如美国国债和德国国债。但是如果目标债券是某个公司的债券，那么风险就高多了，大型公司关联 CDS 价格就比较高，赌债券违约的人要付出更多的费用来达成 CDS 交易。

如何预先知道 2008 年美国次贷危机的发生？看房地产行业 CDS 与美国国债 CDS 的价差是否加大。如果一个行业的 CDS，或者一家公司的 CDS 相比于国债 CDS 的价差在增加，那么这个行业很有可能即将债务违约，风险巨大。一般投资银行以此对公司、行业甚至国家进行评级。只要有债券发行，这种衍生品交易就会异常活跃。

对于普通投资者而言，这个方法只需要了解就行，因为数据取得过于困难，CDS 交易是场外衍生品交易，由很多单个的合同组成，专业人士可以通过 Wind 数据、DTCC 数据和 IHS Markit 数据服务等进行数据挖掘，得出一些统计结果。如果我们仅仅需要一个宏观经济的结论，那么只要利用专业人士的结论即可，即评级机构做出的债务评级。所以，建议普通投资者多了解这方面的新闻，有时候内容不需要专门总结，它们都包含在不起眼的新闻中。

（四）宏观分析的总结

如果是普通投资者，可以根据信息接收渠道分类汇总宏观层面的信息，形成外部环境的预期，这些预期包括目标行业销售增长率、集中度、利润率和融资成本的预期，也包括经济周期的预期，前面的部分纳入行业分析的基础判断中，后面的经济周期则可以作为一项宏观投资内容的参考项。这期间需要关注评级机构对于主权债券的评级变化。如果是金融从业者，需要收集场外债券收益率和 CDS Spread 的数据来判断当前宏观风险点在哪个国家、哪个行业，从而验证评级机构的评级是否客观，因为评级机构有时候也会被收买。

（五）医药行业宏观分析的简略过程

再说一下对医药行业宏观层面的认识，当然这些都是粗略的描述，我们更加希望读者自己尝试补充。

医药行业的 PEST 分析：

1. P（政策环境）

（1）《“健康中国 2030”规划纲要》发布。

（2）仿制药一致性评价推进。

（3）药物采购两票制推进。

（4）国家药品监督管理局（NMPA）加快新药审批。

（5）医药加成逐步取消，医院将费用加成逐渐向医疗服务方向转移。

（6）新生产质量管理规范（GMP）在医疗器械和医药领域完全推开，药品经营质量管理规范（GSP）在医药销售领域完全推开。

（7）医保控费和医保新药谈判同步推进。

（8）进口抗癌药取消关税及流转税，降低进入壁垒。

小结：从国内政策层面观察，国家将一如既往地支持医药领域的发展，行业支持将进一步加强，但是各种控费措施主要针对的是医药制造领域，所以在增速上，医疗器械的增速将略微超过医药制造。但是，医药行业具体的强弱盛衰需要再进行细分，部分价格高昂的新药，由于价格因素曾一度使用率较低，在医药控费政策的指导下，这部分药品的价格走低，并获得了医保部分报销，增加了使用率。所以，对于医药制造业，高端药、新药将更多地受到政策层面支持，低端药、常用药将因为供给侧改革等遭受一定的销售冲击。仿制药一致性评价的推进将进一步加剧这种状况。所以，医药行业的整体情况是集中度进一步提升，并且这种集中度的提升将成为未来长期的趋势。大型、上规模的药企将获得更多的政策扶持，小型、没有研发能力的药企将被挤出市场，或者进入衰退期。

2. E（经济环境）

医药行业属于弱周期行业。一方面由于部分传统行业需要转型，大量资本流入了医药行业，产生了大量并购；另一方面由于周期性行业的资金流出，而医药制造业又表现出防御性，所以二级市场股价也水涨船高。医药制造行业整体负债率偏低。由于国外药企进入中国市场的限制被逐步放开，有现金、有基础的医药公司将更多地进行国际并购，购入更先进的技术和专利，以期望和国际巨头抗衡，当然这方面需要考虑贸易战和国外技术壁垒的影响，但总体上“走出去”、实现国际化将成为一条主流的发展道路。医药制造行业未来的融资面宽松，投资将非常活跃，且整体投资额将进一步提升，其中主要的研发类投资额将占据主导地位。

3. S（社会或文化环境）

中国社会将面临人口老龄化和生育放开双重压力，医药行业的需求在年龄两端（老人和小孩）齐头并进。统计发现，我国医疗支出占国内生产总值（GDP）的比率已经从 2011 年的 5.0% 上升到 2016 年的 6.2%，并且占比还将逐年增加；人均医疗支出也从 2011 年的 278 美元上升到 2016 年的 578 美元；2016 年医疗增速为 10.5%，复合年均增长率为 14.2%。但是这与发达国家尚有距离，2016 年美国医疗支出占 GDP 的比率为 17.2%，德国为 11.3%。按照人均医疗支出计算，美国人均医疗支出为 9 892 美元，德国为 5 551 美元，中国虽然发展迅速，但是医疗支出仍然仅相当于经合组织平均水平的 12.9%，所以未来无论是需求还是购买力都将进一步加强，销售增长率应该平均维持在12%以上。

4. T（技术环境）

医药制造是技术密集型行业，医药制造公司普遍依赖技术形成的壁垒，我国现阶段医药创新度仍然不高，创新药匮乏，大部分以仿制药为主。但是，由于政策环境的压力，医药公司开始走两种技术路径：一种是基于高投入的创新药研发，周期长、投入高、风险大；另一种是以仿制药提质增效为核心的渐进式研发。部分集中度较高的公司由仿制药积累起来的盈利能力将逐步通过研发投入转化为高仿药，甚至创新药，而部分小规模的医药公司无法短期内形成必要的研发能力，所以已经占据行业龙头地位的公司将维持很高的净资产收益率。另外，由于国外原研药进入及医保控费的压力，部分畅销药物的毛利率将下降，公司必须通过多单品途径来提升效益。

5. 全球制药业宏观层面分析

全球制药业逐渐步入瓶颈期，一方面由于美国政府力主药物费用控制，另一方面由于化学分子药物研发难度加大。但是，总体上生物药物的增长比化学药物快。全球医药市场是一个竞争比较充分的市场，对于高端新药依然相当追捧，故而中国的高仿药有可能借助医药领域的双向开放进入国际市场参与竞争。中国很多制药公司非常重视去美国食品药品监督管理局（FDA）和欧洲药品管理局（EMA）申报药品。

以上是我们做的简化的PEST分析，很多网站会有这方面的数据支持，如果是面向投资者做推介，还可以找更多的数据加持，并放上图表，如果是自己投资参考，可以不用太麻烦，本着实用的观点即可。

（六）一个不太重要的关注点

之所以“不太重要”，是因为现阶段这个路径的投资参照还很少，但是未来可能影响深远。摩根士丹利资本国际公司（MSCI）推动ESG责任投资，也就是从环境（Environment）、社会（Social）和公司治理（Corporate Governance）方面来评定公司。MSCI声称ESG评级可以在一定程度上比CDS价差的表现更加灵敏，但是对于投资者现阶段意义不大。可以理解为，此举是为了让上市公司正直经营，推动社会发展，保护环境。讲道德、正直经营，从长远来看的确是有利于公司发展的，但是短期来看，我们又不得不承认，理想很丰满，现实很骨感。如果认同ESG责任投资的机构多了，就会成为一条投资界强有力的行为规范。古人也说“一屋不扫，何以扫天下”，道德和规范属于内部事务，但是万一外部化，比如出现丑闻，往往会动摇公司根本，所以在此我们还是提示投资者关注。

三、行业层面分析

（一）我们如何切入行业分析

相对于宏观层面，行业层面的分析更加重要。所谓“在风口上，猪也能飞起来”，就是说在一个好的行业，即使是经营能力不强的企业家也可以干出一番事业。真是如此吗？人们既要考虑行业的风起，更要考虑行业的风停，风停了我们才能看见哪头猪“自挂东南枝”。在如今行业的快速推进中，“摔死的猪”越来越多，如共享单车领域。

前面讲述的宏观环境分析大部分是结合行业层面看的，我们从PEST分析中获得了各种信息，用逻辑将信息转化为定性的预期，诸如行业整体销售增长率、行业集中度、行业利润率和投资额等。我们已经大致了解了行业应该如何推进。同时，我们推崇的医药行业销售增长率十分稳定，行业集中度在进一步加强，利润率保持在较高水平，投资额特别是研发的投入正在逐步增加，于是我们将视角切入更具体的领域。投资者当然希望挑选最好的行业里最好的公司。宏观解决的问题是行业选择问题，而中观解决的问题是行业细分之后的选择问题。

（二）行业生命周期分析

如何分析行业呢？我们首先需要知道行业的发展阶段，从时间线上看，行业是不停演进的，早期进入这个行业的投资者往往有可能获得很好的收益，但是相应的风险也会很高，把握公司所处的生命周期，可以了解行业所面临的风险，也可以根据自己能够承受的风险进行投资。一个有 1 亿元资金的人没有必要冒风险，他可以在公司成熟的时候投资，而一个只有 100 万元资金的投资者就适合冒一点风险，投资一些正在成长、未来发展良好的公司。

从行业的生命周期看，我们一般将其分为导入期、成长期、成熟期和衰退期，这就像一个人的生命一样。所不同的是，这个周期并非如人生般固定，也就是行业的生命周期可长可短，可以将一个行业大致归入某个阶段，但是不能以此来衡量这个行业在这个阶段延续的时间。

导入期，行业利润低，市场增长率（销售额增长率）高，需求增长快，技术变动大，进入壁垒低，行业内的公司正在开疆拓土、跑马圈地（比如虚拟现实行业）。

成长期，市场增长率（销售额增长率）高，需求增长快，技术趋于稳定，进入壁垒升高，竞争者数量众多（比如云计算行业）。

成熟期，市场增长率（销售额增长率）低，需求增长缓慢，技术已经成熟，消费者的选择能力增强，产品更新困难，行业进入壁垒很高（比如白色家电行业）。

衰退期，产品过剩，替代品出现，增长率下滑甚至为负数，竞争者急于退出市场（比如钢铁制造业）。

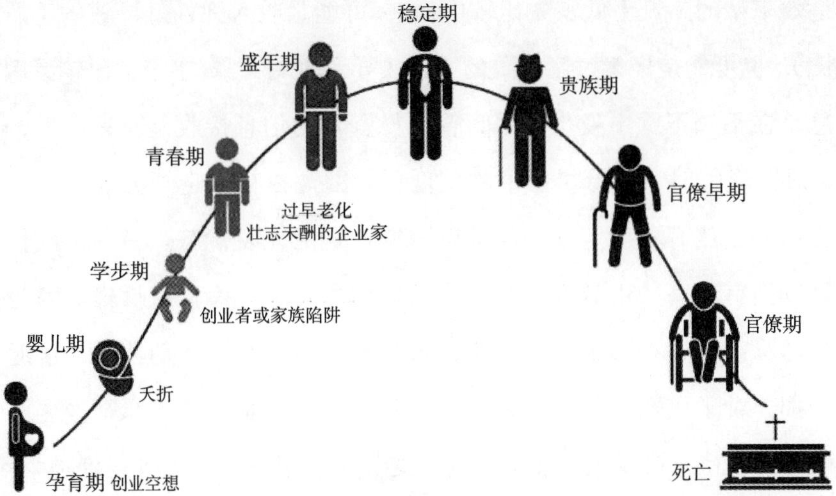

▲　图为公司生命周期曲线。买入股票是买入公司的一部分，投资公司有时候就像投资自己。每个人的爆发期不同，但是大部分人集中在盛年。

A 股的投资者，一般投资两个时期的公司，一个是成长期，另一个是成熟期，这分属于巴菲特两种略有不同的投资理念。一个源于巴菲特的老师格雷厄姆，他是典型的价值型投资者，追求的是有安全边际的成熟公司；另一个源于著有《怎样选择成长股》一书的费雪。巴菲特更加偏向于格雷厄姆，原因在于巴菲特的投资注重风险防控，在追求安全性的前提下，再追求成长性。他曾经不止一次提到要注意本金安全，这和其老师格雷厄姆的表述如出一辙。当然保守使巴菲特回避了一些风险，但同时也让他错过了很多机会。他对于 IBM 的投资收益就不佳，而近些年他对于苹果公司态度的改变，也说明其已经逐渐开始倾向于费雪的成长型投资。

我个人更加倾向于成长型投资，因为世界在加速变化，我们的需求日新月异，很多新行业在同步产生。特别在医药领域，细分程度非常高，如果我们秉持保守的价值投资理念，则应该选择原料药或者医药商业连锁店投资，但相比这些投资，投资者一定更加倾向于抗肿瘤生物靶向药和基因检测。那些成熟的行业，往往步入衰退期的可能性更高，衰退可能是资源型的（资源枯竭），也可能是效率型的（效率低丧失比较优势），可能是收入弹性低导致的（需求停止增长），也可能是聚集过度导致的（过热导致过剩）。资本市场比较灵敏，衰退也总是在不知不觉中发生，因为普通投资者的信息接收是有迟滞的，当发现“灾难”降临时，股价早已下跌到低位。因此在行业选择方面，选择成长期的公司，虽然有不确定性，但可以占据一定的先发优势。另外，成长期的公司可以拥有较高的市盈率，而价值型的公司必须考虑资产价格。因为价值型的公司资产收益率已经接近恒定，未来的确定性高，波动性低，接近于行业天花板。对于成熟的公司，必须严格遵照低买高卖的基本原则。这里就会有周期性的等待，可以说，在中国现有的经济状况下，等不等得到是个问题。比如房价在高位已经运行数年，的确是存在“泡沫”，但是刚需者买入的时机依然不曾出现，房价没有严格遵照周期规律，如何让一个投资者做到长期等待？所以，凡人的世界，就要遵照凡人的处事原则。等待浪费时间，有时候也会变得毫无意义，而且那种极端的看空做法甚至会让自己陷入长期的痛苦当中。

这里我们明确一点，即需要寻找处于成长期的公司，或者是刚刚进入成熟期的公司，这些公司具有我们所喜欢的延展性，能够继续成长，有足够的收入弹性，也有一定的安全边际。但是问题来了，医药行业如此复杂，产品如此之多，怎么办？个人建议是把单个产品作为一个行业来进行观察，比如 HPV 疫苗，很明显属于一个成长期的行业，虽然不太符合竞争者方面的标准（成长期表现为竞争者众多，而 HPV 疫苗的生产公司国际上并不多），但是其他标准是符合的。为什么竞争者不多呢？因为产品本身具有技术壁垒。行业生命周期理论研究的是开放性市场，也就是壁垒不高的传统产品领域。另外，抗生素生产领域可以定义为成熟后期，技术壁垒已经逐渐消失，而规模壁垒逐渐产生，需求总体上稳定，未来还有可能过剩。同时，PD-1 抑制剂还处于幼稚期，CAR-T 细胞疗法刚刚摆脱幼稚期进入成长期。

综合来看，医药领域相比而言更加直观，因为壁垒是天然形成的，一般来说，通过了 FDA 和 NMPA 之后，这个产品就从幼稚期进入了成长期，然后再看什么时候壁垒被打破，或者是专利药专利到期，或者是另外研发了更好的类似药品或类似疗法作为替代品进入市场，竞争加剧。当变为三家以上参与竞争时，产品就逐步进入了成熟期，当一种新的更好的产品替代了现有产品，现有产品则会很快进入衰退期。每一个阶段都有明确的标志。

（三）五力模型行业分析

行业生命周期理论，是基于细分行业动态看问题，而我们需要另一个工具来静态看问题，这方面简单的做法是五力模型行业分析。一些专业的分析人士往往不屑于这些基本的模型工具，但是要知道，很多专业人士做的研报是贩卖式的，他们在数据上表现得精巧，对于客户来说却并不实用。他们经常吝啬自己的判断，堆积大量的数理说明，而对于投资者，我们不需要如此多的数理，我们更需要一些专业的判断。

五力模型包括：供应商的议价能力、购买者的议价能力、潜在进入者的威胁、替代品的威胁、行业竞争者的竞争。

供应商的议价能力。供应商控制着成本端的两个要素，一个是原材料或者劳务的价格，另一个是原材料或者劳务的质量。如果供应商的价格和质量能够掐住下游厂商的“脖子”，那么就是议价能力强。一般来说，影响供应商议价能力的情况有：

（1）如果供应商有很多，转换成本又很低，就可以随意选择供应商，那么供应商价格就不构成威胁，需求公司的议价能力增强。

（2）如果供应商有很多，但是转换成本很高，诸如工程搞到一半要换工程队、医生治疗一半要换医院，那么更多的混乱会使需求公司的议价能力变弱。

（3）如果供应商只有一家或者数家是一个联合体，形成价格联盟，需求公司的议价能力堪忧，这种情况下在供应商列表里会很明显出现一个占比非常大的供应商。

（4）供应商前向一体化，也就是可以自产自销，因为产能过剩才出卖。当供应商可以自己消化产能的时候，需求公司的议价能力变弱。

对于单个公司的供应商议价能力还有一个财务指标可以参照，就是应付账款在流动负债中的占比，这个占比越高，说明其欠供应商的钱越多，优势就体现出来了。供应商之所以给信用额度，归根结底是因为他们害怕拿不到货。当然，有信用危机、业绩下滑的公司应付账款有时候也很高，但是这一类公司主营业务收入一定是下滑的。格力是白色家电公司的代表，其资产负债率达到70%，但是其负债大部分是经营负债。类似的还有青岛海尔、青岛啤酒、美的集团等强势的消费类公司，观察它们的财务费用往往是负数，体现为流入，这是因为占用了太多的供应商资金，而这些资金都不需要支付利息。

购买者的议价能力。之前有创业者问："做业务是 TO B 好还是 TO C 好？"言下之意，是做原材料供应商更好，还是做零售商更好呢？其实各有利弊，TO B 可以大大节约营销成本，而 TO C 则有一定的稳定性。以下是购买者议价能力的形成原因：

（1）打开报表的顾客列表，可能会发现有单一或少数几个大客户。如果长期依赖大客户，或者整个行业都依赖一个大客户，目标公司的议价能力变弱。

（2）行业内都是小公司，而顾客相对集中，就会造成业内恶性竞争，导致价格经常低于成本，目标公司的议价能力变弱。

（3）产品是标准化产品，同质化严重，壁垒不高，目标公司的议价能力变弱。

（4）购买者产品后向一体化，就是说购买者本身也有产品在生产，外购产品只是因为产能不足，目标公司的议价能力变弱。

潜在进入者的威胁。这属于行业壁垒范畴，主要是研究行业的进入障碍，包括很多因素，有规模化导致的进入障碍，有技术壁垒形成的进入障碍，有自然资源形成的进入障碍，有政策制度形成的进入障碍。一个行业想赚钱，当然希望壁垒高，别的公司进不来，所以这方面很好理解。医药行业正是这么一个技术壁垒型行业。

替代品的威胁。当替代品出现，原有的所谓壁垒将被重构，我们经常在互联网领域听到的“弯道超车”就是一种替代品策略。比如特斯拉没有制造过汽油车，它生产的电动车直接杀入了乘用车市场，德国的宝马、奔驰积累百年的技术专利，突然间无力阻挡。若是特斯拉在汽油车领域和奔驰、宝马对垒，那是完全没有希望的，但是在电动车领域，其绕过了行业壁垒，成为一个强有力的替代品。当然，替代品进入市场并没有颠覆原有行业，只是抢夺了现有市场的份额。

行业竞争者的竞争。如果行业内部成员是稳定的，潜在进入者不多，诸如可口可乐和百事可乐、康师傅和统一，虽然斗争常有，倒也相得益彰，因为格局不会有大的变化。怕的就是传说中的“颠覆者”，比如百度公司、阿里巴巴集团、腾讯公司（合称 BAT）。当一个行业进入壁垒低、退出壁垒高时，就意味着竞争加剧。在此以网宿科技为例，BAT 大规模进入互联网内容分发（CDN）市场后，引发价格战，网宿科技经营压力倍增，股价下跌。如今的外卖市场、共享单车和网约车业务，都是拼得你死我活，最后还“喘气”的就成为垄断者。

综上，五力模型其实并不难理解，它是从几个角度分别理解行业的真实内容，投资者可以根据这五个方面做一般性的情况描述。当面临这五种力量的挤压时，行业中的部分公司会采取应对策略以求自保。一般有四条路径：

（1）成本领先策略。也就是价格战，让对方出局，看谁笑到最后。

（2）差异化策略。这一点在医药领域尤其明显。我们将改进的药剂叫作 me-better，未改进的药剂仿制叫作 me-too，me-better 药就是比原研药疗效更好的药。未来医药公司的主要打法也是在差异性上，当然，这是个漫长而痛苦的技术研发过程。

（3）集中化策略。简单而言，大单品就是集中化战略。如果有很多产品线在跟不同的竞争对手竞争，那就选一个出来重点培养。汤臣倍健和江中药业这类保健品公司就是大单品战略的实施者。

（4）一体化策略。向产业链的上下游延伸。例如芯片被人遏制了，怎么办？那就自己研发芯片，打破供应商壁垒。如果竞争对手从华北市场打到华东市场，而公司本来的主战场是华东，怎么办？那就从华东“伸手”往华北扩张。这两种方式，一种叫纵向一体化，另一种叫横向一体化。

（四）产业链分析

我们在思考一个行业的时候，应该把这个行业放到整个产业链条上观察，产业链条最终能告诉我们很多有关公司价值的信息，诸如供应商的议价能力及采购商的议价能力。在整个产业链条上，会发现目标公司的限制也许不是来自供应商，而是来自供应商的供应商。比如中兴停工了，珠海有很多代工厂也跟着停工了。当我们观察这些代工厂或者配件厂的时候，只看到了供应商的体量，也许看不到上游的上游还有如此关键的存在，那就是高通的芯片及谷歌的系统。如果不从链条上观察，就看不到风险点。

产业链分析就是将公司的生产经营看成是整体链条上的一环，并以此来观察链条上每一个公司的优势和劣势。我们只要直观地看一个个案就可以大致了解这个观察的重要性。

从表 3–1 中我们很清晰地看到两家公司，一家是药石科技，虽然国际上有众多的竞争对手，并且行业发展空间也不大，但是在国内所属的领域其尚未有竞争对手。另一家是药明康德，严格意义上讲，药明康德已经拆分成三家，在三地上市，但是体系依然是统一的，它具备新药研发外包（CRO）全产业链的研发能力，基本上可以提供一条龙服务，所以对于客户更加具有吸引力。当然表中没有反映出药明康德的劣势，诸如泰格医药和博济医药的后端 CRO 公司正在向研发的前端伸展业务，虽然没有太多的成绩，但是对药明康德的全链条模式会形成一定的压力。不过总体来看，药石科技和药明康德在链条上的优势是一目了然的。

表 3-1 新药研发类 CRO 各环节上市公司分布表

<table>
<tr><td rowspan="10">CRO企业产业链分析</td><td rowspan="6">临床前CRO</td><td>药物分子砌块</td><td colspan="5">药石科技</td></tr>
<tr><td>化合物研究</td><td colspan="4">康龙化成</td><td rowspan="9">药明康德</td></tr>
<tr><td>安全性评估</td><td colspan="2">昭衍新药</td><td rowspan="2">睿智化学</td><td rowspan="2">美迪西</td></tr>
<tr><td>制药技术</td><td>康龙化成</td><td>华威医药</td></tr>
<tr><td>小分子 CMO</td><td>合金药业</td><td>凯莱英</td><td>博腾股份</td><td>九洲药业</td></tr>
<tr><td>大分子 CDMO</td><td colspan="4">睿智化学</td></tr>
<tr><td rowspan="4">临床CRO</td><td>临床研究</td><td rowspan="3">泰格医药</td><td rowspan="3">方恩医药</td><td colspan="2" rowspan="3">博济医药</td></tr>
<tr><td>药品注册申请</td></tr>
<tr><td>Ⅳ期临床试验</td></tr>
<tr><td>商业化 CMO</td><td colspan="4">博腾股份</td></tr>
</table>

资料来源：相关资料整理而得。

类似于这种模式的分析很多，一般要在链条中找寻两类公司，一类叫作全产业链模式公司，比如乳品行业都是走全产业链模式，从初级产品到加工、形成商品，再到铺设销售渠道，都自己打理。食品行业的五芳斋甚至承办了零售终端，那么在链条上几乎没有什么公司可以限制它。另一类叫作关键点公司，占据关键的一个环节，具有独一无二的优势地位和比较高的壁垒，其他公司无法进入。再往远了看，荷兰阿斯麦公司（ASML）的光刻机是另一个关键点。这类公司在 A 股中还不多，如果有的话要重点关注。

如果大多数产业链不理想，每个环节都有很多公司占据，那么就要比较各环节间的毛利率，诸如矿山开采的毛利率要高于矿产冶炼，而精密器件的毛利率要高于通用零件，当把这些公司列在一起观察时，很快就能得出结论，应该找链条中最好的公司，如果没有最好的，那么就要找一家毛利率相对高的公司。

（五）行业分析的总结

一个行业，要通过时间和空间来分析。时间就是行业生命周期，看这个行业是否日薄西山，或者看这个行业是否因为过于年轻而充满不确定性和风险。继而我们切换到空间维度，从行业的现有参与者和潜在参与者的角度观察行业优劣以及进出行业的壁垒，并且从产业链的角度看我们的选择是否正确，要选出在产业链空间上最具有竞争力的行业，并在最具有竞争力的行业中选出最具代表性的公司。

四、公司竞争力分析

宏观分析是为了得到好的行业目标，行业分析是为了得到好的公司指向，而公司的竞争力分析，则是为了进一步了解公司。了解公司有很多方式，我们在后面还会讲其他方式，本部分只对公司进行定性分析。虽然价值链分析和SWOT分析非常流行，但有时不契合投资者的需求。一般的投资者如果能看到行业层面，已然是非常优秀了，因为缺乏上市公司的内部资料，在信息不足的情况下，只能尽可能获得有益的信息。所以在这里，我们讲两个方面的内容：一方面是如何尽可能多地获得公司内部信息，另一方面是如何用有限的信息从多个角度了解公司。

（一）外部投资者如何获取公司内部信息

（1）产品信息的第一渠道是用户。很多产品是面对消费者的，这些产品可以通过销售信息进行了解，简单地搜索一下产品在互联网各大平台的销售量，大多数是月销售量，做一些记录，持续性地观察就能够得到结论。一般销售火爆的公司即使在别的方面有一些小问题也无伤大雅。这些历史的销售数据，甚至可以形成粗略的销售预测曲线。没有一种方式比这种方式更加简单有效。

（2）产品信息的第二渠道是职业。我们崇拜天然有壁垒的职业，诸如医生、工程师。如果投资是有壁垒的，那么投资者就是具备天然壁垒的人，他们了解公司细节，也了解公司某个产品的优势在哪里。有壁垒的职业，不仅可以凭手艺，也能够凭知识赚钱。

（3）热心的竞争对手。虽然贬低对手是一件不道德的事，但是在商场上，这种事屡见不鲜。我们买家电的时候，如果用品牌之间的差异刺激专柜销售员，他们马上会把道听途说的内容告诉你。可惜的是，很多时候这些情况是失真的。

（4）通过交流平台和股东大会进行交流。如果投资足够多，就应该去参加这种活动和会议，对于自己的疑问要敢于提问，不要觉得一些问题可能会负面压低股价，我们的目的不是炒高股价，而是了解公司。

（5）和员工及公司周边人员（如上下游供应商）交谈，获得信息。

对于以上几点交流的方式可能很多人没有什么体会，建议各位去看一下电影《大空头》。电影里那几个主角想要做空次级贷，他们需要了解的内容很明确，就是那些次级贷里面是不是已经出现了大量违约。于是他们就开始行动了。有人利用从银行收集的信用数据进行调查，如果逾期比例上升必然会导致信用未来的崩塌；有人直接去新的住宅小区询问房屋中介和住户，房屋中介会吹嘘自己的业绩以及获得贷款的能力，有些居民会为了点小利益描绘其贷款的过程；有人去参加债券经济论坛，在论坛上从大型金融机构的只字片语中挖掘有用的信息。

没有什么比充足的信息更重要，不管是价值投资还是投机，都需要信息。所以积极地寻找信息是相当有效的，很多时候比做模型更有效。

（二）团队分析

世界上任何一个陌生人和你之间的距离不会超过6个人，如果这是碗“鸡汤”，那么干了这碗鸡汤。公司的成长性往往体现在人事变动方面，大多数公司的关键人事变动都会给公司带来巨大变化，如当年上海家化的葛文耀，老实说对于这类公司我们觉得圆桌会议式的管理也不错，平安信托替代了葛文耀，从侧面可以看出上海家化的财务计量和各方面还是比较稳健的，也没有出现虚标的资产。可是接下来一连串的人事变动和纷争足足让投资者纠结了两年。到了2018年年中，上海家化的业务依然稳健，但是活力还没有完全恢复到葛文耀离职之前。这个教训告诉我们一个公司核心团队和核心人物的重要性。

建议投资者研究公司核心团队和主要股东的履历，关键人物并不局限于董事长和首席执行官（CEO），一些不是很明显的关联方，也连带着很微妙的关系。

比如蓝色光标的关键人物就应该是孙陶然，他连接着拉卡拉，继而再进一步连接着联想集团，所以蓝色光标股票未来的一些困境必然会与孙陶然有关。

比如恒瑞医药董事长孙飘扬的婚姻关系连接着另一家实力雄厚的药企，也就是江苏豪森，这说明恒瑞的研发能力远高于我们看到的情况，因为有一部分实力在上市实体之外。孙飘扬是技术员出身，其在研发方面的偏好显而易见。

再比如信立泰的实际掌舵人并没有技术背景，但是十分擅长心血管药物技术和公司并购，所以在抗击国外原研药方面还是有一定机会的，从过往的并购成绩单来看，战绩相当不错。

有人说不要以出身论英雄，这是对的，但是在公司信息不对称的情况下，我们必须有主观判断。只有拥有优秀团队的公司，才会在未来竞争中脱颖而出。

当然对于管理团队，也要注意其股权激励和增减持的情况。很多股票的估值就可以单纯锚定在这个上面。2018年有个朋友就给了我这么一个思路。东方明珠的股权激励时间是7年，7年后的行权价格大概是13元，所以这个朋友就制定了一个简单的策略，15元以下就开始定投，持续定投，当冲上15元的时候就结束定投。不知道读者看到此书的时候东方明珠的价格在哪里，如果东方明珠能够跌到13元行权价以下，那我的这位朋友一定非常开心，因为这就意味着7年之后，要么股价一定高于13元，要么全体管理层都白白为公司奉献7年，显然，白白奉献是不可能的。

同样地，中国联通也有这样的激励政策。很多激励政策的股价定位都很低，这个时候对于投资者就是一个很好的参照，定性的效用远远超过定量。

（三）产品竞争力和市场空间的定性分析

在行业分析里，我们已经用五力模型阐释了产品的竞争力，按理说已经十分了解产品了，但是请注意，我们了解的是行业里的标准化产品，依然没有重视产品的差异化。下面就来谈谈公司及产品的差异化。

1. 品牌驱动型公司

有些公司的产品完全是品牌驱动型的。同样是白酒，为什么茅台和二锅头不一个价？同样是驴皮膏，为什么东阿阿胶卖得好？这里面都含有品牌溢价。相应地，负面新闻对这类公司造成的扰动更大，这就需要更好地维护公司声誉。投资者并不需要承担维护声誉的责任，所以在面对负面信息的时候，要评估信息对于品牌的损害度。

▲ 鸿茅药酒曾经历很严重的品牌危机，相继出现品牌负面影响的还有伊利和东阿阿胶，这种事件的过程我们不关心，也不想在此赘述，这只是一场品牌声誉的攻防战，而一旦输掉舆论，那么其背后的疗效、品质及专利都是多余的。

2. 技术驱动型公司

医药领域就是典型的技术驱动型领域，很多医药公司的药品，即使我们生病时使用过也不会有什么印象，只知道医生给用了一瓶阿奇霉素，但是不会去关心这个阿奇霉素是哪个公司生产的，不同公司之间的价差就是药品有效成分的纯度差异。但是，医生心里清楚，市场仍然遵循“一分价钱一分货”的铁律。那些细微的技术差异最终导致各公司不同的境遇。就国内化学药制造公司来说，大多数是做仿制药的，而仿制药的原研药国外已经存在，只要了解一下药物的在研进度，并了解一下国际上这类药物大致的销量，就能搞清楚未来可能的销售额。

3. 寻求垄断型公司

有些公司存在天然垄断，比如石油开采行业，将这类公司放到产业链上分析就一目了然了。有些公司是从市场底层发展起来的，那里已经是一片红海，毛利率逐步下降，公司利润不佳，广受诟病，这个时候就有公司打算一家独大。我们似乎无法从众多迹象上得到支持，但是也要看到，虽然利润不高，总还是存在成功的公司，而一旦达成垄断，它们的想象力就将逐步展开。

▲ 虽然消费者不喜欢垄断，但是垄断永远难以避免。比如“两桶油”，在投资者的角度，这将是一个长期的利好消息。

4. 资源驱动型公司

并不是谁都能靠山吃山、靠水吃水的。有人出生在沙漠，靠石油；有人出生在山地，有矿产；有人长在海边，天天吃海鲜；有人长在城市，天天吃外卖。资源并不是随时随地唾手可得，海岸线再长，台风少、地势平的海景房也屈指可数，靠天赏饭吃的中东富豪的确是对于勤奋最大的打击。所以，资源驱动型的公司也是相当有“嚼头”的。但要注意的是，一般情况下资源体现出周期特点，需要结合宏观层面来看。

投资者在寻找百倍千倍股的过程中，必须要考虑公司的优势，切忌想当然。公司的亮点有时候并不容易被发现，未被发现的优势有时候就是一个“金矿”，这需要投资者在一定程度上保持独立思考的能力。常用的 SWOT 分析和价值链分析，因精细的解剖过程反而会导致一些信息过载，当然了，也可以通过数理的方式来发掘公司的特点和优势。在此，我们所写的内容有限，但是后面的内容更精彩。

第四章

公司的定量分析 >>>>

一、定量的参照

当公司已经被定性为良好公司、目标公司，我们就需要一些定量的指标来验证推论。在定量分析之前，首先需要明确，定量是需要参照物的。

一辆车从身旁疾驰而过，普通人会说“哦，好快”，理科学生会说“相对速度 200 千米 / 时”。为什么是相对速度呢？所有的物体都不是静止的，所谓的静止都相对于地球而言，而我们所说的运动速度，也是相对于地球的。要知道什么东西快，必须要找到一个参照物。要知道什么公司好，也要找到参照物。

定量分析的第一步就是寻找参照物。如果对于资产安全性有担忧，或者觉得数据有问题，第一反应是找一家类似的公司来参考，如果发现量上的差异，就问问为什么，今年的业绩相对于上年增长了，也需要问为什么。我们通常有以下一些可以参照的数据：

（一）行业统计数据

行业统计数据到处都有，只要有心就能够收集到。一方面，行业网站会定期发布一些景气数据；另一方面，各类大大小小的公司研报和行业研报会在开头罗列数据以佐证结论。我们说研报未必客观，有时候数据也不靠谱，比如常山药业对于国产伟哥的市场需求就给出了 1.4 亿元的论断，也许这个数据的统计源于某个医学院的学术统计，但是从取样的方式来说，明显是有难度的。所以，谨慎的投资者需要考虑一下数据逻辑和数据来源。

▲ 行业统计网站有很多，仅医药的临床数据一项，就有很多收费和免费的网站，图为我经常使用的一个免费的医药类临床数据网站“药智网”，仅供参考。

（二）历史数据

以史为镜可以知兴替，业绩预测就是通过历史业绩的轨迹来判定未来业绩增长的可能性。如果我们连续掷硬币 100 次都是正面，下一次掷硬币是正面的概率有多少呢？理性看不应该是 50% 吗？这就是金融业经典的“赌徒谬误”。可这个例子过于理想化了，未来的影响因素有很多，谁也无法保证硬币没有问题，谁也无法保证掷硬币的人没有某种潜意识的偏好，所以我们才需要反过来总结。

当我们掷硬币 1 亿次，发现 7 000 万次是正面，3 000 万次是反面，而理论上应该是一半一半的概率时，我们就会考虑是硬币出了问题，还是掷硬币的人出了问题。没有答案的时候，我们就理所当然地认为，也许正面偏多才是真理。巴菲特说：“从历史看，长期看好美国经济并且做多的人将获得很好的回报。”因为历史一直在证明这一点。经济学家说可能每隔十年资本主义社会就会有一次危机，为什么呢？经济学家罗列了一些道理，但是依然无法准确预测未来。

所以，我们说如果一个上市公司在过去十几年都表现良好，业绩稳定，那么未来大概率还会继续保持，也许最终它还是因为生命周期而倒下，但至少改变不会是突然的，而是缓慢的。

（三）公司间横向比较

不是只有相同业务的公司才可以比较，当然最好的比较是找到相似度很高的公司。比如分析百事可乐的时候，找可口可乐来参照。比如研究恒瑞医药的时候，拿复星医药比较就不充分，因为它们主营的药品并不重合。如果拿类似的单个药品比较，则可以得出一些结论，诸如营销方面谁比较强，而研发效率方面又是谁比较有优势。

（四）与预期比较

我们为何更加信任某个人的判断，因为这个人的判断准确率高，当预期实现的时候，我们就在心里给他加了分。为什么有些股票的价格波动如此之大，是因为现实呈现了和预期完全相反的景象。如果一家公司预期的增长率是 20%，可是增长只有 18%，从一般投资者的角度看，这似乎没什么问题，但是机构依然会对其进行无情打压，不及预期就是一个利空。当然这种利空马上会有理性纠正，但问题是如果预期增长 20%，结果反而减少了 20% 的利润呢？那就比较要命了。有人说，降低一下预期值如何？我们可以改变自己的预期，但是股票的预期是包含股价的，预期良好的股票股价也高，如果不达预期，股价自然会与现实匹配。个人的预期不会影响市场整体的预期。和预期比较还有个参照标准，那就是机会成本。为什么美债收益率走高会导致全球融资成本上升？因为美债收益率上升基本上代表无风险收益率上升，如果没有风险的投资可以回报更多，那么有风险的投资就要有更高的回报来匹配，也就是支付给投资者更多的利息。

定量是如何做到的？所有的量都是相对的值，只要有了这个概念，大家就可以对上市公司做出判断。有时候一个行业内很多公司的市盈率都上百，比如前几年的电商行业，基础投入的增速远远跟不上收入的增速，如今大家也看到了，情况已然不同，那么在当时的情况下，按照市盈率判断这些公司都是没有价值的，因为电商行业的公司和同行业的公司比较才有意义。

二、几种重要而实用的估值方法

价值投资是什么？价值投资是当股票价格低于上市公司内在价值的时候，买入股票，并且在股票价格高于上市公司内在价值的时候，卖出股票。听上去很简单，股票价格显而易见，但是内在价值的判断是个困难的命题，依然是仁者见仁、智者见智的。当年一个中国的分析师和外国的分析师在电视台共同主持股票分析节目，中国分析师说："某股票 30 倍市盈率，成长性良好，应该有很大的成长空间。"那个外国的分析师瞥了他一眼："你确定你学习过投资？怎么可以推荐高于 20 倍市盈率的股票？"诚然，外国的分析师并不了解我国部分限制做空和下跌的政策整体上抬高了一些市盈率，如果按照外国股市的选择办法，很可能数十年就在漫长的等待中度过了。"从长期看，我们都将死去。"伟大的经济学家凯恩斯的这句话经常回荡在我的脑海中。在不进行跨国投资的情况下，谁又有如此的耐心，一等十年。就像我看到的另一个故事，这个故事我们前面也说过，再重复一下：巴菲特师从格雷厄姆学习价值投资，在进入股市之前，巴菲特有 1 万美元。格雷厄姆告诉他："现在不是进入股市的最佳时机，根据这几年的市场惯例，道指还会回到 200 点以下，你该等一等再入市。"可是巴菲特没有听格雷厄姆的，直接买入了股票。几十年后，有记者问巴菲特："如果当年你听从了老师的话会怎么样？"巴菲特回答："那么我现在还是只有 1 万美元。"

这个故事告诉我们，我们会被很多经验误导，而在明知道对的时候去遵守本不应该遵守的条条框框。虽然我知道某只股票一定会很好，但我还是会等等，然而一等就是后悔的开始。明知道是好的东西，我们追求的就不一定是价格低于内在价值，而是价格合理。很多价值投资者纪律性很强，但是这些纪律未必是必须遵守的。当然，我们并不完全排斥纪律，只是觉得不该为了几毛钱的差价斤斤计较，如果无法把握，就分散风险或者分批买入。

（一）市盈率

市盈率 = 每股市价 / 每股收益 = 市值 / 净利润

有人很嫌弃市盈率这个指标，所有行情软件的第一个信息就是市盈率，动态的或者静态的，有些还是滚动的。动态净利润是上季度的净利润乘以 4，静态净利润是上一年度的净利润，滚动的净利润是当月往前推 12 个月的净利润总和。市值或者市价很好理解，净利润建议参考静态或者滚动的，因为很多公司业绩受季节因素影响，所以看一整年的净利润才有结果。但是，我们是否可以使用净利润来作为市盈率的参照值，这是需要考虑的。

在利润表上有两个项目：一个是扣除非经常性损益（扣非）的净利润，另一个是净利润。很明显，我们追求的是资产持续盈利的能力，而不是单一年度盈利的能力。非经常性损益，就是卖资产，或者是卖子公司得来的收益或者亏损，原因有很多种，但是其核心在于"非经常性"，也就是说并不会经常发生。投资者很容易被这个非经常性的收入迷惑，往往看上去美丽的利润，只是短期的利润，来年当利润不再包含非经常性损益的时候，投资者就会发现自己处于很危险的情境中。所以，对于市盈率，我们要把净利润变为扣除非经常性损益后的净利润，以排除净利润的误导性。

什么是合理的市盈率呢？如果一家公司业务稳定，管理层也稳定，就可以得到一个大致稳定的市盈率预期，比如饮料食品行业的公司，利润波动不大，格雷厄姆给出的估值核心是 15 倍市盈率。格雷厄姆建议，当市盈率突破 20 倍的时候卖出，当市盈率接近 10 倍的时候买入。说到这里很多投资者就要哀叹了，如此标准的话 A 股大多数标的都不符合，即使业务稳定，不考虑扣除非经常性损益的情况下静态市盈率 15 倍以下的股票总共也不到 300 只。对于 A 股，90% 以上的标的在高估区域。

但是从理性上看，格雷厄姆的想法是对的，一家公司 20 倍的市盈率，意味着其股价是净利润的 20 倍，那么每年的收益率大概是 5%，而且相对于债券的安全性和优先级，股票一般会有更多的收益，但也有更高的风险。如今风险较低、安全性较高的理财产品，年收益率在4.7%~5%，那么高于20倍市盈率的投资，从这个角度看还不如存银行，所以这个理论依然是可理解的。

有人可能觉得荒唐，但是统计结果表明，美国的资本市场大多数年份平均市盈率都是围绕着15倍上下波动，也就是说格雷厄姆的原则在美国一直是奏效的，虽然美股经常会出现非理性繁荣，但是每一次都能够回落到八九不离十。

未来A股呢？所谓的大盘蓝筹股，大多数是缺乏成长性的，每年维持一个差不多固定的收益也是合理的，所以当一只股票的业务趋于成熟，但是距离衰退还很遥远的时候，投资者必须遵从这个原则行事。当然，这里所说的是价值投资的股票，也就是成熟后期的股票。投资者的关注点应该是这些股票短期内不会被淘汰，如果像柯达一样，那么10倍市盈率也是有困难的，因为来年业绩无法保证。另外诸如金融公司，或者说资产负债率70%以上的公司，还需要再思考一个问题，那就是通过过度借贷得来的利润是否靠得住，当然，这部分内容到后面说风险的时候再提。

未来A股需要考虑以15倍市盈率为均衡点的选股方法，原因是A股也在进行国际化趋同，而且IPO在不断增多，整个市场最终是要走向国外模式的。但是短期来看，如果觉得15倍市盈率的股票太难找，可以适当将市盈率提高到20倍，也就是超过25倍市盈率卖出，低于15倍市盈率买入。但是要注意，净利润是扣除非经常性损益的数值。

（二）市净率

市净率 = 每股市价 / 每股净资产

如果投资者热衷于用市净率来衡量股票的价值，那么大多数情况下是因为行情表现非常不佳。在考虑公司价值的时候，已经不能考虑它的存在价值，而要考虑它的清算价值了。在格雷厄姆的时代，经历了1929—1933年经济大萧条，当时公司倒闭是家常便饭，于是在选择一些表现很差的股票的时候，净资产成了非常重要的考察项目，格雷厄姆甚至发现，有些股票流动资产占比很高，清算价值大于市值，也就是说买入这些公司的股票后，公司直接破产比继续存在更加划算。

当然，现在不会有这种可能性，即使有，也不在中国，未来会不会出现还未知，但市净率依然是值得参考的。

从表 4–1 可以看到，因中金黄金的黄金里伴生很多铜矿，如果能确定黄金价格是上涨的，并且假设黄金价格上涨的同时其他金属价格没有上涨，那么中金黄金的业绩相关性最强。黄金价格上涨时，它就成为上涨的急先锋；而当黄金价格下跌时，它也是下跌的急先锋。

表 4–1　上市公司市净率与黄金业务占比参考

上市公司 / 观察项目	市净率 /%	黄金业务占比 /%
湖南黄金	2.19	82.46
中金黄金	2.19	85.00
恒邦股份	2.21	47.56

资料来源：公司年报。

观察资产盈利和产品价格的相关性，如何给市净率定量呢？我们认为，如果要参照市净率来选择公司，大概率是考虑了资产安全性不佳的情况。对于成长性很好的公司，特别是 10 倍市净率，扣除非经常性损益后净利润计算的市盈率还是合理的上市公司，市净率基本没有意义。如果我们要动用市净率，那么标准就是 1。市净率仅仅是资产项目的观察指标，也就是在行业内横向比较一下。如果是重资产的公司，在资产价格低，而资产质量又是一样的情况下，价格低的公司更好。但是在没有这种横向比较的前提下，拿出市净率，唯一可作为参考的就是市值低于净资产，也就是市值低于所有者权益，这个时候理论上投资者是赚了的。

当然，对于特别处理股票（ST 股票）的风险操作，条件需要更加严格。一般的上市公司，市净率低于1基本已经算一个参考了，对于ST还要考虑破产问题，因为破产之后，现有的固定资产未必值钱，账面上写着100万元，等到破产时也许只能回收10万元，而流动资产里的存货和应收账款也会折损，只是相对固定资产的折损要小一点。所以ST股票的价值挖掘要看其流动资产，更加极端一点，要看现金资产。我们不建议普通投资者去投资ST股票，因为这是专业投资者的范畴，需要外部人员对上市公司所拥有的资产进行逐项调查。

（三）市销率

市销率 = 每股市价 / 每股销售收入 = 总市值 / 主营业务收入

市盈率的参考作用是公认的，大家都看市盈率，炒股怎么可能不看市盈率呢，而市净率的参考作用在于其对资产安全性和质量的指征，净资产就是所有者权益，就是万一公司倒闭了股东应该拥有的财产。随着互联网思维的逐步普及，市销率最近几年的江湖地位也逐步抬升。当一家公司增收不增利的时候，说明其正在进行业务扩张，等到其业务的市场份额达到或者超过了整个市场的50%，就会产生垄断权益，可以在那个时候收回更多的利润。

我们看到部分行业的确遵从了这个逻辑，比如网约车，滴滴曾经广受诟病，各种负面消息被不断放大，其实这也从侧面告诉大家一个事实，滴滴已经积累了一定的垄断地位，即使是传统的出租车市场，也在一定程度上接入了滴滴平台，所以如今滴滴谋求的已经不是市场份额了，打车优惠开始减少，利润开始抬升。同时，基于其垄断的不满情绪也逐渐滋生。

当然滴滴还有更大的利润空间，未来的无人驾驶需要依托像滴滴这样的平台，或者其可以通过如今的垄断地位，开拓出更好的市场。

同样地，外卖送餐领域也在形成类似的格局，如今平台已经很明显地划分为两大阵营，百度外卖和饿了么实质上已经合并，而美团依然高份额领跑，但是在业务方面，两大阵营其实都已经开始往线下布局了。

无论是外卖送餐、网约车，还是共享单车，其实都是类似于BAT的竞争格局，当公司在一个领域形成垄断，就很容易将这种优势延伸到新的领域，继而复制新的垄断。

所以市销率在未来是有意义的，特别是当一家公司每年的市场占有率都在上升的时候。但是投资者必须关注的是，市销率是一种牺牲安全性的估值指标，也就是说，亏钱必须附带其他利益，比如无形资产的增值（品牌的增值，市场份额、技术的增值）。本书的主角医药股，如果公司几年没有利润，亏损不大，很多钱都投入研发，那么投资者的购买行为就是值得肯定的。

另外，我们也要注意，利润是未来流入的，所以有一定风险。正如人类预测天气的准确率应该也有 95% 以上了，但是如果碰上小概率的 5% 怎么办？所以保守型投资要眼见为实也有一定的道理。

最后是如何定量的问题，我们需要锚定一个辅助的预期销售净利率，销售净利率 = 净利润 / 主营业务收入。比如京东作为一家电商业务公司，每卖出 100 元的货物能够获利多少呢？一般来说没有多少，一方面产品之间要互相压价降低成本，渠道商只能赚取少量的佣金；另一方面产品的营销费用作为京东的另一项收入，本身也会影响到产品价格，再进一步影响产品的竞争力。所以如果京东卖出 100 元的货物，极限的净利润约是 10 元，再挖掘就要伤害到消费者或者供应商了。正常的利润贡献应该是 5 元左右。

如果看市盈率，京东基本上就完蛋了，因为从数据上看，只有 50 亿元的净利润却支撑了 3 252 亿元的市值。但是投资者依然觉得问题不大，因为其大量的利润被用在物流建设方面，而且如今的电商领域还没有形成比较明显的垄断，阿里巴巴和京东还有大量的市场可以争夺，所以投资者乐意等。但是美国的投资者很清醒地把京东的市销率压缩在 1 倍以下，如果市销率太高是不符合京东业务逻辑的。

另一家公司亚马逊则不同，其收入是 1 778.66 亿美元，市值是 7 639 亿美元，市销率大概是 4.29 倍，原因很简单，因为亚马逊开拓了多项业务。实质上新零售的发起者并非 BAT，而是亚马逊，其首次推出了无人商店，在人工智能领域也推出了超级遥控器，还有云计算业务及大数据业务。所以从这点来看，亚马逊已经不太适合用现有的销售净利率来预判了，它的收入所包含的未来利润更高，所以资本市场对其趋之若鹜，给予的市销率超过了 4 倍。

如何评价市销率，并没有太多的参照，但是有一个我们自我总结的方法：市销率 / 预期的销售净利率 = 市盈率。那么，就需要预计销售净利率，也就是每 100 元在未来可能的净利润有多少。这会随行业的不同而不同，大多数传统行业这部分的销售净利率在 5%~10%，如果市盈率的目标是 15 倍，市销率大概就在 0.75~1.5 倍。这个时候，再判断一下行业地位是否能加强，是否未来有垄断收益等附加收益，再增加 1~2 的权重（由行业垄断性质判定），注意这部分权重只能加给明显的行业领军者、突破者和创新者。这样看来，京东 0.89 倍的市销率在国内的估值中是略有低估的，而亚马逊明显存在高估，因为最乐观的市销率也只能是 3.5 倍左右。

有人很快就会指出漏洞，比如我武生物的销售净利率突破了 50%，还有很多的个案，这些公司比我们的预期更好。市场有很多标的，我们按照销售净利率排序，销售净利率 20% 以上的有 514 家公司，但是总数是 3 523 家，20% 对应的市销率，15 倍的话是 3；销售净利率 10% 以上的有 1 225 家，10% 对应的市销率，15 倍的话是 1.5，还不到总股数的一半。这个排序是有问题的，因为不同的软件选取净利润的时间段不同，区别在于有些公司的净利润波动是季节性的，但是这并不能掩盖一个事实，大多数上市公司的销售净利率不会偏离行业均值，利润率都在 10% 左右。如果对行业足够乐观和了解，当然可以给它更高的销售净利率预期，只是需要有一定的判定能力。预言是很困难的，精准的预言更加困难。

表 4–2 为软件截图，我们将所有的股票标的按照净利润率由高到低排名，也就是销售净利率排名，大多数公司并没有太高的销售净利率支持，整个 A 股只有 500 多家达到 20%，只有 1 225 家高于 10%，而 A 股上市公司一共才有 3 500 多家。

表 4–2　部分上市公司净利润率一览表

排名	代码	名称	净利润率 /%
514	000672	上峰水泥	20.01
515	002624	完美世界	19.98
516	600763	通策医疗	19.98
517	000613	大东海 A	19.95
518	002667	鞍重股份	19.93
1216	603633	徕木股份	10.09
1217	002341	新纶科技	10.08
1218	300486	东杰智能	10.07
1219	603686	龙马环卫	10.05
1220	600562	国睿科技	10.04
1221	002908	德生科技	10.03
1222	603669	灵康药业	10.03
1223	002812	创新股份	10.02
1224	300262	巴安水务	10.00
1225	603316	诚邦股份	10.00
1226	300305	裕兴股份	9.98

资料来源：同花顺软件相关资料整理。

相对来说，市销率的估值就是对于销售净利率简单而主观的预计。对于没有净利润的上市公司，我们不能对其销售净利率过分乐观，但是也不用过分悲观，有两类公司的销售净利率普遍比较高，一类是互联网龙头公司，另一类是生产医药类垄断性药物的公司。预计这两类公司的销售净利率难度是很大的，药物研发是高风险的，而互联网龙头也容易被新的龙头取代，它们的风险是和乐观预期相互匹配的，希望投资者还是要保持客观和理性。

（四）市盈率相对盈利增长比率（PEG）

PEG= 市盈率 /（盈利增长比率 ×100）

市盈率估值的方法我们已经在前面讲过了，用历史数据去看前路，没有动态分析的因素。但是任何分析都不能忽视世界的快速变化，投资一个公司不能总是在历史报表中挖掘价值，而要通过多层次、多角度的分析来得出未来可能的演化情形。

如果未来 3~5 年这家公司增长率是 20%，而如今的市盈率是 20 倍，那么 20/（20% × 100）=1。方法很简单，市盈率需要考虑的事项前面已经讲过了，应该扣除非经常性损益，应该选择静态的净利润或者是滚动的净利润。当然如果觉得公司发生了根本性变化，年度数据没有参考价值，用季度动态净利润乘以 4 也是可以的。

首先我们来讨论量化的问题，按照彼得 · 林奇或者国际公认的量化标准，PEG 大于 1 为高估，小于 1 为低估。现实当然比较残酷，如今美股的 PEG 大多数都大于 2 了，这个景象短期内似乎很难改变，但是要相信价值投资，当理性的光芒开始照耀大地的时候，美股也是要回归的，届时就可以用这种方法捞到便宜货。

我们看到比较典型的例子就是港通之前一段时间的腾讯，由于是一些历史数据，提取非常困难，我们只能阶段性取样来证明这个观点。腾讯部分年度利润分析见表 4–3。

表 4–3　腾讯部分年度利润分析

	2017 年	2016 年	2015 年	2014 年
净利润 / 元	715 100 000	410 950 000	288 060 000	238 100 000
净利润增长率 /%	74.01	42.66	20.98	53.59
每股收益 / 元	7.60	4.38	3.10	2.58
每年末收盘价 / 元	417.8	189.7	152.5	112.5
收盘市盈率 /%	54.99	43.28	49.24	43.62
增长率平均值 /%	47.81			
市盈率平均值 /%	47.78			

资料来源：公司年报。

世界由很多的巧合组成，这也是其中之一，当然取数是不严谨的，比如增长率应该取几何增长率，比如股价是12月31日或者12月30日的股价，并由此计算年末的收盘市盈率，这个时候当年的净利润其实尚未公布，投资者只能看到部分业绩快报，但是这不影响我们粗略地说明问题。总有一些人先知先觉，从复杂的数据中挖掘出一些端倪，比如应该围绕40倍市盈率，也就是40%的增长率来预估腾讯。所以，即使是港通开放，腾讯依然是那个腾讯。没有什么资金接盘的概念，有的只是对于未来增长率的稳定预估。

PEG如此好用，那么难点在哪里？这个难点和我们未来要说到的另一种估值难点是一样的，那就是增长率的预计。增长率的确是太难预计了，没有一种准确而实用的方法能作为参照，但是，这正是投资壁垒的所在，其必然结合了对行业的理解，也结合了对宏观经济的理解，更结合了对数理和逻辑应用的理解。于是我们尝试来总结一下增长率的预计，注意，我们是尝试预计，而不是完全精确量化。

▲ 大多数人第一次接触PEG方法应该是从彼得·林奇那里，《聪明的投资者》一书就有明确的关于PEG估值的建议。但是如果不以成败论英雄，真正提出PEG方法的应该是吉姆·斯莱特，1975年他由于高杠杆和石油危机叠加而破产，之后一直在写儿童读物，于2015年去世。我们发现，实质上大多数成长股投资者的经验总结均出自20世纪七八十年代，那是信息技术革命的起始阶段。

（五）一个必须通过的估值门槛：增长率

1. 几何平均增长率

如果一个公司存续的时间足够长，就可以通过足够长的历史来找寻其未来的可能性，特别是一些周期性的上市公司，短暂一年利润的优秀表现也许是借了牛市的光，到牛市消散，它们跌得比其他股还要惨烈，因此只看短短几年的净利润增长，很容易被繁荣假象迷惑。房地产就是一个未来增长的不确定因素，从 2006 年到 2018 年，房价都在上涨，如果用平均值很容易得出长期向好的结论。我们无法准确预测楼市趋势，也许是保持平稳利润水平，但是巨幅的增长是不可能的。所以对于这些公司的增长率平均数，我们只能将年份拉得更长，必须有好年份，也必须有坏年份，最好拉到 1996 年。

有投资者很疑惑这种方法，就会问：有些公司上市才几年，并没有这么多数据，如何参照？这的确是一个问题，但是我们要强调的是，巴菲特的投资也更倾向于成熟公司，他就没有投资早期的苹果公司，到苹果公司市值十分庞大的时候他才参与进去。我们判断其这么做的原因是为了得到更多的参考项，当一家公司经营期足够长，就容易搞懂其业绩，看看好年景和坏年景这家公司的经营情况。

我们为何不用算术平均的方法计算增长率呢？就是把每一年的增长率都加起来然后除以年数，很多投资者感觉这样更加直观，但是实际上算术平均数一定是不正确的，打个比方：

一个公司第一年净利润是 100 万元，第二年净利润为 200 万元，第三年又是 100 万元。我们来看增长率，第二年的增长率是 100%，第三年的增长率为 –50%，用算术平均方法计算出的增长率为 25%，然而从实际数值上可以看出，其净利润并没有增长，所以计算完全是错误的。那么我们看下几何平均增长率，其公式如下：

$$几何平均增长率=\sqrt[年限]{\frac{末期扣除非经常性损益净利润}{基期扣除非经常性损益净利润}}-1$$

打个比方：第 0 年也就是基础期是 100 万元的净利润，而 10 年后是 1 000 万元的净利润，我们可以假设 100×（1+r）×10=1 000，倒过来计算 r。

方法其实很简单，计算一家公司在若干年中的几何平均增长率，希望它未来也是如此发展，即使部分年份的增长率有波动，我们还是希望未来若干年的增长率依然如此。

当然，和大多数知晓过去预测未来一样，这一方面过于理想化，另一方面过于简单，但这并不代表没有意义。预测在很大程度上只是缺乏绝对的正确性，如果一家公司没有进行大的重组，其主营业务也保持相对稳定，那么这种方法还是有参考价值的。

2. 可持续增长率

可持续增长率是上市公司不发行新股、不改变经营效率（销售净利率和资产周转率不变）和财务政策（权益乘数和利润留存率不变）所能达到的增长率。

权益乘数不变也就是资产负债率不变。

利润留存率就是当年去除分红后的利润占净利润的比率。

资产周转率是主营业务收入除以资产。

销售净利率是净利润除以主营业务收入。

$$可持续增长率=\frac{权益净利率\times利润留存率}{1-权益净利率\times利润留存率}$$

可以直接记忆可持续增长率公式，所有的数据在当期报表中都能够获得。这个指标的意义在于，其说明的是一种可持续的状态，一家公司不融资，那么只能通过内生增长，也就是赚到的钱再投入生产，资产负债率保持不变，如果利润增加了，就可以按照利润增加的比例增加相应的贷款金额。打比方说：一家公司上年利润留下了 100 元用于其他发展，而负债和所有者权益的比例是 1∶1，那么它今年可以增加 100 元的负债，这时今年的总资产增加了 200 元。如果资产周转率不变，也就是说资产增加的百分比等于收入增加的百分比，那么假如上年资产是300元，今年的资产就是500元，而上年营业收入是3 000元，则今年预计的营业收入就是5 000元。如果销售净利率不变，上年的净利润是30元，那么今年的净利润应该是50元。这就是通过比例传导的结果，计算并不是很严谨，但是方便我们理解这其中的关联性。

可持续增长率，就是在现有条件下能够达到的稳定增长率，其预测增长率的效用有限，因为它是理性或者理想状态的产物，四个指标一般都会变化。但是在一些公司中，即稳定的消费类公司或者老国有公司，业绩稳定，增长率平稳，它们在内部预算的时候就会参照可持续增长率这个数值。内部预算并不完全正确，但是至少知道公司的目标在哪里。

3. 高作业量的增长率跟踪模式

普通投资者在使用增长率的时候，先考虑现有年度相对于上一年度的业绩增长。由于单一年度有时不具有代表性，所以投资者用历史上多年累积的业绩计算几何平均增长率（基本上这已经是比较客观的增长率了）。谨慎的投资者还会参考可持续增长率，这代表着一种限定指标的理想目标结构。

不过真的有一批投资者，除了大量的数理统计，还会跟踪和预测公司每一次细微的增长率，比如公司增加了流水线，他们就大致计算产量，得出对于利润的增益效果；比如涨价了，他们也预估对于净利润最终结果的影响。这种跟踪有很大的工作量，内部人员都未必能够了解充分的信息来支持这种搭积木式的叠加计算方法。但是相对于之前几种纯数理的计算，这种方法更加动态现实。我们不要小看这种方法，在成熟的资本市场，很多股票的涨幅都是经过精确计算的，对于信息的反映比较客观，但是在中国现阶段可行性不高，因为中国对于资本市场信息的反应还比较迟钝，我们可能尚未达到资本市场的弱式有效，短期波动过于频繁，有时候乐观过头，有时候恐惧过头，所以这种叠加计算的方法用处不大。但是长期来看，这些计算和跟踪是有意义的，每一次都会加深对公司的了解。

另外，我们认为用数理统计，比如回归分析的方法对标的的增长率进行统计比较离谱。普通投资者也不需要去寻求“精准的算命”。回归线就是在一堆无规则数值中找到一个类似于公式 $y=a+bx$ 的线，使得各个点与这个线的距离最短，但是我们也应清楚地看到，既然是随机的，而且是多因素影响的结果，这种统计的意义就不存在了。所以，我们不谈论回归线分析的内容，因为准确性不高，也没有必要。

最后，公司都会有一个业绩目标，比如有些公司可能会追求可持续增长率，有些公司则希望保持上年的增长率。目标不是经常能实现，但公司在制定目标的时候总会抱有希望，有些长期走牛的上市公司，会希望其增长率维持在一定范围以内，尽量贴近目标。比如腾讯控股会尽量贴近 40% 的增长率来运营，而恒瑞医药的增长率长期维持在 20% 左右。当然恒瑞医药研发带动的利润增长率会逐步高于 20%，而腾讯控股维持 40% 增长率的难度会逐渐增加，但是依然可以用 40% 作为一个明确的参照。

（六）未来现金流现值

这是一种非常普遍的估值方法，但在使用的时候却难点重重，所以大多数时候是专业投资者的工具，在此，我们做简单介绍，投资者可根据自我定位来获取一些有用的信息，如若觉得生涩难懂，也可以不用。

我们已经了解了增长率的基本数字，于是开始思考一个问题：现在有一只债券，未来可以每年有 5 元钱的利息，两年后再归还 100 元的本金，那该用多少钱去买这只债券？显然不能说买了就算了，首先要与没有风险的投资比较，比如国债投资，两年期国债到期的收益率是 3%，而这只债券应该要多赚一点，因为公司债券的风险比国债要高。接着需要选择一个满意的利率，这个利率怎么得来？通过比较得来。国外是参考债券评级，同等级的债券有很多，如果这些同等级的债券收益率都在 6% 左右，那么我们怎么计算呢？

$$债券的价值=\frac{100}{(1+6\%)^2}+\frac{5}{(1+6\%)^2}+\frac{5}{(1+6\%)}=98.17（元）$$

如果这只债券成交价格低于98.17元，那么买入就赚，如果高于98.17元，则必须卖出。

这就是现值的概念，在格雷厄姆的时代这些还显得过于烦琐，而如今有年金现值系数表，我们可以在网络上搜索到，甚至有人还可以自编软件来进行计算，科学计算器也有这个功能。

我们将这个方法运用于股票，获得的股票收益是怎样的呢？

股权现金流＝实体现金流－债务现金流

关于债务现金流：

债务现金流＝债务本金和利息偿还金额－新增的债务

关于实体现金流：

公式一：实体现金流＝税后经营净利润＋折旧摊销－经营营运资本净增加－净经营性长期资产总投资

公式二：实体现金流＝经营现金流量金额－（购建固定资产、无形资产和其他长期资产所支付的现金－处置固定资产、无形资产和其他长期资产所收回的现金净额）

很多人采用公司自由现金流模型（FCFF）的方法，而不采用股权现金流折现的方法。其实两种方法大同小异，实体现金流计算出来的现值减去债务的价值基本上就是股权的价值，而且实体现金流需要计算与实体现金流匹配的折现率，这就要考虑公司的资本结构。

这里要说明的是，我们习惯用公式二来计算实体现金流，因为用公式一需要将财务报表改造成管理用财务报表，对于外部投资者来说，根本搞不清某些资产，比如货币资金到底多少是经营性的，多少是金融资产。所以，我们就直观地用现金流量表的数额计算即可。对于债务现金流，当年归还了多少金融负债、支付了多少利息、新增了多少债务都是可以通过报表计算的，利息数字在财务费用栏目，而负债增减的科目中，要注意是金融负债，要看诸如长期负债、短期借款、应付债券等有息债券增减的差额，同时涉及金融资产和经营资产的区分，所以我们近似地观察现金流量里面的几个科目：取得借款收到的现金、发行债券收到的现金和偿还债务支付的现金。当然利用现金流量表依然是不够严谨的。在国外，很多公司会直接提供实体现金流、股权现金流和债权现金流；在国内公司无法提供的情况下，可以近似地计算，获得股权现金流。我们在前面已经说了增长率，接下来就构筑一个未来模式（见表 4–4）。

表 4–4 增长模式概览

永续增长模式							
年度	1	2	3	4	5	…	N
增长率/%	8	8	8	8	8	8	8
二阶段增长模式							
年度	1	2	3	4	5	…	N
增长率/%	20	20	20	20	5	5	5
多阶段增长模式							
年度	1	2	3	4	5	…	N
增长率/%	20	20	15	10	10	5	5

资料来源：笔者整理。

我们知道了基础年份 0 年的股权现金流，或者知道了实体现金流，又预估了未来的增长率，这个增长率表明我们对未来的理解，觉得某个公司的增长会保持什么状态。如果一家公司稳定扩张，并且我们是通过几何平均增长率来预测未来，那么就要考虑永续增长模式是否合适；当一家公司高速发展，就要预测出这种高速发展可以维持几年，之后这家公司是会结束经营还是平稳运行，如果平稳运行，这家公司就必须有一个基础增长率，这个基础增长率不能低于通胀，否则就没有存续的必要，会面临衰退或者倒闭；另一家公司可能刚进入市场，市场增长率充满潜力，继而竞争对手逐渐增加，但是竞争对手的产能没那么快建成，所以就会分阶段引发竞争，最后，这家公司进入了永续增长，增长率必须高于通胀。这里遵循的是第三章所讲的行业生命周期的规律，也就是定性地设想未来增长率的持续性，有人觉得这很困难，但是有些设想比较简单。医药行业很多公司都有高于 10% 的增长，并且随着人口老龄化的加剧，增长的年限会比较久。比如恒瑞医药，未来几年 20% 的增长还是看得见的，我们完全可以预计其未来五年的增长率是 20%，永续增长率是 5%。但是 5G 股就不一样了，2019 年下半年才有设备需求，增长率应该在 20% 以上，2020 年第一波建设浪潮基本恒定，增长达到 15%，再往后，可以预估 6% 的永续增长，因为 5G 有多场景应用，并不能一次建设完成。

我们预估未来所有年份的增长率，也会了解到所有年份的现金流是近似的，那么就要通过折现率来折现。如何确定最终的折现率？

虽然实体现金流折现和股权现金流折现的意义是相同的，但折现率是不同的，股权现金流折现率的计算如下式：

股权现金流折现率 = 无风险利率 +β×（市场平均股权收益率 − 无风险利率）

苦恼的是后面部分“β×（市场平均股权收益率 – 无风险利率）”依然不可描述，“市场平均股权收益率 – 无风险利率”在某个时期的某家金融机构是一个固定值，而 β 是根据具体公司的风险来确定的，一般股票软件中会有个可参考的 β 值。这个公式说明我们的股权折现率必然高于无风险利率，现有无风险利率大概相当于国债收益率，通常这个数值是 5%~10%，我们觉得通过数理的方法来计算折现率异常困难，那么就设定这个区间。为什么如此设定？还是格雷厄姆的规矩，15 倍的市盈率是中心，接近 10 倍是低估，接近 20 倍是高估，那么 20 倍市盈率对应债券的利率是 5%，10 倍市盈率对应债券的利率是 10%。当然市场上很多折现率的结果都远大于 10%，这并不是说收益更高，要注意这是风险的概念，也就是折现率越大，股票对应的风险越大。

有了未来现金流，有了折现率，接着就是折现。我们可以通过一个案例来说明这个问题。

恒瑞医药 2008 年的净利润是 43 559.42 万元，2017 年的净利润是 329 295.33 万元。

几何平均增长率 =（329 295.33 ÷ 43 559.42）× 0.1−1=22.42%

实体现金流 = 2 547 385 416.82−（380 301 595.27− 1 582 318.31）

= 2 168 666 139.86（元）

债务现金流 = −36 631 689.84（元）

之所以选择恒瑞医药，是因为其几乎没有金融债务，而债务现金流和其他公司不同，体现的不是流出而是流入。

股权现金流 = 实体现金流 − 债务现金流 =2 205 297 829.7（元）（为简便计算，我们暂定数字为 22 亿元）

预计恒瑞医药未来每年依然会有 22.4% 左右的增长，而且将维持 5 年以上，继而其增长率将在 6% 左右永续增长，如表 4–5 所示。

表 4–5　恒瑞医药股权自由现金流现值的简化计算

	0	1	2	3	4	5	6	…	N
增长率 /%		22.40	22.40	22.40	22.40	22.40	6.00	…	6.00
现金流 / 亿元	22.00	26.93	32.96	40.34	49.38	60.44	1 761.85	…	
折现率 /%		10	10	10	10	10	10	…	10
折现系数	1.0000	0.9091	0.8264	0.7513	0.6830	0.6209	0.5645	…	0.5132
现值 / 亿元	22.00	24.48	27.24	30.31	33.73	37.53	994.52	…	0
现值总额 / 亿元	1 169.803							…	

资料来源：公司年报。

表 4–5 中，第 6 年现金流 1 761.85 亿元的由来如下：第 6 年本来的现金流是 64.07 亿元，第 7 年是 67.91 亿元，由于后面构建的是永续增长模型，永续年金 $=D_0\times(1+g)/(Rs-g)$，所以可以直接计算出这个永续增长模型在第 6 年年末的现值为 67.91/（10%–6%）+64.07=1 761.82（亿元）（表格中计算没有省略小数，所以有 0.03 的差异）。

由计算看出，恒瑞医药的市值应该在 1 169.803 亿元，但实际上其市值已经达到 2 600 亿元，因为第一季度的业绩似乎提高了很多，但是从长期均衡看，如果增长率平均值不是 20%，或许能达到更高的增长率，那么预期必然会改变，估值也会抬升。但是价值投资者总是谨慎一点，按照 PEG 的说法，增长 22.4% 才 22.4 倍的市盈率是合理的，这样计算出来的股价只有 29.57 元，而实际上其股价已经突破了 90 元大关。很明显买入恒瑞医药的投资者参照的并不是定量的结果，而是定性的结果，在定量结果不支持的情况下，投资者要在这只股票上做好仓位管理，谨慎操作。

三、竞争优势指标

估值指标是一种客观的观察类指标，对于熟悉行业的投资者，估值体系就是一把尺子，一边衡量公司，另一边衡量投资者对于公司的熟悉程度。估值体系其实就是在检验投资者对于行业和公司的熟悉程度。仅仅是定量的买入和卖出是不够的，我们还要注意观察一些代表竞争优势的指标，用这些量化指标来观察公司。

（一）净资产收益率（ROE）= 净利润 / 净资产

有人问巴菲特，如果将所有的财务指标浓缩为一个比率，他最看重什么指标，巴菲特说是净资产收益率（ROE）。为什么这么说呢？因为净资产说白了就是所有者权益，就是股东在上市公司拥有的权益，净利润是产出。这个指标直接反映了股东在上市公司所拥有的资产的产出情况。

但是ROE又是过于笼统的指标，它反映了上市公司资产负债表和利润表的最终结果，如果不知晓这是怎么做到的，这个数据将毫无意义。

投资者都喜欢高ROE，但是有几种情况除外：

（1）高杠杆得来的高ROE。因为指标中没有负债的概念，当资产负债率高于70%又获得了非常高的ROE，如30%以上的ROE，就要小心去杠杆会带走大量利润。

（2）无壁垒的ROE。资本是逐利的，如果一个地方找到一粒金沙，则所有的资本都会聚拢过来。ROE如果比较高，如30%以上，那么必须要有高壁垒才可以，否则必然有杀进行业的对手。

（3）ROE的抬升是由于一些短期行为。比如非经常性损益、周期性行业和通过截止日期堆叠业绩（12月31日前冲业绩行为）。好业绩很可能只是一年的，也有可能是因为ROE中的净资产减少导致ROE上升，比如分红。

（4）高ROE，更高的股价。再赚钱的行业都会迎来起落，在选股的时候要看ROE，但是不能脱离股价，如果股价不符合逻辑，再高的ROE都可能是坑。

投资者讨厌低ROE，但是有几种情况除外：

（1）低ROE是一次性的，原因是周期或者非经常性损益。

（2）低ROE是因为经历了一次大型的融资，比如刚刚上市的公司，股东的入资成为净资产，而生产线尚未投产。

（3）低ROE是因为公司的重点不在ROE，如互联网公司需要用户数，网约车和送餐行业需要市场份额。互联网思维的兴起，使ROE掩盖了一些很牛的公司。

（4）再低的ROE，当资产足够便宜的时候，甚至市值低于清算价值的时候，都可以考虑购买。

所以高 ROE 和低 ROE 都不是问题，杜邦分析也仅仅是看到事物的三个方面：

净资产收益率 = 销售净利率 × 总资产周转率 × 权益乘数

这里告诉我们提高净资产收益率的三个途径：销售净利率（提高价格或者降低成本）；总资产周转率（卖得快）；权益乘数（用债权人的钱来扩张业务）。

投资者最喜欢 ROE 稳定在 20%~30%，而且对于股价合理的上市公司，投资者喜欢在 ROE 相对较低、被人忽视的时候买入。对于医药股而言，大多数公司的 ROE 是非常优秀的，从 ROE 软件排序就可以看到，但是对 ROE 在顶端的单品类制药公司要区别处理，如我武生物、贝达药业。这些公司都有一个强有力的细分龙头产品，ROE 非常高，但是一个产品打天下就有些风险。有人可能觉得可口可乐也是一个产品打天下，但是医药领域不一样，因为重磅产品最终也有可能被替代和淘汰，所以观察 ROE 的时候需要关注未来行业的风险。

（二）主营业务收现比率 = 销售商品、提供劳务收到的现金 / 主营业务收入

“销售商品、提供劳务收到的现金”数据来自现金流量表，现金流量表的特点就是打破了权责发生制的缺点，变为收付实现制，也就是我们不再管那些没有收到钱的赊欠行为，货运出去了，没有拿到钱，就说明我们还没有赚钱。所以主营业务收入作为业务的一种体现，往往出现两种情况：一种是货物卖出去，对方给钱了；另一种是货物卖出去，对方没给钱。如果这个比值大于 1，至少说明这家公司大量的现金在回笼，应收账款等赊销行为在减少，公司竞争力加强；如果这个比值小于 1，说明这家公司应收账款等赊销行为在增加，公司有可能在用扩大信用的方式增加利润。

但是作为一个通俗的概念，有时候结论并不是那么明显，因为这里有个漏

洞，就是“销售商品、提供劳务收到的现金”其实是包含了收取的增值税的，而主营业务收入明显是不包含增值税的，所以，我们需要让主营业务收入包含收到的增值税进项税额。另外，这并不是一个绝对化的指标，这个指标需要配合观察应收款项（应收账款、应收票据及其他应收款里面的租金项目）占主营业务收入的比值。当然更加有意义的是横向比较，同一行业的公司大多数赊欠比例类似，如果有一家公司赊欠比例较高，说明这家公司本身风险较高。

（三）自由现金流

我们已经在前面说过自由现金流了，自由现金流就是实体现金流。我们用股权现金流折现计算股权的价值，我们用实体现金流现值计算公司的整体价值，这就说明，自由现金流比净利润更能体现盈利能力。

关于实体现金流：

公式一：实体现金流＝税后经营净利润＋折旧摊销－经营营运资本净增加－资本支出

公式二：实体现金流＝经营现金流量金额－（购建固定资产、无形资产和其他长期资产所支付的现金－处置固定资产、无形资产和其他长期资产所收回的现金净额）

实质上，实体现金流的意义在公式一，而我们外部投资者习惯使用公式二。在美国，上市公司是需要提供实体现金流报表的，因为外部投资者无法从复杂的报表中区分净负债和经营性资产负债，管理用财务报表中有很多复杂的考虑事项。但是我们从实体现金流的公式一了解了它的意义，经营产生的利润是税后经营净利润，由于折旧摊销是不会导致现金流出的，所以我们就将其加回来，再减去经营营运资本增加（即经营中的投入，比如存货储备的增加、应收账款的增加都需要占用营运资本），继而减去资本支出（即长期经营资产增加占用的资金）。我们从这里可以看出，经营赚来的利润需要负担两方面的开支，一方面增加日常经营，另一方面扩大产能。如果实体现金流为负数，则说明公司入不敷出，净利润是没有意义的。

由表4–6、表4–7可知，碧水源的净利润表现非常优秀，但是从经济意义上说，这一年碧水源的净利润是没有意义的，因为它的自由现金流基本为流出，而万邦达业绩不好，但是自由现金流为正。这不是说万邦达比碧水源好，而是说在经济意义上，碧水源实质上没有体现出现金的价值递增，这和我们所知的一些关于PPP的认识是符合的（我们也曾看好过碧水源的模式，因为其有净水技术，但是很遗憾，PPP之后势必会增加其负债上的压力，其应该努力拓展消费品市场或者全球化销售，否则业绩将接近峰值）。

表4–6　2017年万邦达自由现金流计算

经营活动产生的现金流量净额	504 376 900元
购建固定资产、无形资产和其他长期资产所支付的现金	400 200元
处置固定资产、无形资产和其他长期资产所收回的现金净额	405 047 000元
资本支出	404 646 800元
自由现金流	99 730 100元
净利润	306 314 900元

资料来源：公司年报。

表4–7　2017年碧水源自由现金流计算

经营活动产生的现金流量净额	2 513 942 700元
购建固定资产、无形资产和其他长期资产所支付的现金	42 100元
处置固定资产、无形资产和其他长期资产所收回的现金净额	10 019 412 500元
资本支出	10 019 370 400元
自由现金流	−7 505 427 700元
净利润	2 591 364 900元

资料来源：公司年报。

（四）现金周转周期 = 应收账款周转天数 + 存货周转天数 – 应付账款周转天数

公式可以表达为：

$$应收账款周转天数=\frac{360\times（应收账款期末余额+应收账款期初余额）\div 2}{主营业务收入}$$

$$存货周转天数=\frac{360\times（存货期末余额+存货期初余额）\div 2}{主营业务成本}$$

$$应付账款周转天数=\frac{360\times（应付账款期末余额+应付账款期初余额）\div 2}{主营业务收入}$$

以上公式简单明了，要说明的是公司对上下游收款和欠款的优势。如果一家公司有很强的行业地位和竞争优势，诸如我们前文在产业链分析中说过的，那么这家公司应该可以对供应商欠更多的钱，对销售商尽可能多拿。所以这个公式的结果越小越好，是负数最好。

换一个角度，一家公司需要应收账款还款越快越好，所以周转天数越少越好，同时也希望存货周转快，例如房地产公司如今建设房屋都是按天计算的，所以存货周转天数越少越好，这两项合起来体现了产品的竞争力。那么应付账款呢？一般情况下，向银行借钱是要利息的，但是供应商的欠款却不用，所以以合同的形式多占用供应商的资金，成为很多公司发展的原动力。

我们以两家白色家电公司为例，一家是格力电器，另一家是四川长虹，如果发现它们之间的股价差异，千万不要惊讶，因为市场是非常清醒的。

表 4-8　2017 年格力电器现金周转周期计算

单位：万元，天

应收账款	期初	610 530.16	595 989.66
	期末	581 449.16	
存货	期初	1 342 243.20	1 499 538.96
	期末	1 656 834.72	
应付账款	期初	3 081 596.46	3 268 442.55
	期末	3 455 288.63	
主营业务收入			14 828 645.00
主营业务成本			9 956 291.28
一年天数			360
应收账款周转天数			14.47
存货周转天数			54.22
应付账款周转天数			79.35
现金周转周期			−10.66

资料来源：公司年报。

表 4-9　2017 年四川长虹现金周转周期计算

单位：万元，天

应收账款	期初	872 567.95	839 943.07
	期末	807 318.18	
存货	期初	1 419 801.96	1 452 850.31
	期末	1 485 898.66	
应付账款	期初	976 579.83	1 005 159.59
	期末	1 033 739.35	
主营业务收入			7 763 247.67
主营业务成本			6 770 223.32
一年天数			360
应收账款周转天数			38.95
存货周转天数			77.25
应付账款周转天数			46.61
现金周转周期			69.59

资料来源：公司年报。

由表 4–8、表 4–9 可知，格力电器的现金周转周期是负数，说明它占用了供应商很多的资金，而四川长虹的现金周转周期接近 70 天，这是一个很差的数字，说明四川长虹竞争地位已经非常不利了。

（五）偿债指标

偿债指标不是一个指标，而是几个指标。

资产负债率 = 总负债 / 总资产

流动比率 = 流动资产 / 流动负债

速动比率 = 速动资产 / 流动负债

现金比率 = 货币资金 / 流动负债

这些指标特性其实是一致的，我们可以清晰地得出结论，投资者爱资产不爱负债，而且一般投资者都希望公司有很多的流动资产，甚至货币资金。所以打开一张资产负债表的时候，左边资产项目从上往下看，越在上面的资产我们越喜欢，越在下面的资产我们越不喜欢，因为所有资产最终都可以用变现能力来衡量。我们说公司的价值有时候来自无形资产，但是我们并不希望无形资产被记上庞大的金额，而是希望专利记账 1 元即可，因为资产计价遵循谨慎性原则。

在这种情况下，以下几种情况其实是隐藏的利空：

（1）一个公司从轻资产转变为重资产，也就是固定资产和无形资产等金额比例增加。不到万不得已，轻资产公司是不愿意资产重型化的。

（2）轻资产公司开始增加长期借款的金额。轻资产公司一般是用短期借款解决资金需求的，如果增加长期借款，要么是短期借款不够用，要么是长期来看资产将重型化。当然也有可能是为并购寻求资金，但是并购在一定程度上也会增加公司的负债率。

（3）公司的货币资金和有息短期借贷同步上升。这可能代表着货币资金中有无法动用的部分，也可能代表着未来供应商可能会改变对公司的授信，从而必须支付大量的资金。

对于一个公司，无息经营负债的好处 > 短期金融负债的好处 > 长期金融负债的好处。短期负债的好处就是随借随还，不消耗利息，比较保守，当然有些大型公司希望用长期负债来锁定利率。但是对于现金管理来说，短期借款更加符合公司的利益。

在资产端，货币资金永远是最好的稳定器，所以如果面对若干公司犹豫不决的时候，将这几个比率进行横向比较就会一目了然。

四、财务分析牛股矩阵

（一）定量分析第一步：以增长率选择心仪的股票

营收增长率、利润增长率、扣除非经常性损益净利润增长率，三者同步提高，在过去 3~5 年超过 20%，那么此类上市公司股票就比较完美。业绩增长的上市公司适合做财务分析。但是如果一家公司是创新药公司，尚在初创阶段，那么净利润增长率、扣除非经常性损益净利润增长率，甚至营收增长率都无效，比如对于百济神州现阶段进行财务分析那是相当魔幻的做法。

（二）定量分析第二步：以 ROE 作为核心和起点

ROE 是对企业进行观察的核心。我们说企业好坏在于赛道，赛道好坏则全体现在 ROE 上。定量分析的第二步就是根据杜邦公式找企业分析的重点：

ROE= 销售净利率 × 总资产周转率 × 权益乘数

不同行业的公司，其侧重的指标是不同的。比如医药研发主导的制药公司，销售净利率不应该低于 20%，但总资产周转率和权益乘数则不太重要，也不会很高。总资产周转率若是高于 0.5，可能意味着公司已经有一定的销售规模。若是资产负债率高于 30%，也就是权益乘数在 1.43 以上，就要关注其借债的目的是用于研发，是用于并购，还是用于营销。通常情况下，医药公司只要已经实现了正盈利和正现金流，就会利用经营产生的现金流来维持医药研发，避免借债。所以，医药公司普遍负债率较低。

再比如消费股。消费品公司分为奢侈品和快消品，奢侈品如茅台，销售净利率为50%，品牌导致销售净利率高；而快消品的销售净利率普遍在10%左右，如伊利股份的销售净利率也就7.7%。

如果期望的净资产收益率依然是20%，就需要观察公司的其他指标，比如总资产周转率和资产负债率，看这家消费公司是通过出色的运营还是通过提高负债率来扩大销售规模的。如果周转率大于1，说明这是家跑量的公司，薄利多销，投资者要关注存货积压问题，以及应收账款回收问题。如果这家公司的资产负债率高于30%，则需要关注其债务结构问题，并关注担保、租赁、诉讼等表外负债。

（三）定量分析第三步：ROE的重点是销售净利率

如果一家公司的重点是销售净利率，说明某未来发展的重点是产品溢价，溢价包括现有产品溢价和未来产品溢价，而体现溢价最直观的指标是毛利率。

1. 现有的产品——单品市场空间和毛利率

将公司业务分割为多个单品，这些分割可以借鉴报表附注的经营分析，也可以借鉴研报中关于单品销量的介绍。单品可以是一个药物，比如石药集团的恩必普。单独研究主要看单品的两个方面：单品的行业天花板和单品的毛利率。

关于毛利率：在医药领域毛利率普遍在50%以上，甚至80%；在家电领域，空调的毛利率较高，在30%以上，而其他家电产品的毛利率在10%~20%。每个行业都有不同的毛利率，投资者一般会选择高毛利率上市公司的股票。

关于行业天花板：一般结合市场容量，比如心脏瓣膜手术一年6万台，每台手术利用瓣膜会支付1万元的耗材成本，一年总共6亿元，那么就需要分析中国有多少患者，在未来需要做多少台瓣膜手术，是用生物瓣膜还是机械瓣膜，分别占了多少市场比重，未来趋势如何。

关于费用率：假如单品的毛利率普遍在70%~80%，而销售净利率只有20%，那一定是费用挤占了利润。这个时候要观察报表中研发费用、管理费用和销售费用。在医药股中，销售费用和研发费用是两个重头。

研发费用率＝研发费用/营业收入，实际上是多多益善的，当然，也要量力而行，现如今很多没有收入的公司都在搞医药研发，很多公司还是2010年后成立的。

销售费用率＝销售费用/营业收入。我们要考虑产品的周期，有些新兴产业有很长的产品导入期，需要引导市场接受产品，所以高的销售费用是合理的。有些公司销售费用相对较高，是因为其产品没有形成销售规模，销售1亿元花了4 000万元销售费用，其实销售10亿元也只需花5 000万元销售费用。因为规模效应，一般情况下，销售费用率随着营收规模的增加而逐步减少。所以，要观察上市公司历史销售费用率的走向是逐年下降，还是逐年上升。

2. 在研的产品——单品市场空间和毛利率

这部分内容和现有产品的分析一样，但更多的是定性分析。从现有市场中找到参照物，包括潜在用户、产品定价，研究同类产品的市场状况。

（四）定量分析第四步：营运能力解读

资产周转率＝收入/总资产

企业竞争力可能来自资产周转率，公司以资产赚取收入，看1元资产能带来多少元收入。那么同样地：

存货周转率＝营业收入/平均存货（研究存货绩效的时候，一般用营业成本/平均存货）

应收账款周转率＝营业收入／平均应收账款（如果有赊销数字，其实对应的应该是赊销收入，而不是营业收入）

以此类推，货币资金和交易性金融资产、固定资产、应收账款、存货都可以换算周转率，看1元存货对应多少收入、1元应收账款对应多少收入。当然，大多数投资者习惯用360/各种周转率得出周转天数。假设应收账款周转天数为30天，则说明当下的应收账款30天内就全部收回了（假设没有坏账），存货周转天数为120天，则说明现在仓库里的存货120天内就卖光了。我们当然希望这些存货和应收账款周转速度快，持有时间短。但应付账款则不同，如果应付账款周转天数为30天，说明应付账款在30天内一定要还完，我们当然愿意迟点付账。

一般对公司运营能力的判定重点有两项：应收账款周转天数和存货周转天数。

应收账款周转天数=360/应收账款周转率。如果应收账款周转天数逐年增加，说明公司在通过赊销吸引客户（没有收到钱，却给了很多货）。此时需要进一步分析应收账款账龄，看是否有应收账款违约风险，也要探究应收账款的真实性。在医药领域，应收账款回款一般较好。但具体公司有所不同，一般应收账款周转天数不宜超过半年，也就是180天。

存货周转天数=360/存货周转率。存货周转天数过高，说明公司在囤货，但必须结合具体情况。诸如茅台存货周转天数就很高，超过1 000天，因为茅台要存酒五年，当年卖出的是五年前的酒。对于部分高值耗材公司，比如医疗耗材价值比较高，存货金额比较高，那么相应的存货周转天数也水涨船高。投资者要关注三个字：合理性。找到其存货周转天数高企的理由，然后看存货周转天数在过去数年里是大幅度增加还是大幅度减少。一般公司的存货周转天数会比较稳定。当然也有例外，比如大量新产品开始销售时，收入还没有兑现，仓库里有一堆存货，所以说白了还是要存货好卖。

（五）定量分析第五步：财务能力解读

投资者一般不希望公司通过借债来增加净资产收益率（ROE）。

权益乘数 = 资产 / 股东权益，也可以换算为：权益乘数 = 资产 /（资产 – 负债）=1/（1– 资产负债率）。

金融股负债率高是合理的，其他公司的资产负债率过高则含有一定的风险。在医药领域，30% 以下的资产负债率几乎等于没有风险；而在消费领域，投资者可以容忍 50% 以下的资产负债率。较低的资产负债率可以让我们避免很多烦琐的报表求证过程，但如果资产负债率较高，就要观察下面一些指标：

流动负债占比 = 流动负债 / 总负债，流动负债占比越高，说明还款压力越大。

金融负债占比 =（短期借款 + 应付债券 + 长期借款等金融借款）/ 总负债，金融借款是从银行等金融机构借来的款项，还不了会违约，需要支付利息，这些负债会给公司带来还款压力，所以金融负债占比越小越好。

流动比率 = 流动资产 / 流动负债，流动比率一般为 1~2 较为合理。流动负债是需要短期还款的债务，而流动资产可以变现还款。

速动比率 =（货币资金 + 交易性金融资产 + 应收票据和应收账款及其他应收款）/ 流动负债，速动比率相比于流动比率少了存货，因为存货不太好变现，而在关键时刻应收账款、应收票据还可以背书给下一家。

现金比率 =（货币资金 + 交易性金融资产）/ 流动负债，现金和理财产品可以兑现，所以用来还债最好。

利息保障倍数 =（利润总额 + 财务费用）/ 利息费用，利息费用如果是负数，则说明负债没有问题，比如格力电器的负债是 70%，但利息费用是负数，因为经营性负债占用了上下游供应商的钱。但如果利息费用金额过大，则应该保证息税前利润是利息的几倍。如果所赚利润连利息都付不起，那么公司会很危险。大多数情况下，利息保障倍数要在 3 倍以上，且连续五年都能够保证利息支付才算安全。

对于通过提高债务水平来获得 ROE 提升的公司，投资者一般希望其利用上下游占款来实现高负债经营。另外，还需要考虑一些表外因素：

其一，上市公司发行股票的能力。IPO 之后公司所有者权益增加，由于资产 = 负债 + 所有者权益，此时负债率一定下降。但是一家上市公司的潜在融资能力是需要观察的。一些烧钱的创新药公司，只要开口，送钱的投资者还是很多的，比如百济神州、信达生物等。科技公司也是如此，如果阿斯麦（ASML）要融资，英特尔、三星和台积电挤破头送钱。这就是科技的魅力，但是这种魅力有时候也依赖经济周期。经济周期不好的时候，即使好公司都融不到资。

其二，表外三因素，包括租赁、抵押担保和诉讼。一定要注意，公司潜在负债在报表附注中属于表外负债，租赁往往意味着未来有笔钱要付，抵押担保会遭遇违约、诉讼，会导致败诉后赔款。所以，这些不是负债，但也是负债。

（六）定量分析第六步：估值

前面我们说了很多种估值方法，市盈率、PEG、自由现金流量等。对于一个上市公司来说，数据才是最好的佐证。

别人说公司好，你也觉得公司好，那么到底好不好？你发现这家公司产品有竞争力（销售净利率高），资产运作能力很强（资产周转率高，存货周转天数和应收账款周转天数较低），负债没问题（资产负债率相对合理，没有表外的债务），那么，就可以考虑对这家公司进行估值了。

其实也并不一定要做估值，如果你是赛道投资者，在公司初创时期就投资，那么估值就没有必要，没有利润和营收怎么估值！所以，估值一般是针对部分股票，其股价在合理区间，且经营稳健。比如大型医药公司和消费股。

方法在前面已经叙述了，此处不再重复。图 4-1 是以 ROE 为核心和起点的牛股分析矩阵。

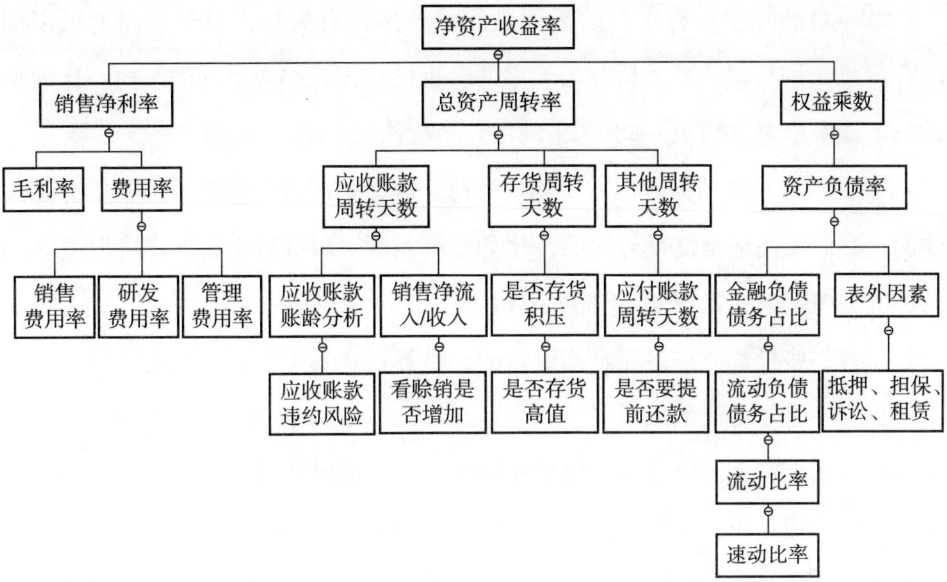

图 4-1　以 ROE 为核心和起点的牛股分析矩阵

资料来源：笔者整理绘制。

五、定量总结

定量并没有定性那么有效，这和大多数人的认知可能相违背，但是投资者需要了解基本的定量方法，诸如市盈率、PEG、ROE 的方法，市销率和市净率用于特定公司的比较。在增长率的计算方面，一般是用几何增长率。用几何增长率推及未来，这样 PEG 方式得出的目标市盈率就产生了，如果觉得公司还会更好，可以加权一定的数值。

我们提出的可持续增长率和未来现金流的估值方式属于一些常用的数理推理方式。可持续增长率被广泛运用于国企或者稳定类民企的内部预算中，可以作为一个未来稳定增长的参考数据。未来现金流现值的估值是股票估值的本源，也就是根据风险、未来的预期、历史的几何增长率以及报表的结构去预测未来。

PEG 对国际投资有很好的参照作用，虽然也有失真，但是总体上可以用 PEG 反推出增长率，然后研究增长率的合理性会发现很多不同的东西。比如苹果的市盈率是 18.49 倍，那么未来的增长率应该是 18%，这合理吗？

当然国内 A 股的标的都需要加权看待，因为按照这个标准很多股票都是高估的。我们说高估是制度导致的，比如停牌制度、限制做空制度。可以把 PEG 的标准提高 1 或者 2，但是不能太离谱。

还有一些投资方法是完全不定量的，世界正在发生变化，在巴菲特的时代不定量几乎是不可能的。没有盈利为什么可以上市？净资产为负数为什么可以存在在市场上？无形资产如何定价？这些问题在旧时代没有答案，直到孙正义和马斯克都成功了，我们反过来看才发现，原来公司关键的是产品，一个好的产品胜过一张好的报表。

第五章
适合高成长性医药股的分析方法 >>>>

在前面的定量和定性分析中，大家都感受到了，医药股似乎比较另类：一些医药股可以采用定量的估值方法，因为本身成长性有限。另一些医药股用给定的估值方法却是困难重重，比如恒瑞医药，通过 PEG 方法去估计，它一年的增长率为 20%~30%，如果按照几何平均增长率的计算方法，2008 年至今的复合增长率大约是 22%，如果按照这个标准给予 22 倍市盈率，如今这个天价的股票怎么理解？当然不可否认，恒瑞医药的确存在泡沫，但是医药行业是比较特殊的行业，单个药品的成功可能从根本上颠覆一个公司的生存地位。例如世界上最畅销的阿达木单抗，单个药品每年的销售额就达到了 180 亿美元，而恒瑞医药一年的营收才 138 亿元，这个差距还是非常大的，这个市场也是非常大的。所以我们认为，细分的医药行业是非常复杂的，要对其进行一些简单的分类。一部分公司依然用定量的方法，因其在研发方面没有投入太多，说到底还是一些改良型的医药制造公司；另一部分公司我们称之为创新型的“未来之星”，需要了解这些公司的重磅业务。

一、未来产品观

医药研发类公司的高估值，也许是因为国内市场的高估值，也许是因为一些制度问题，诸如 T+1、涨跌幅限制、做空限制。但是就医药行业看，我们发现其实并非如此，港股是最具代表性的标的，中国生物制药控制着正大天晴 50% 的股份，2017 年的盈利为每股 0.29 元，如今股价 18.28 元，市盈率也高达 63 倍左右。在港股如此谨慎的氛围中，这个市盈率还是比较“慷慨”的。中国生物制药 2017 年收入增长 9.4%，而净利润增长 32.6%，相当于扣除非经常性损益前净利润增长 20.8%。再看恒瑞医药，2017 年其营业收入增长 24.72%，扣除非经常性损益净利润增长 19.76%，净利润增长 24.25%。从数据可以看出，两家公司增长幅度基本类似。由于药物的毛利率参差不齐，导致营业收入和净利润的增长并非完全匹配，而扣除非经常性损益后两家公司净利润的增长基本是相同的。

为何市场给予如此慷慨的市盈率？之前我们说过腾讯，从行业周期上看，腾讯的成长是史诗级的，是整个港股的标志性股票，但是也要看到，其实腾讯真正的估值想象区间不是现在，而是腾讯用户从无到有的时候，从 2014 年开始，腾讯的用户数已经达到一定水平，其已是一个成熟的公司了，虽然也向外延展，但是延展的难度正在增加。我们预计其增长率的时候，正如彼得·林奇说的那样，三五年内增长率还会保持。

但是恒瑞医药和正大天晴聚焦的领域主要是癌症治疗，大家都很清楚，人类如今对付癌症是阶段性胜利，距离完全攻克还有距离，这就导致我们之前量化计算恒瑞医药的模型出现了一点偏差，假设恒瑞医药未来五年保持 22.4% 的增长，其实按照当前国内的宏观状况应该能够保持更久，假设保持十年，那么其未来现金流现值就大不一样了。未来如果恒瑞医药有了一两款突破性的创新药，而且成为畅销药，像阿达木单抗那样销售额达到 180 亿美元，那么其现有营收规模将呈指数级跳升。所以，我们需要追踪恒瑞医药有没有大型的单品药物。

打开恒瑞医药的年报，可以找到单个药品的研发投入额。在研发领域，小研发也可能有大收获，但是现在捡元宝式的随机研发已然不太可能，所以就找研发投入最多的三个药品：

马来酸吡咯替尼研发投入 44 400 万元，PD–1 研发投入 7 879 万元，脯氨酸恒格列净研发投入 2 239 万元。

2017 年恒瑞医药投入的 17 亿元研发费用中，很大一部分用于吡咯替尼的研发，且自主研发了 1.1 类 EGFR/HER2 抑制剂，而同类型的药品生产主要来自罗氏，罗氏的赫赛汀、帕妥珠单抗和 Kadcyla，三者合计销售额接近百亿美元。恒瑞医药的吡咯替尼在 2018 年完成三期临床，报表显示其正在进行药品评审中心（CDE）的评审，处于申报生产阶段。

面对 HER2 的药品，国内现阶段只有赫赛汀和阿帕替尼，而阿帕替尼就是恒瑞之前的主力药。报表显示，2017 年恒瑞医药的甲磺酸阿帕替尼片销售了 82.66 万盒，现价零售大概 1 400 元一盒。由于吡咯替尼在三期临床表现优于竞争对手，又是国产药，价格比同类药更低，预计其销售情况将好于阿帕替尼，并且这些主力药品的销售利润率基本能上 90%，对净利润的影响远远大于其他仿制药品。

医药公司的业绩是由一个个现有销售的和未来即将销售的药品构成的，但是即便如此，恒瑞医药依然有些估值过高。原因在于：

一方面，恒瑞医药投入研发费用最高的药品其实并非纯粹的突破性创新药，这些药只是在现有疗法中找到了新物质，是 me–too 药，或者是 me–better 药，这些产品缺乏行销全球、成为国际畅销药的可能性。

另一方面，恒瑞医药之类的医药公司对于单个产品的敏感性比较差。想象一下，一个药的研发费用投入了 4 亿多元，而其他药的研发费用都没有超过 1 亿元，这些投入少的药都是仿制药，由于专利集中到期，中国的仿制药将迎来新一轮突进。目前恒瑞医药的研发费用已经增长到 17 亿元，未来还要提升，其同步在研的品种必然是上百的，而且基本上都是仿制药。这样单个产品就不会出现大的业绩冲击。相应地，由于品种多，我们也不用担心其增长率会突然掉转或者出现不佳的情况，增长率会是稳定的。

对于投资者，积木式地挖掘每一个在研品种，并且预估其销售额是一种非常好的投资策略，恒瑞医药这么庞大的研发品种也许对于个别投资者来说有难度，但也是有挖掘的可能性的。本书当然不是药品目录，我们只能列举单个药品的认识过程和分析过程。

那么如何来找这些大型单品类药物或者器械呢?

首先，需要找到研究的目标药品，这个过程很简单，财务报表都会争相告诉我们在研的品种，这些品种中累计研发投入最多的就是一个医药公司成败的关键。如恒瑞，若那个投入4亿元的药最后因为某些问题被否决，那么对于公司来说，钱打水漂了，未来良好的业绩预期也没有了。所以我们要知道，很多小型的单一药品研发公司是孤注一掷的，其属于高风险公司，而并非传统意义上的防御品种。

其次，要了解药品研发流程，简单来说分为临床前研究和临床研究，临床前研究基本上就是烧钱，大多数药品就止步于此，能进入临床的就是有希望的。进入临床研究后，一期二期针对的是有效性和安全性，三期是进一步的药物评价，总体来说，药物在三期临床失败最多，继而是CDE进行生产评审，有时候需要现场走访。药物上市之后还要同步进行四期临床研究。所以对于投资者最有意义的是药物通过三期临床时，有时候这就是赌博，但好在国内三期临床通过率比美国略高，而宏观政策方面过了三期临床之后的评审过程如今正在大幅度简化，所以有大量评审药品积压的公司在2018年和2019年大量上市新药。

再次，由于国内突破性创新药比较少，即使是国内定义的新药，在国外还是有同类型的药品和疗法的。所以，市场需要划分为中国市场和国际市场。很多现有药品的国际销量已经揭开了面纱，我们可以在网上搜寻到相关信息，除了国际上同类型药品的销量，还要知道同类型的药品总共有几种、国内现在在销的同类药品有几种、国内大致覆盖的患者有多少。

复次，做了数据采集之后，需要对国内现有药品的临床数据或者口碑进行探查和访问，甚至可以在投资者问答平台询问。其实并不需要具体数据，只需将要在国内销售和已经在国内销售的现有药品进行疗效或者口碑排序，大致知晓患者选择的优先级即可，这是为了大致判断患者渗透率。

最后，预计业绩增益。这是一个区间，即在可知范围内，有多少病人，100个病人里如果渗透率是8%对应多少销量，10%又对应多少销量，继而估计如果上市会有多少利润贡献。

不是所有投资者，特别是医药行业的投资者都有时间和精力去做行业数据挖掘。在这里，我们列出了2015年全球前20大畅销药（见表5–1）。为什么不是2016年或者其他年份的畅销药呢？因为我国至今也没有很厉害的创新药，未来很长一段时间，依然需要大量仿制，而这些上榜药品中很多已经接近专利期终结，那么国内的仿制药就会为公司创造更多利润。请注意排名第7的曲妥珠单抗，就是赫赛汀，是恒瑞医药投入4亿元研制的新药的竞争对手，赫赛汀的全球销售额见图5–1。排名第3的依那西普，港股三生制药并购的中信国健，就靠其仿制药益赛普盈利了10多年。

表5–1　2015年全球前20大畅销药

排名	中文通用名	现有生产公司名称	主要适应证
1	阿达木单抗	雅培 / 艾伯维 / 卫材	类风湿关节炎
2	索非布韦 + 雷迪帕韦	吉利德	丙型肝炎
3	依那西普	安进 / 辉瑞 / 武田	类风湿关节炎
4	英夫利昔单抗	强生 / 傲沙东 / 三菱田边	银屑病、关节炎、节段性肠炎、溃疡性结肠炎、强直性脊柱炎
5	利托普单抗	中外 / 罗氏 / 基因泰克	非霍奇金淋巴瘤
6	贝伐珠单抗	中外 / 罗氏 / 基因泰克	结肠直肠癌
7	曲妥珠单抗	中外 / 罗氏 / 基因泰克	乳腺癌
8	甘精胰岛素	赛诺菲	糖尿病
9	肺炎球菌疫苗	大熊 / 辉瑞 / 武田	预防肺炎链球菌感染
10	来那度胺	新基	多发性骨髓瘤、骨髓异常增殖综合征

续表

排名	中文通用名	现有生产公司名称	主要适应证
11	沙美特罗 + 氟替卡松	艾美罗 / 葛兰素史克	哮喘、慢性阻塞性肺病
12	瑞舒伐他汀	阿斯利康 / 凯西 / 盐野义	高脂血症
13	索非布韦单方	吉利德	丙型肝炎
14	聚乙二醇化非格司亭	安进 / 协和发酵	中性粒细胞减少症
15	利伐沙班	拜耳 / 强生	预防静脉血栓形成
16	普瑞巴林	辉瑞 / 卫材	神经性疼痛
17	阿柏西普	拜耳 / 再生元 / 参天	黄斑变性
18	伊马替尼	诺华	白血病
19	西格列汀	艾美罗 / 大熊 / 默沙东 / 小野	Ⅱ型糖尿病
20	格拉替雷	赛诺菲 / 梯瓦	多发性硬化

资料来源：相关资料整理而得。

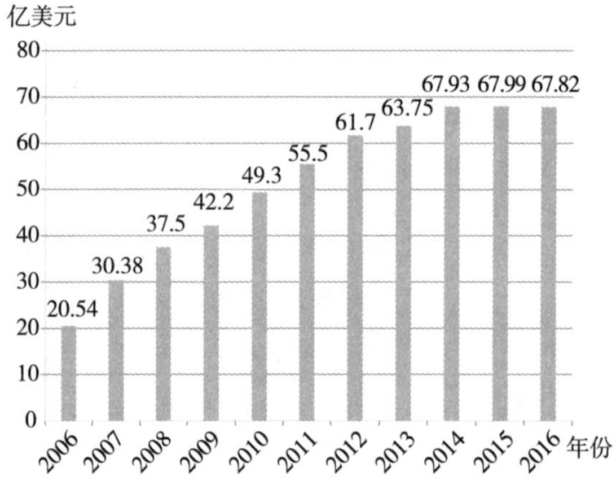

图 5-1　2006-2016 年赫赛汀的全球销售额

资料来源：公司年报。

同样，我们是否可以把以上思路延伸到医疗器械领域呢？其实还是有所不同的，医疗器械产品并不都是有壁垒的，而仿制药经历了仿制药一致性评价，再经历了市场选择，是有壁垒概念的，如果效果还不如印度仿制药，分分钟会被市场用脚投票。我国的医疗器械临床研究开始于 2016 年，之前医疗器械都没有具体的临床试验，也不做医药化管理，国家将医疗器械分成三类，Ⅰ类、Ⅱ类审批权限下放到了地方，只有Ⅲ类和国外医疗器械审批权限在国家药品监督管理局，所以之前国内的医疗器械技术性不强。如今趋势有所改变，医疗器械也将实行与医药同样的管理模式，但是相对于医药的多品类，医疗器械更关注关键部件或者关键产品，据观察，以下几类产品可能是未来市场追捧的对象：

（1）体外诊断试剂。包括试剂及器械（验孕棒或者血糖检测试纸及类似产品），定性或者定量都有。未来所谓的远程医疗，基础就在于检测设备能够便利到家使用，这样远程医疗才会有意义，不然没有工具，仅靠观察和描述是不可能诊断病情的。

（2）生物芯片类。包括阵列芯片及微流控芯片，前者运用于医疗器械，后者运用于小型的或者嵌入式的医疗设备。实质上这属于体外诊断器械。近几年芯片对于传统试剂的替代在加强，但是不可能完全替代。微流控芯片可以使医疗检测设备大幅小型化，所以微流控设备是未来的主流方向。

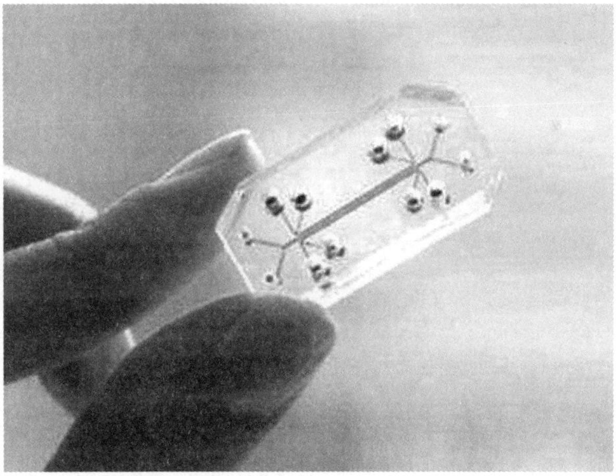

▲　传统意义上的生物芯片大多数是阵列式的，很多芯片密密麻麻地排布，然后让待检测的血液等通过，最后进行数据分析，其主要的方向是增加芯片的可检测项目。但是微流控技术是另一个方向，微流控芯片是核心。微流控芯片技术（Microfluidics）是把生物、化学、医学分析过程的样品制备、反应、分离、检测等基本操作单元集成到一块微米尺寸的芯片上，自动完成全过程分析。

（3）心血管器械。这类产品很明显符合我国人口老龄化的现状，如今几乎每家每户都有测血压的器械，所以心电图机、除颤机、血管造影仪、电生理导管、血管支架等都是未来的发展方向。特别要强调的是心脏起搏器，未来需求会比较大。

（4）医学影像设备。上游是耗材，下游是影像服务，虽然业内可能更看重影像服务，但其实耗材和设备更具竞争优势。

医疗器械的复杂程度远不如医药，但实际情况是医疗器械不管在世界范围内还是在我国，增长速度都高于医药，不过单个公司的增长没有那么明显，想象空间也没有医药那么大。医疗器械更多的是用于诊断，去医院看病大家都深有体会，以前的医生会“望闻问切”，如今的医生就是抬头看一眼，然后闷头往电脑上码字：CT 做一个、血常规做一个、心电图做一个。这并不是退步，这是很大的进步，人类区别于猩猩，就是因为我们懂得使用复杂的工具，落后就要挨打的真相就是工具不如别人。所以医生要依赖设备，而且在政策鼓励医院减少药品加成、增加服务性收入的前提下，医疗器械的需求还会增加。

二、行业间的此消彼长

谈到老龄化和保险公司的关系，很多人的第一反应是老龄化必然伴随着非常大的养老金市场，保险公司应该具有巨大的利好匹配度，比如最近几年保险股的业绩蒸蒸日上。

事实恰恰相反，中国平安最主要的寿险和健康险业务收入占总营收的58.52%。不用考虑保险业务的责任保证金，也不用深刻思索保险业保费收入的计量时间点，直观感受一下老龄化对于寿险的影响。当人的年龄进入 50~60 岁时，也就是退休前那段时间，是最有经济实力的，其依然保持相当可观的收入，这时思考最多的是怎样实现财富养老，所以这个时间段对于商业型寿险的需求不言而喻。当人进入退休年龄之后，继续出资购买寿险已经变得毫无可能，老龄人口开始领取养老金。对于保险公司，虽然会提取一部分寿险保证金，但是退休后很多领取人并非一次性提取，而是多次提取，那么保险公司就必须保证其准备金的增值能够支付寿险费用。在收入方面，当人口完全进入老龄阶段，比如到 2025 年，1965 年以前出生的人都已退休，领取养老金的人数和缴纳的人数基本持平，保险公司的好日子也就到头了。长期来看，只有在投资上有很稳定的业绩，保险公司才可以负担保费的支出，例如巴菲特的伯克希尔·哈撒韦公司，如果没有巴菲特卓越的复利能力，公司的资金也会在赔付中趋于紧张。

那么健康险呢？可以说这又是相反的情况，退休前保险公司乐于让你投保，因为你有经济能力，对于苛刻的条款敏感度不高，你不会生病，或者生病了但不在合同目录内，即使在合同目录内，但是由于烦琐的理赔过程，如果有经济能力，你也不屑于去理赔。但是退休后就不同了，保险公司大量提高保费费率，甚至拒绝老年人投保，因为精算师们已经将保费和疾病风险挂钩，老年人哪有不去医院的，这简直是百分之百的可能性，如果保费收缴不足，那就成了一项公益事业。所以在健康险方面，如果老龄化进一步加剧，保险公司最终将面临赔付和收入的剪刀差，那才是真正考验保险公司的时候，虽然距离这种景象可能还有 10 年，但是对于一个长期投资者，我们不应该过度看好寿险和健康险，而应该将目光投向对面。

保险公司的对面是谁？是医疗健康产业，可以说未来保险公司最大的债主就是它们。如今的寿险很多都附带了健康养老的内容，有些保险公司还专门设立了养老机构，就是试图对冲一下未来的风险，与其未来便宜了“债主”，还不如自己先伸手到债主的兜里掏点回来。所以从这个角度来看，长期投资者如果有保险公司的股票，就需要对冲买入一些老龄化的医药股，比如信立泰、三诺生物，否则会遭遇一定的老龄化压力。但是对于大型的险资，比如宝能大举入股万科，也没有找准方向。老龄化伴随的必然是住房过剩，保险公司和房地产连在一起，就是一种双倍押注，结果是老龄化既灭了房价，又灭了保险公司的收入。双重压力下要怎么办？保险公司应该倾向于投资医疗健康产业。

那么医疗健康产业内部有没有这种对冲式的业务关联呢？也是存在的，医疗器械和医药就是相互对冲的关系，这主要体现在加成方面，当医院将收入加成在医药上，药品销量必然会上升，比如我们经常在看病的时候被搭售一点并不是很需要的止咳冲剂，或者小柴胡颗粒，这些药并不是只有医院有售，在任何药店都可以买到，但是医生会因为盈利压力开一些类似的药。如果加成被取消，国家鼓励医院提高服务性收费，那么医生会倾向于让病人住院，做 CT、MR、心电图等，很明显医疗器械的使用频次升高，也会出现重复使用的情况。所以医疗器械和医药是此消彼长的。

然而医疗器械并不只有医药一个对冲存在，还有一个同时限制医疗器械和医药的双限制行业，那就是医疗信息服务行业。如今医疗信息系统在医院的应用已经普及，新的增量释放非常缓慢，现有的医疗信息系统公司最希望的，就是能够打通医院间的信息共享，这样的话，一方面医疗信息系统公司可以得到大量的共享数据，且通过为患者管理数据获益，也可以通过大数据挖掘获益；另一方面医疗信息系统可以形成自己的诊疗系统，因为医生检查疾病也是遵循一定范式的，且比较依赖仪器检测的结果，但是仪器检测的结果大多数写在检测报告上，如果医疗信息系统如电子病历实现数据联通，患者从甲医院看病的记录会转移到乙医院，且乙医院认同前一家医院检测设备上的数据，毕竟有些检查是有辐射的，但是这对医疗器械的复用率是不利的。另外，医疗信息系统的限制作用也体现为匹配型用药，统一管理的用户数据使得医生之间也存在竞争，当一个医生开了太多不必要的药物时，患者就会有意见。

一个合理的配置是，医疗信息的股票要作为对冲配置在医药类投资组合中。另外，我们也要看到新药研发外包（CRO）公司对于整个医疗产业是近乎“卖水”的存在。这是一个典故，美国淘金热时期大量淘金者进入美国西部，但是真正赚到钱的不是淘金者，而是在淘金区域卖水的人。

在仿制药一致性评价的情况下，CRO 公司和国内仿制药公司形成了一定对冲。仿制药制造公司如今的压力非常明显，国外的药品门槛不断降低，而国内创新药寥寥无几。仿制药制造公司怕什么？怕原研药，而 CRO 公司就是在“李鬼立志当李逵”的道路上给予其支持和辅助的公司。可以说未来大多数没有研发能力的仿制药公司将大量委托这些第三方平台进行全流程药品研发，甚至直接从平台购买药品专利。对于没有研发能力的制药公司，这是最经济实惠的，因为仿制药市场也存在仿制速度的竞争，像恒瑞医药这样的仿制药巨头有 17 亿元的研发费用，而另一些小型的制药公司根本拿不出这么多的研发费用，那么就会委托第三方做一些立竿见影的创新或者改良，甚至就在现有药物的基础上搞个 me-too 药，保持自己在某细分领域的地位。

CRO 公司赚了仿制药公司的钱，所以若是买了仿制药公司的股票，为什么不加持一点 CRO 公司的股票？可惜药明康德上市不久，还在泡沫期。

如今政策整体上倾向于大型药企，小型药企面对仿制药一致性评价、国外进口药物的进入以及单一品种不稳定的需求波动，生存更加困难。研发费用的支出是医药公司首先需要面对的门槛，一家支出 1 亿元研发费用的公司和一家支出 10 亿元研发费用的公司是无法对比的，小公司刚开始做中试研究，大公司已经有几个同类型药物跨越到临床了；小公司想集中精神攻一点，而大公司已经购买了其竞争对手的所有专利。所以小公司在业绩上有很高的弹性，但是风险很大，大公司由于品类多业绩弹性有限，但是风险很小。所以投资者在组合的时候可以遵循这两个类别的分散原则。

其实现阶段医药行业类似于供给侧改革，出现了强者恒强的局面，低端无研发能力、生产大众药的公司面临多重压力，很多公司在业绩上已经体现出了颓势，而复星医药、恒瑞医药、中国生物制药和药明康德，还有华海药业和信立泰等，似乎发现了很好的契机来增强自己的市场占有率。NMPA 对药品的审批提速，也在一定程度上利好这些研发型公司，之前积压的很多新药，如今正在加速放行。表 5-2 是对以上内容的直观总结。

表 5-2　风险对冲总结

风险对冲原因	A 面的行业	B 面的行业
人口老龄化	保险业	老龄化健康业
医院降低药品加成	医疗器械（医用级）	制药行业（处方药）
医疗大数据开发	医院信息系统	医疗器械和处方药
仿制药一致性评价	新药研发外包（CRO）公司	仿制药公司
一票制或者两票制	制药公司	医药商贸公司

资料来源：相关资料整理而得。

三、建立大健康类投资组合

一个叫达利欧的外国人来中国宣传他的对冲基金和书，他掌管的“桥水”基金从成立以来的年均收益率大约是 2% 的复合增长率，这个增长率和巴菲特的相比太低了，但是我们从他的书中还是找到了一些有用的内容。

股票期望报酬率 = 无风险利率 +β×（股票市场平均收益率 − 无风险利率）

这其实就是本书第四章说过的折现率公式。我们可以近似地将一个股票的收益分成两部分：一部分是基础的机会成本，也就是买一只股票的收益率必须比无风险利率要高，因为股票的风险是存在的。无风险利率对应的一般是国债收益率，如果把风险分为系统性风险和非系统性风险，那么无风险利率对应的是系统性风险，而 β 系数部分对应的是非系统性风险，系统性风险和非系统性风险叠加才是单只股票的期望报酬，也就是机会成本。达利欧认为这部分收益没有意义，他需要的是这部分收益以外的超额收益，也就是 α 部分，诸如无风险收益率是 4%，股票期望报酬率是 10%，而达利欧通过测算 α 收益是 2%，那么理论上这只股票行情最好的时候会有 12% 的收益，而行情不好的时候至少也应该有 6% 的收益。基于此，达利欧提出了无关联股票的分散化投资策略。

达利欧的策略依然是理论性的，为什么分散化就一定能获得 α 收益呢？或者具体的指标如何量化呢？他没有细说，也无法细说。但是分散投资策略没有什么不对，而且对于一个关注点，我们也需要进行投资组合，这个组合并不是正相关的，最好是负相关。

之前提到的行业对冲也是这个意思，我们需要在明显不对的时候给标的挂上对冲，将部分看上去不起眼的风险限定在可控范围内。例如买入卫宁健康的时候，可以考虑一下乐普医疗；买入中国平安的时候，能够搭配一个信立泰。这种长期性的对冲，既可以享受到短期利益，又可以对冲长期风险，而且对于百倍千倍股的不确定性，也会有所改善。

在面对不确定性的时候，大多数投资者看到的机会多于风险，但人之目力所及有限，人贵在自知，再是知人。所以在看到风险临近的时候，要做好组合，甚至做一个反向的融券套保，也是合理的。

四、如何分析医药健康类标的

投资者要看到普通定量对于医药健康类标的的参考性不大，但是至少可以做一个不错的参照：如果有一天研发不再那么强劲，应该是多少的估值。对于医药股的估值，我们更多关注的是其产品成果，而不是财务指标。为应对未来的不确定性，我们要做一些组合，而不是把鸡蛋放在一个篮子里，且组合要有一定的对冲存在，或者是无关联的标的，这样才可以分散风险。

第六章 上市公司公司治理和风险评估

一、关于公司治理我们要关注什么

什么是公司治理？基本意思就是董事长、CEO及大小股东之间的关系，就是上市公司按照规章和约定办事，就是如何在利益相关者之间分配公司的权力。

（一）公司管理层犯了错怎么办

是人就会犯错。我们经常看到一种景象，在谎言刚被揭发的时候，上市公司管理层各种抵赖，然而被证监会查处之后，他们又表现得很恭顺，小股东经常会被这些表演所迷惑，觉得这点小事不至于伤筋动骨。

2017年和2018年巴菲特都在股东大会上检讨富国银行的这笔投资，富国银行为了实现股权激励的业绩目标虚造了业绩，当丑闻爆出之后巴菲特也一直想挽回公司声誉，但是如今从持仓看，他最终还是会放弃这只股票。巴菲特曾经表达过类似的意愿：如果发现一项投资是错误的，那么什么时候纠正呢？马上！

我们要清楚丑闻附带了很多其他风险，一家公司造假一个亿，在被揭发之前，就是造假一个亿，在被揭发之后，声誉遭到破坏，损失将远远超过一个亿。公司之所以能够获得市场给予的溢价，源自公司的无形资产，这些无形资产并不体现在账面上，而是体现在各种社会关系上。消费者的正义感有时候会自发促成联合抵制，供应商看到潜在的风险会停止供货，或者要求现款现货，销售商就更不用说，他们是看消费者眼色行事的。即使在医药行业，这种情况依然存在。

我们总结了一些常见的丑闻类型，当然这并不全面，但是在这些情况下投资者要考虑是否用脚投票：

（1）财务造假。

（2）实际控制人质押了大部分股票。

（3）高位造利好套现。

（4）夸大其词讲故事。

（5）承诺没有兑现。

（6）公司遇到社会事件时处理方式不得民心。

（7）内幕交易。

资本市场说到底是信用市场，国内的投资者热衷于赌，就是因为之前的信誉没有建立起来，上市公司一些不道德行为还会有人叫好，但是国际上总体趋势并非如此，如果资本市场未来是国际化的，那么投资者的偏好也会趋同。所以在前文做宏观分析的时候我们曾经提到过 ESG 投资，这也是一种比较先进的投资理念，有研究表明这些方面的评分有时候甚至比 CDS 能更早地反映出公司危机。

就拿环境来说，如今国内可以因环境问题对上市公司一票否决，这已经是类似于 ESG 的先导模式了，但是按照公司好坏的传统概念，环境问题是和投资无关的，早期发达国家很多公司就是无约束排放，所以才会有《寂静的春天》。同样，社会问题也有助于我们理解宏观分析中的社会文化环境。当四周充满了“敌人”，公司该如何正常获得盈利？当然 ESG 评分也不是按照这种简单的模式来推进的，有更加复杂的一套专业且量化的评价体系。在 MSCI 纳入 A 股的前后几天，MSCI 曾声称中国的标的公司 ESG 评分普遍比较低，好公司只有 3%，但是我们无法获得内部名单，所以要从这三个角度加大对公司的观察。一个公司要的不仅仅是利润，更需要维护其和社会的关系。

（二）应该尽量避免哪些治理结构

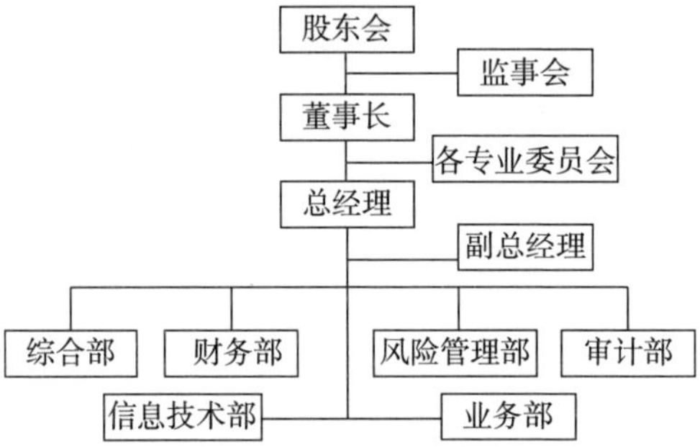

▲ 什么是治理结构呢？理论过于枯燥，实际就是《权力的游戏》中那样的权力分布，要解决的是谁说了算的问题。

我们应该避免以下几种情况：

（1）最无奈的莫过于一股独大的一言堂模式，因为我们看不透公司的内部。当然这并不是说这种结构一定会出问题，只是说相对而言这种结构包含一定的风险。这里的一股独大，一般来说是董事长单一持股超过50%，但是董事长可能非常谦逊，公司财产区分非常到位，这是有大智慧的人，因为从公司法的角度看，如果无法区分私人财产和公司财产，一旦公司出现了经营困难，实际控制人是需要清理其和公司之间的关联借款才可以脱身的。所以当一个领导人把董事长职务当作一份工作，那是投资者的福气；而当董事长将上市公司当作自家的后花园，到处安插自己的亲朋好友，那么这家公司大概率做不好。这方面的戏码很多，家族争抢股权是一种类型，个人冒险输掉了上市公司资产是另一种类型，更有甚者，赌博输光公司资产的也有。

（2）避免复杂关联方交易、体外循环和同业竞争。典型的体外循环、低买高卖的是锐澳鸡尾酒的实际控制人。2009年百润股份将巴克斯酒业卖给实际控制人，象征性地收取了100元，2014年百润股份又回购了巴克斯酒业，价格是55.63亿元，后来2015年又下调了收购价至49.45亿元。然而收购回来后，巴克斯酒业业绩下降，麻烦不断，小投资者似乎看了一场戏，一场锐澳鸡尾酒潮起潮落的戏，最终什么也没有得到。

体外循环的例子还有很多，地方国企江中药业前几年就有这种情况，都是保健中药，很多药品却不在江中药业上市公司的业务范围内。恒瑞医药也有与江苏豪森夫妻店的问题，但是相比之下，恒瑞的处理又相对合理，因为其业绩一直以来相当稳定。虽然早年间有投资者抱怨一些重磅药被放置在豪森制造和销售，但是这也从侧面反映了恒瑞研发效率是有富余的，能够同时满足两家大型药企获得不错的业绩增速。当然恒瑞的同业竞争最终会得到解决，因为豪森一直在考虑港股上市，成为公众公司。

在关联方交易和体外循环结合方面，乐视网就是体外循环过度导致溃败的典型例子。乐视网作为上市实体担负了融资的任务，而其他体外公司乐视电视、乐视手机等通过买会员送手机的模式，将利润转移到上市实体，让人感觉利润良好，然后在资本市场进行股权和债权的融资，再把融到的资金供应给整个集团实体。

是否要执行一票否决，将这些现象级的公司剔除出待选列表呢？我们的建议是给予心理评分。这种事情可以存在，但是不能有劣迹，如果体外循环的公司不影响上市实体的利润增速，那问题不会太大，毕竟大多数投资者是财务投资者，大家分得清轻重，公司控制权本身包含溢价。但如果实际控制人和管理层没有处理好这些问题，侵占了上市公司的利益，增加了上市公司的风险，投资者就应立刻决断。

二、数据和非数据结合评估风险

我国注册会计师的审计流程大致为确定审计目标，了解和评价内控制度，进行符合性测试、实质性测试，最后形成报告。对于公司则是一路看，一路做风险评估。对于普通投资者而言，这些是不现实的，我们不可能得到内控的具体细节，也不可能去函证应收应付和去存货监盘，我们只能根据已知的信息求真相。信息很多是碎片化的，最完整的就只有资产负债表、利润表和现金流表三张表格，很多需要了解的内容都在报表的附注上。但是这些附注都是上市公司精英们给我们的，又如何知晓他们的表达是否合理？所以注册会计师的那一套运用于上市公司是不行的，况且大多数的注册会计师即使按照程序审计也没有及时发现舞弊。经验告诉我们，大多数公司被出具非标审计报告是在公司爆发负面新闻之后，而之前无保留意见的审计报告没有任何的预警。为什么没能像欧美的注册会计师那样发现问题？这是个复杂的社会问题，但是我们觉得，从注册会计师的角度未必可以看到一个公司的全貌，因为他们总是把公司往好处看，遵循的是疑罪从无。

（一）如何审视公司的潜在风险

▲ 历史上君王都多疑，比如曹操、朱元璋。曹操杀华佗是三国的经典桥段，很多读者都恨不得穿越过去，阻止这场悲剧。他们觉得曹操多疑是一个缺点，若不是多疑，其一统天下的时间一定会大大提前，司马懿也不会有可乘之机。但是，我们要从曹操的角度去思考这个问题。为什么多疑，甚至因疑心而生杀戮？原因有很多，关键原因是曹操觉得有的选。杀了华佗又怎样，手下名医有的是；杀了蔡瑁、张允又如何，随便找几个将领替补上即可。曹操手下人才济济，个把人根本改变不了大趋势，所以成名帝王大多多疑。

站在投资者的角度，当你相信某家公司的时候，你是佛系的，你每天说它的好话，甚至还鼓励身边人尝试它的产品，比如巴菲特对可口可乐和喜诗糖果，每次股东大会上都会见到这些产品。但若是公司有一点瑕疵，投资者就不应该抱有侥幸，而应该如帝王般杀伐果决，这种方法也被称为“形式陷害”。可能实际上公司并无不妥，但如果发现了无法解释并且不合理的现象，就要当其没有做好事。所以我们接下来如果举到某个公司的例子，并不是肯定其会崩溃，而是在用“陷害”的方式来筛选自己的标的。市场标的如此之多，有时候宁可错杀一千也绝不放走一个，因为这关乎自己的决策，对于公司只是少了一个投资者，而对于投资者，也许意味着躲过了人生的一场灾难。

我们该如何去“陷害”这些公司呢？

（1）横向和纵向的比较。一方面我们要比较行业平均值，大多数公司的数据都围绕着行业平均值分布，另一方面我们需要和行业内部的竞争对手比较。这种方法前面已经说得很清楚了，就是找参照。

（2）更多地了解一些定性的碎片信息，阅读研报，即使大多数是买方研报，仍然可以获得大量的基础信息。我们用这些基础信息大致形成一个报表预期，诸如某个科目应该是增长的，而某个科目据了解应该是减少的，逐条记录这些信息，然后再去报表上寻求验证，如果验证结果和预期相去甚远，那么“事出反常必有妖”，就要通过询问和调查“捉妖”。

（3）在观察报表的时候，关注“重要性”三个字，这在审计领域也是十分重要的三个字。我们要抛开一些不重要的东西，例如某家公司的管理费用从10.2 亿元增加到了 10.3 亿元，而这家公司的营业收入有 100 亿元，这时关心这个差异简直就是浪费时间。我们要了解什么是重要的，什么是不重要的。一个数量变化巨大的科目明显是重要的，最好这个科目的金额在报表上看总体大于其他科目。我们最喜欢一个公司很多科目都是零，资产负债表里仅存几个常见的科目，诸如货币资金、应收账款、存货、固定资产、短期借款、应付账款等，这样的公司照样可以运作良好，比如恒瑞医药，基本上无法找到有息负债，就不用考虑债务风险，这会大大提高投资者研究公司的效率。

（二）财报中的“坑”

围绕一家公司的数据和非数据信息有很多，诸如新闻报道、券商研报、长年累月的公告。这些常用的内容对于投资者都是有价值的，但是仅限于科普价值，因为这些信息都是他人提供的，不能保证准确无误，而且在一定程度上说，国内的舆论环境是趋向乐观的，不利于发现公司已经存在的内部问题。对于投资者而言，最系统地了解公司的方式就是阅读年报和季报。如今的报表越来越长，有些报表好几万字，内部蕴含着巨大的信息，可以说外部投资者只要将这些报表附注和报表中的细节了解得差不多，基本上就能知道公司的潜在风险，也能知道公司的“坑”在哪里。

1. 会计估计和会计政策变更

财会统计财务数据的时候，并非完全按照客观的标准，会有很多主观的东西，我们称之为需要职业判断的领域，诸如资产减值的计提、投资性房地产的确定。我们也许并不清楚是什么内容，一般可以将国家规定的变更排除出怀疑的序列，因为国家主导的变更往往是整体性的变更，对所有公司都一视同仁，当然这些变更会导致利润的变化，但大多数情况下国家会考虑变更的影响，保持公司的利润稳定。所以由国家主导的会计估计和会计政策变更问题不大，关键是公司自己寻求的会计变更。我们要问：为什么变更？诸如固定资产折旧方法，将直线法改为了加速折旧法，原来每年均匀的折旧如今要提前，那么最近几年的利润会受此影响下降。如果加速折旧是因为机器的磨损过大，也许会提早报废，那么为什么当初没有预计到这种情况，是不是公司本身想让利润延后？

这一领域包含了很多内容，我们不能一一列举，但是在报表中要明确单列出这些变更的原因及影响力，投资者所要做的，就是了解这个变更是否有必要。

2. 毛利率

毛利率是个敏感项，计算公式为：（营业收入 – 营业成本）/ 营业收入。看上去简单，但是在横向比较中，这个指标是非常具有参考价值的。为什么不用净资产收益率或者销售净利率来横向比较呢？因为这些比率使用的是净利润，净利润是一个结果，从主营业务收入里扣除主营业务成本、管理费用、销售费用、财务费用等，经历了一轮复杂的运算后得出了净利润。如果我们用这些指标去比较，就会发现在找差异原因的时候依然需要再逐项比较，导致比较不够直观。所以在观察风险的时候，简单地运用毛利率就行，大多数舞弊或者盈利夸大都是围绕毛利率展开的。

夸大利润的方法有几种：虚增收入、虚减成本、虚减费用、滥用截止日期等。毛利率涵盖了其中的两项。那么会不会造假集中在费用上而使毛利率无法体现呢？也存在这种可能性，但是费用虚减的难度在于其操作比较烦琐，需要和公司各层级的人员预先串通，风险较大，而主营业务收入和主营业务成本属于大部分公司的大项目，有时候只修改一下单价即可达到效果。比如为了降低成本计量，在进货的时候，同样的金额，增加数量，降低价格，看上去金额也是真实的。当生产产品领用原材料的时候，按照领用数量来计算成本，单个产品的生产成本看上去很正常，其实公司的成本已经调整过了，存货金额没有变，但是库房里根本没有这么多数量的原材料。接下来在某个年度来个存货报废损毁，或者计提跌价损失后处理，亏空就被清理了。虚增收入的手法更加高明，比如虚增合同、刷单。公司可用挂账的方式划出款项，然后再以销售的方式收回同一笔钱，看上去收入在不断增加，但实质上只是个文字游戏。

所有这些“游戏”，基本都会反映到毛利率上，因为虚增的收入往往没有匹配的成本，空写一份合同，存货就是从仓库出去转了一圈，毛利率就会走高。一般来说，注册会计师会把好很多关口，如函证供应商和销售商的往来款项，监盘存货。这导致上市公司舞弊必须追求形式上的合理，但是这种形式上的合理在很多情况下使毛利率更反常。

尔康制药就是造假的典型，当比较尔康制药和黄山胶囊的财务数据时，我们会发现一个明显的漏洞。2016 年黄山胶囊的明胶空心胶囊的毛利率为 40.25%，肠溶明胶空心胶囊的毛利率是 50.82%，而尔康制药的淀粉胶囊毛利率高达 89.91%，这个问题一旦被财务专家发现，尔康制药的造假行为便无所遁形。

我们认为对于一些行业格局清晰的上市公司，可以横向比较毛利率的差异。当然毛利率并非完全相同，比如一家公司的原材料是自给，而另一家公司的原材料是进口采购，生产同一种产品，毛利率有差异也是合理的，但是一般情况下，毛利率是无法摆脱行业惯例和常识的。

3. 应收账款

电视综艺节目《极限挑战》有一期是关于温州商人的，男人帮模仿早期的温商做生意，和贸易商谈判销售健美裤，订金有 50% 的，有 20% 的，而演员王迅却签了一份期货合同，也就是说货物供应不需要订金。贸易商将货物放在自己的销售渠道慢慢卖，卖掉了再和生产商结算。于是没有看清内容的孙红雷拉了王迅一起扩大规模，等到贸易商上门取货，他俩彻底傻眼了，最后资金链断裂。

当然这是个游戏，但是游戏中蕴含了如今商贸合作中普遍存在的潜规则，在实际的贸易中并没有太多的现金交易，大多数交易都是通过赊欠的方式实现的。当这批货已经运给销售商，会计计量是可以以此来入账确认收入的（虽然理论上这并不应该确认为收入）。所以，如果应收账款周转率（主营业务收入 / 应收账款期初期末平均余额）下降，则说明公司业绩的提升很可能是通过扩大信用的方式，这种方式并没有带来现金，更有甚者，这个应收账款的对家可能是一家虚拟公司。所以如果一家公司营业收入和净利润同步提升，经营活动现金流净额减少，应收账款周转率下降，这三种迹象同时出现则说明公司在使用赊销的方式短期提升利润。这样的公司一方面其产品竞争力不强，另一方面急于求成，肯定存在某方面的压力，也许是即将融资，也许是有窟窿要补。总之，并不是什么好事。

4. 货币资金和短期借款的匹配

正常公司是怎么安排货币资金的呢？有些公司会设置一个恒定的数值，比如光明乳业，大多数情况下其货币资金是 30 亿元。如果货币资金持续下降到一定程度，公司或者卖掉一些短期金融理财产品，或者用短期借款来补充现金，让资金重新回到大致的保有量区域，这样当需要支出大笔资金的时候才不恐慌。当业务发展资金太多，又没有资金需求时，公司就把一部分资金存入理财产品或者买入短期的金融证券。这很好理解，保持“池子”的水在一定水位。有些公司却很异常地发生了货币资金高企，而短期借款也大幅度上升的情况，这种情况本身很难解释，可以从两个方向理解：其一是未来也许有大笔支出，其二是货币资金有部分无法动用。

对于未来大笔支出的预期，其实投资者应该关心的是长期负债中的其他长期负债，一般公司并购的时候都会向银行融入长期资金。我们假设的情况是短期借款上升，那么基本上没有什么太好的事情，因为投资大多数对应的是长期负债。

若货币资金部分无法动用，则将是一个比较严重的问题，或是因为对外担保，或是因为冻结，又或是因为存款本身已不复存在。

所以从动机上看，货币资金和短期借款同步上升并不是什么好事，但是说这种现象一定有问题也是不妥的，比如银行行长刚好是某上市公司的关系户，仅仅是为了增加一点银行的存款业务，或者上市公司纯粹是乐意贷款，乐意付这点利息。这本就不是个绝对的项目，只是说从逻辑上看，是有问题的。

5. 其他应收款和关联方往来

专业人士拿到财务报表，没有其他任何信息的支持，他们会关注资产负债表中的哪一项呢？他们会先看货币资金，再看应收账款和存货，债务结构和资产结构是否匹配和合理，其他应收款和其他应付款科目是否过于庞大。如何才算过于庞大的往来科目呢？我个人的标准是总资产的5%，当然每个行业相应的比率略有不同。

其他应付款是负债项目，体现为欠别人的，和应收账款及应付账款的重要性类似，注册会计师对于应收账款函证的严格程度要远高于应付账款，同样地，其他应收款的重要性也要大大高于其他应付款。

为什么要关注其他应收款呢？因为这是个杂项，有合同有单据的账款在这里，没合同的很多账款，诸如保证金、关联方的借款也在这里。这不应该是一个大项目，如果金额很大，那么“事出反常必有妖”。

这个“妖”可能包括两个方面，一个是保证金，另一个是关联方。保证金本身不存在问题，存在问题的是保证金的真实性。前几年港股桑德国际漏记了一笔20亿港元的保证金，招来了浑水机构的一顿“猛揍”，至今还没有恢复元气，连带A股的桑德环境也低价卖给了启迪和清控。若证实只是漏记，应该问题不大，但若是名义上的保证金，实质上是关联方占款，那么问题就比较大了。

A股的关联方占款是普遍的事情，可以说到处都存在，关联方不应占用过多的上市公司资金，这是一种控制，投资者要对此保持清醒。至于如何知晓其他应收款里是否包含大量关联方占款，建议仔细阅读报表，报表中对于关联方的往来是有详细记述的。

理论上作弊的人也可以将关联方的往来当作应收账款和预付账款，外部投资者很难搞清楚这些问题，所以投资者有必要了解一下销售客户前几位的名单，很多公司是提供排名靠前客户的名单的，可以查看一下这里面有没有关联方公司。

6. 无形资产费用化还是资本化

投资者对一家公司的两样东西奉若至宝：一是货币资金，或者等同货币资金的金融产品，这部分就是公司未来拓展业务的基础，董明珠每天宣称开发各种产品，基础就在于格力集团的资金充沛；二是无形资产，从格雷厄姆讲述价值投资开始，无形资产就是所有投资者的关注点，因为上市公司的无形资产，比如品牌、商誉、专利等，才能使公司的价值脱离量化标准，表现出更强的活力。

但是无形资产的科目金额是否越大越好呢？其实并非如此，格雷厄姆曾说过希望公司有很多无形资产，但是在计价方面，他希望所有的无形资产都是 1 元。1 元当然是象征性的，格雷厄姆想要表达的意思是，无形资产是无价的，用金额定价是在给上市公司制造虚无资产。我们看好的无形资产是没有形态的，诸如品牌和专利，而出于谨慎考虑，建设品牌的费用应该计入销售费用，建设专利的费用应该计入管理费用。

拿医药专利来说，一般医药研究的支出都应该是费用化的，计入管理费用，而医药开发的支出达到资本化条件的可以资本化。以下关于资本化的内容是从恒瑞医药 2017 年的年报中复制过来的，大多数上市公司的描述是类似的：

内部研究、项目开发阶段的支出，同时满足下列条件时确认为无形资产：

（1）完成该无形资产使其使用或出售在技术上具有可行性；

（2）具有完成该无形资产并使用或出售的意图；

（3）无形资产产生经济利益的方式，包括能够证明运用该无形资产生产的产品存在市场或无形资产自身存在市场，无形资产能够在内部使用以证明其有用；

（4）有足够的技术、财务资源和其他资源支持，以完成该无形资产的开发，并有能力使用或出售该无形资产；

（5）归属于该无形资产开发阶段的支出能够可靠计量。

国家对于研发费用资本化是有规定的，而且规定相当严苛。假如我们研发投入了 100 元，如果资本化，那么在资产负债表上资产就多计了 100 元，而在利润表上，本来这 100 元应该计入费用，减少净利润的，资本化后，净利润便多了 100 元，费用少了 100 元。其实资本化是虚增了资产，虚增了利润。为何要保留无形资产计价呢？因为无形资产权属，也就是产权是需要交易的，如果在交易的时候我们没有成本参照，那么也会有问题。比如卖一个专利 1 000 元，而成本只有 1 元，那么就会有人为了操控利润不停地把无形资产买来卖去。

所以我们喜欢研发类医药公司，但是我们不喜欢研发类医药公司将它大大小小的研究费用都计入无形资产。

表 6–1 是 2017 年几家公司研发费用对照表，数据取自公司年报，只要观察一下就有结论。

表 6–1　2017 年几家公司研发费用对照表

恒瑞医药的研发情况	
本期费用化研发投入 / 元	1 759 131 107.89
本期资本化研发投入 / 元	—
研发投入合计 / 元	1 759 131 107.89
研发投入总额占营业收入比例 /%	12.71
卫宁健康的研发情况	
本期费用化研发投入 / 元	110 225 921.01
本期资本化研发投入 / 元	131 574 357.99
研发投入合计 / 元	241 800 279.00
研发投入总额占营业收入比例 /%	20.09
海虹控股的研发情况	
本期费用化研发投入 / 元	18 233 903.24
本期资本化研发投入 / 元	87 549 148.33
研发投入合计 / 元	105 783 051.57
研发投入总额占营业收入比例 /%	57.49

资料来源：公司年报。

恒瑞医药2017年用于研发的17亿元全部费用化，这就让投资者很放心，从侧面说明恒瑞医药的利润是扣除研发费用后的利润，未来这部分费用不需要计提减值准备，也不需要摊销。甚至从某种程度上说，恒瑞医药的利润中有很大一部分被研发费用占据，其盈利能力大于利润表体现的净利润水平。

虽然恒瑞医药和另外两个公司分属于不同的领域，但是总体上说，投资者希望研发计入费用，降低利润金额，而不是乐观地计入资产。这就好像高手面对初级选手下围棋，让十目，照样可以碾压。恒瑞医药即使17亿元研发投入都费用化，照样可以产生大量利润，可以释放庞大的专利能量。

7. 无形资产中的商誉问题

阅读报表的投资者会惊讶于商誉的单独列示。如今的商誉的确是单独列示的，但是早些年商誉是和无形资产合并计算的，后来因为其导致的问题比较多，所以单独列出来让投资者注意。

商誉的形成过程为：当A公司并购B公司，且A和B不是同一个集团内的合并，A公司就需要评估B公司的各项资产，有些评估公司可以给予估值，有些有公允价值（比如股票），有些可以直接从账面上获得公允价值，然后减去负债，得到一个可辨认净资产的公允价值，这个价值是A公司买入B公司时得出的最终可见价值，比如说1个亿，但是A公司出了2个亿，而这个价差，或者说量化的无形资产就是商誉。如果B公司很好，商誉会一直存在，如果B公司经营不善，A公司可能觉得自己上当了，就需要先对商誉进行减值，减值后再去看B公司并购进来的资产有没有问题，需不需要再继续减值。

谨慎的财务观点是不支持商誉的，曾经有人出于谨慎考虑提出商誉应该作为一项损失，或者是负的投资收益，或者是营业外支出。当然在国际通行的财务做法中不可能用如此谨慎的想法来思考问题，通行的会计准则对于无形资产项就是找到金额，用这个金额列示。

商誉最充沛的公司其实是并购最活跃的公司，比如巴菲特的伯克希尔·哈撒韦就是拥有巨大商誉的公司。但是伯克希尔·哈撒韦貌似是一家保险公司，本质上却是一家投资公司，特别是最近几年巴菲特越来越喜欢并购，他廉价买入资产，不只是持有，还参与公司的管理和经营，试图用自己的经验和名望来进一步推动这些公司的发展。所以他的公司有商誉是正常的，毕竟巴菲特的投资成绩依然是个神话。

但是一家公司拥有太多商誉就有问题了，比如蓝色光标和掌趣科技就拥有太多的商誉，以至于投资者不敢触碰，因为谁也不知道并购项目未来会不会导致其商誉减值。2015 年蓝色光标因为参股 19.85% 的海外营销公司 Huntsworth 而导致商誉减值、净利润下滑，2015 年下半年又因为博杰广告未完成业绩对赌再一次商誉下降，另外旗下的今久广告和 We Are Very Social 也发生了减值。我们不难理解蓝色光标商誉的形成，至今其商誉依然接近总资产的 25%，如果这些商誉都爆炸了，也许这家公司就接近于不存在了。

为什么会有如此高的商誉？因为在经济膨胀、外部力量助推明显的时候，公司并购对于公司迅速扩张其实是有利的，这个时候大家都看不到商誉，赚钱太容易，被并购的标的基本都是盈利的，而且对于公司来说立刻形成规模化，被并购的标的也获得了更多的投资资金，大家都乐见其成。但是如果风向变了，一切就不同了，商誉成为一个地雷，商誉越高的公司，未来的雷就越多。有时候这不是水平问题，而是概率问题。投资者在买入股票的时候，总会遇到一些垃圾股，它们一开始看上去很美丽，但是在时间面前不堪一击，商誉的风险便来源于此。

投资者是否应该拒绝商誉股呢？其实并不绝对，正如我们前面对无形资产的定义一样，商誉最佳的情况是每个公司的商誉都只计 1 元，如果不是 1 元，那么至少应该有理由相信这个公司所形成的商誉在并购的时候不会亏损。如果并购的是蚂蚁金服、大疆无人机、华大基因、柔宇科技、寒武纪，那么高商誉也无所谓；如果并购的是垃圾公司，天天亏损哭穷，那就应该果断拒绝。所以对于商誉占比较高的公司，若是要投资，需要分项分析商誉的形成。

对于稳健型的价值投资者，没有必要和商誉继续搏斗，搞不懂就放弃，并购本身就是个风险行为，即使对面是家好公司，并购后管理层一改组，结果也未必如预期所想。

商誉占资产比重较大的公司如今集中于游戏业和传媒业，这些行业可以用一句话概括："都是以人为本的行业。"这些行业的投资和扩张不讲资产，只讲人才。但是之前的教训告诉我们，人才是会流动的，并购的公司一旦实现了业绩承诺，很多人才就会另觅高枝。

8. 追不上的存货

投资者最难掌握的就是存货科目，这里也包括一些生物性资产。注册会计师调查存货使用监盘方式，拿着表格盯着公司人员盘点库存。库存较多时，几个注册会计师同时监盘能保证万无一失吗？公司若是良善，不监盘也照样不会作恶；若是奸佞，弄虚作假对付监盘有 100 种方法，再不济，借和凑都能把仓库填满。

如果注册会计师调查存货都如此困难，就更不用说外部投资者了。比如有名的"獐子岛扇贝跑了"事件，扇贝逃跑的故事一个接一个，一会儿扇贝跑了，一会儿扇贝还在，然后一堆蛙人下水寻找。注册会计师也只能待在水面上看着，然后得出个结论："也许，真跑了。"

那么普通投资者是否就只能听天由命，存货监管依赖企业家的自我约束和道德力量？其实不是的，我们依然可以做一些工作。

存货数量和单价对于普通投资者来说是信息不对称的，但是存货的跌价准备是可以根据外部信息来判断的，例如猪肉跌价，那么双汇发展的猪肉库存就必须计提跌价准备，而温氏股份则更需要对其消耗性生物资产计提准备。如果没有看到大量跌价准备产生，那么就要问为什么。虽然行业还在低谷，有些公司已经计提了大量的跌价准备，投资者可以认为这种预先计提行为是风险释放完毕，根据其计提跌价准备后的净利润来判断是否可以抄底套利。

对于工程类的公司，其实大部分的问题出在资金链上。对存货的观察可以体现在施工进度上，挑选公司的一些大型工程，看工程推进是否顺利，比如看污水处理厂和固废处理厂是否在顺利施工。

从某种程度上说，存货问题最多的就是两类公司，一类是农林牧渔公司，另一类是建筑公司。前者是价格不稳定，易腐烂变质，进而导致存货突然毁损灭失；后者往往严重依赖现金流，一旦资金链断裂就会出现工程停工的情况。当这些负面情况出现时，管理层往往因为业绩压力或者其他原因努力掩盖，投资者必须时刻关注这两类公司的存货情况。

9. 看不见的隐性负债

很多时候我们看得到公司的好，却看不到公司的不好。当净利润和主营业务收入同步上升时，我们认为公司已经万事大吉，然而却忽略了诉讼和担保。

如今诉讼逐渐多起来，不只是上市公司面临诉讼，股东诉讼牵连到上市公司的也很普遍。我们经常听说某公司控股股东的股票被法院冻结，继而股票一阵暴跌。很多投资者可能还没有弄清楚实际控制人个人危机和上市公司的关联，认为控制人出事不会牵连公司，这种想法是错误的。控制人资金短缺并不会直接影响公司的运转，但是上下游供应商和顾客都会被影响，口口相传还会让银行停止对公司放贷，或者提前通过强制措施扣划资金，所以反应往往是连锁性的。我们还没有看到哪一家公司实际控制人资金紧张官司缠身，而公司却蒸蒸日上的，很多时候是一荣俱荣、一损俱损。另外有些官司是上市公司自己的，对业绩影响巨大，在报表上是能够找到案件进展信息的，只是这些信息隐藏在角落里，容易被忽略。

对于担保，也有很大的风险，体现为为子公司担保和为外部公司担保的金额超过了公司本身资产安全的界限。前几年在农村，不明真相的群众为了一点好处给亲戚朋友做了担保，出现了连保危机。所以在现有上市公司中，如果其担保金额超过一定比例，需要注意担保风险。如果是为下属公司担保，还略微好点，因为通过财务报表并表，这部分担保形成的贷款还会反映在合并报表的债务栏，我们只要观察负债率了解资产的安全性即可。就怕一些公司对子公司进行选择性并表，担保形成的贷款又跑到了表外。

▲　图为三国经典桥段《火烧赤壁》，曹操犯了致命的错误，将所有的船连接在一起，铁索横江，让船看上去如平地一般。结果，当然是被一把火烧得干净。无限连带担保责任就是铁索，不着火能够增加公司稳定性，但是着火了就会烧成一片。

三、综合地看风险

我们前面讲的内容都比较好理解，例如折旧摊销和准备计提中的猫腻，相对来说有点小打小闹，我们也不想过多深入研究，反正这部分基于主观判断的项目提前计提损失就对了。比如我们想购买某个公司的股票，它已经小心计提了所有风险的准备金，这样我们就能知道其真实的盈利能力。上市公司有谨慎的财务数据表述会受到投资者的欢迎。所以在风险方面，投资者要力求做个保守主义者，只有“稳”才能“求进”。历史上但凡王侯将相逐鹿中原，首先要做的必然是巩固根据地，继而才是鲸吞宇内。投资者也一样，万不可一失足成千古恨。百倍千倍的股票，一只就够了，如软银孙正义大量的投资中只要有一个阿里巴巴，就足够了。

第七章

公司的外部风险 >>>>

关于公司的外部风险，我们在 PEST 分析及一些周期性分析的时候已有所提及，本章系统介绍一些外部风险。现阶段，中国股民面对的最大风险还是信息不对称，一个信息从国外传导到国内，会有时差，一个信息从公司内部流传到公司外部，也会有时差。有人可能会抱怨这不公平，但全世界的投资者或多或少都将面临这个窘境。面对不对称、不充足的信息，一方面需要努力挖掘，力争比别人知道得更早；另一方面需要努力分析，信息不够分析来凑，寻找他人信息分析中的不足和漏洞，利用这种认识上的差异进行突破。

一、消费价格指数

消费价格指数（CPI）统计局会按时公布，很多投资者分不清这个数据是高一点好还是低一点好，其实 CPI 是经济运行的结果，不会直接影响股市，其预示的是大趋势，这个趋势可以结合我们前面提到的美林时钟。CPI 也是经济政策的指导项目，其影响的不是投资者的决策，而是政策。

美国 CPI 以 2% 为界限，中国可能更高一点，也许是 3%。CPI 环比小于这个数值，货币政策一般体现为宽松。为什么美联储还没有看到 2% 的通胀就已经开始加息了呢？因为2008年金融危机期间花钱过头了，甚至祭出了夸张的负利率，美联储想赶在通胀到达2%之前做一点工作，而我国为什么利率政策能够如此稳定？因为我国的利率还是在比较合理的区间。如果CPI出现了大幅度上升，紧缩政策会到来；如果CPI不上升，则还可以维持一定的宽松。这就是全世界公布CPI之后考虑的两个方向，而CPI这个指数也比较人性化，趋势变化比较缓慢。观察大致趋势是上涨还是下降，再结合生活，就知道该不该投资周期股。

二、利率

我们能看到的是政策利率，我们看不到的是自然利率。美联储经常讲，让利率回归中性，这其中有两层含义：一是让利率合理化、正常化；二是利率能够让货币供给达到均衡，这时就有了自然利率的概念，即假设所有价格具有充足弹性，令总需求与总供给永远相等时的利率水平，我们可以理解为储蓄和投资相等时的利率水平。

有了自然利率的概念，就可以看清一个宏观现象，为什么要降低利率，又为什么要提高利率。就政府而言，其关注两个方面，一个是银行的存款，也就是储蓄，另一个是房地产和股票。如果大家的钱都在房地产和股票上面，银行的存款不足，基于各种原因，政府就会提高利率，让钱回流银行。如果钱都在银行存着，实体经济就会出现投资不足，这时政府就会降低利率，让资金从银行流出。这方面也可以结合通货膨胀理解，通货膨胀率过高，即银行以外的货币流通量太大，就需要让货币“回家”，通货膨胀率太低，即大家的钱都存在银行。

结合通货膨胀率和利率，我们就能够了解目前是处于扩张周期还是紧缩周期。这对于投资者的帮助是十分明显的，利率抬升的时候牛市不会来，大多数牛市都起源于利率政策的改变。

三、汇率

经济学上有个比较有名的三元悖论，也叫三难选择，见图 7–1。在开放经济条件下，本国货币政策的独立性（monetary policy）、固定汇率（exchange rate）、资本的自由流动（capital mobility）不可能同时实现，最多只能同时满足两个目标，所以要放弃另外一个目标来达到调控的目的。

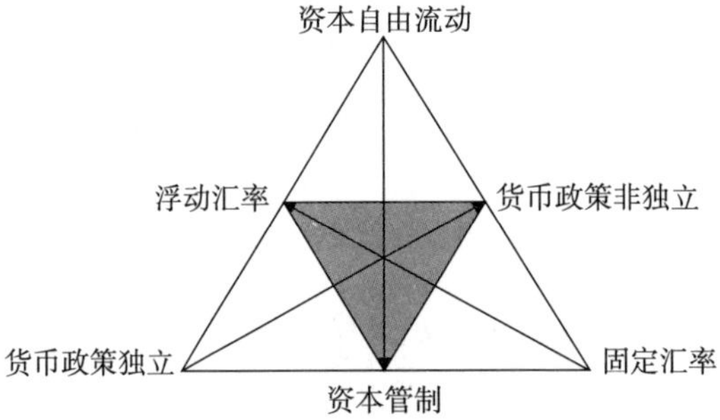

图 7–1　三元悖论

资料来源：相关资料整理而得。

在布雷顿森林体系解体的时候，全球也有一次普遍的三元悖论实验，各国纷纷限制资本的国际流动来保持汇率稳定和国家货币的独立性。

基本上任何一种货币都可以用三元悖论来解释。这对投资者有什么意义呢？首先，有助于理解货币国际流动行为的出发点，有利于在国际上寻找投资机会，未来 A 股将开通更多的通行投资方式，投资目标将从区域市场转向国际市场，所以要知道资本的流动方向。其次，很多公司依赖货币环境，当资本流入的时候，附带着很多产业的繁荣和复兴，当资本流出的时候，会带来经济的阵痛。

2018 年上半年世界经济大致上就是三元悖论的演绎场。大多数发生危机的国家，比如阿根廷、土耳其、意大利、委内瑞拉等，都是因为美联储提高利率后，这些国家的货币独立性不强，其本身资本又是自由进出的，如果要维持货币币值稳定，就必须跟随美联储加息，但是加息对于这些国家的经济又是不利的，资金会从股市和楼市流回银行，经济会下行，所以要么提高利率，要么动用外汇储备，要么进行资本管制。

四、产业政策

投资者都爱产业政策，产业政策指向哪里，哪里就红彤彤一片，产业政策的功过是非我们不关心，但是产业政策一定还会继续在我国的经济舞台上发挥作用。

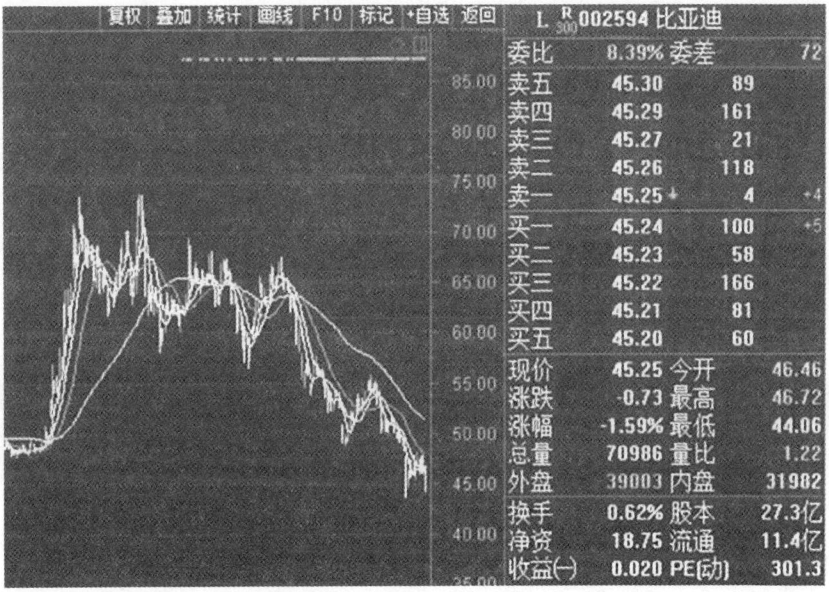

▲ 2018 年上半年新能源汽车略显萧条，原因是大量的补贴政策被调整，变得更加合理，这是好现象，但是对于投资者来说却不是。比亚迪从 73 元跌到了 45 元左右，业绩也同步下滑。当然从长期来看，淘汰了落后的小公司，对于比亚迪是有很大帮助的，因为其新能源的电池技术国内领先。

投资者要关注产业政策的调整，当政策开始纠偏时，就会影响行业内的业绩。我们认为光伏补贴的结束将给光伏公司带来一定的业绩压力。

不过若是政策没有调整，大多数无壁垒行业会形成产品过剩，会出现和产业政策方向相反的供给侧改革。这也是我们选择大健康这种高壁垒、高技术含量领域投资的原因。

产业政策出台后，我们一般考虑两个方面，一个是进入壁垒，另一个是退出壁垒。进入壁垒过低会让产业政策出台之后效果打折，因为这会吸引更多的竞争对手进入，而对于退出壁垒的抬高，会让一些资本进入之后被“瓮中捉鳖”，结果就是萧条期延长。

五、舆论

在舆论对公司造成了伤害，公司负重前行时，若伤害很快过去，那么在舆论狂热的时候就是买点；若伤害没有过去，而是不断在各方面影响公司的生产经营，尤其是影响信誉，则会导致公司上下游供应链的信誉受损，产生连锁的副作用。投资者如何区分这两种情况呢？

拳击手对垒，双方都伤痕累累，如何进攻才能让对手先于自己倒下呢？答案是朝着伤口继续砸下去，精准地扩大伤口，让其因为疼痛叠加而丧失斗志。

这一拳击策略可以用在舆论观察上面。如果这家公司并没有技术壁垒，主要是通过品牌营销来完成销售，那么如果舆论引发了对其产品本身的质疑，就会彻底毁灭这家公司。也就是说，公司起家如果靠品牌，那么品牌的负面信息就会具有很大的杀伤力，有可能使公司的良好势头被彻底逆转。如果这家公司是技术壁垒型的，那么公司专利所有权出现的纠纷是杀伤力巨大的，特别是公司仅依赖一两款产品打天下的情况。关键产品一旦暴露在舆论的火力之下，未来一定会非常麻烦。

所有的不利新闻关键看是否涉及公司“软肋”，公司对于自己的“软肋”一定会采取很多措施来掩盖，但是往往“欲盖弥彰”，例如造假的公司往往在事件初期矢口否认，而在弱点暴露无遗的时候忏悔。投资者切不可在此时心生怜悯，即使亏钱也要及时止损，规避更多投资损失，犹豫不决给公司找理由、编利好往往亏得更多。

六、贸易争端

2018年上半年的贸易争端让人记忆犹新，在这场贸易战中中兴通讯付出了巨大的代价。虽然中兴通讯有自身的问题，但是很明显，美方将贸易争端作为一个谈判筹码，在反复使用。

贸易争端无法预测，也无法避免，我们要做的就是无延迟、不打折扣地获得贸易争端的内容。可以明确地说，没有办法完全防止波及公司，只能从贸易争端的逻辑关系上去理解具体的影响程度，及时调整投资。

贸易争端中美方的需求是什么？我方的需求又是什么？比如我们之前谈论的中国应力主扩大进口而不是减少出口，这在很大程度上有所实现，那么我们就要关心进口的是什么。汽车的进口一定会冲击到国内的汽车行业，这一点毋庸置疑。即使股价有不同的解读，或者表现反常也不会改变这个事实。医药的进口也会冲击国内市场，但是大多数医药品，例如抗癌药，国内根本还没有生产，不存在进口竞争，对于研发能力强的医药公司反而是给予了对等进入国际市场的机会。国家在加快审批进口药物的同时，也加快了国内医药公司医药产品的审批速度，这对于研发类医药公司是一个利好。

当然未来还有很多事情要谈判，但是医药类和汽车类的关税政策已经基本确定，一些公司例如生产人乳头瘤病毒（HPV）疫苗的智飞生物大发其财，国内本来没有对HPV疫苗产品的需求，但如今这个需求被制造出来了，并且供不应求。所以医药领域大多数的进口并不是博弈，也不是此消彼长，而是创造性地开拓市场。有兴趣的投资者可以了解一下产权方面的知识，这就是知识产权的意义。没有进口的时候，国内医药公司的知识产权是不值钱的，如今开放了，大家的知识产权价值都得到了提升，变得更加值钱。

七、科技进步

五力模型中我们谈到过替代品，在历史浪潮中，新的淘汰旧的，苹果取代了诺基亚、感光元器件取代了柯达、液晶显示器取代了阴极射线管（CRT）显示器。我们已经见到了太多的替代品。在医药领域那就更加激烈了，各种类似药品的研发，各种对于专利药构成的改进，甚至进一步开发新的疗法。自从专利制度产生，技术就周而复始地改变我们的生活。对于科技进步，我们不能仅看到变化，还要思考一个问题：未来是不是我们认为的未来？有人认为人工智能会替代人类，有人说到公元某某年我们就有能力在火星上定居了，真是这样吗？

科技的大方向一定是向前的，但是并不一定按照我们预先设想的形式。20世纪美苏太空竞赛的时候，很多人已经开始设想20世纪末人类就能够在月球上建设基地了。可是万万没想到，20世纪末全球科技人员都在玩互联网，还玩出了巨大的泡沫。由于认知局限，互联网大佬们在那个时候也不会考虑到人工智能（AI）和无人驾驶。所以我们是顺着已知去猜测未来，这个未来并非我们想象的那样，虽然同样是进步，但是相差十万八千里。

比如日本发展等离子，韩国发展液晶。从当时科技的角度，显示器是从CRT进化的，液晶虽然比CRT和等离子薄，但是液晶在显示体验上远远落后，那时还没有量子点技术，所以基于CRT画质做提升是理所当然的进步。结果却是液晶赢了，大家喜欢超薄，宁愿牺牲一点画质。

同样的结果还体现在手机屏幕上，小屏幕还是大屏幕一直争论不休，苹果早期的手机屏幕都非常小，这是诺基亚时代延续下来的认知，在键盘时代，是越小巧越受欢迎。但是如今一切都变了，手机操作方式的演变使大屏越来越受欢迎，同时还发展出一些受欢迎的技术，比如快充技术、拍照技术。如今手机内嵌很多功能已经司空见惯，可 2008 年的人是很难想象到我们现阶段手机所具有的功能的。

科技有随机性，也有风险性。医疗健康产业的研发也附带一部分风险。一款新药可能连动物实验阶段都无法通过，即使通过了动物实验阶段，也可能卡在临床的任何一期，等通过临床三期拿到了批文，却突然发现世界上某家大型医药公司已经研发出更好的替代产品，于是投资就付诸东流。很多投资者看好贝达药业，因为其看家产品凯美纳属于创新药，当然这是相对来说的创新药，因为国际上有竞争产品。但是十分遗憾，贝达药业只有一个主力药品，其既要面对进口壁垒的降低，又要投入资金进行新药的研发，如果所有进口药品都被纳入医保，其价格优势势必进一步降低。所以种种压力都需要贝达药业研发新药，但是一直没有结果。后来贝达药业终于出手了，自研能力不足，就买了个叫 CM082 的药，已经进入了一期临床。很多投资者认为这是个利好，但是利好是针对风险投资者的，这个药从临床一期走到上市，路还是很长的，充满了不确定性，不同于恒瑞医药或者正大天晴的多样性，贝达药业的多样性是十分匮乏的，其一定程度上对这个买来的药有孤注一掷的意思。

我们并不是说贝达药业不好，能够研发出创新药的团队一定是优秀的，我们只是说这个新药的不确定性我们不愿意承受，而我们选择大型医药公司的原因就是它们的分散性研发也会分散掉一定的风险。

所以投资者投资高科技，除了认知以外，要思考一下未来的可能性，很多科技虽然酷炫，但未来市场并不大。香港有一个光启科学，其早先有款产品叫马丁包，能够载人飞上天，这个产品在周星驰的电影里就经常出现，只是一直都没有能够在技术上实现量产。如今，光启科学还是一家不上不下、业绩平平、故事多多的公司，能够看到很多炫酷的技术，比如隐身超级材料、光子技术、提供 Wi-Fi 的热气球，但是利润都不高。即使是热气球 AI 平台“云端号”，也不过是 Wi-Fi 加监控加热气球。

▲ “云端号”是一个集光学遥感、物联网监测、应急通信、大数据收集与分析于一体的驻留浮空平台。其由囊体系统、结构系统、测控通信系统、特设系统、任务系统、飞行保障系统、锚泊系统组成。浮空平台的囊体长 42 米，载重至少 400 公斤，可升到 2 000 米高空，由一根高强度光电复合缆绳系于地面锚泊系统。各种不同版本的“云端号”适合城市级应用，将在物联网超级平台、应急管理、城市安防、广播通信、交通、导航、气象、城市规划、应急事件管控、大数据分析等方面发挥作用，也就是说，“云端号”具有“超高铁塔”和“超低卫星”的功能。然而对于投资者来说，这和亚马逊的空中售货机一样属于概念性产品，蕴含很大的投资风险。

未来领域充满未知，投资者不能仅看收益不看风险。贝达药业如果收购的新药能够进入三期，那么确定性会略微放大，投资者也可以考虑适当关注。对这个新药要做市场需求调查，了解这种药的患者渗透率是多少后再看是否可以尝试投资。

八、不公平的市场竞争

中联重科和三一重工的竞争、华为和中兴的竞争、加多宝和王老吉的竞争，各种竞争形态各异、花样翻新，可口可乐和百事可乐的百年之争也能打出惺惺相惜的感觉。正当竞争无可厚非，但是世界上并非所有竞争都是正当竞争。如果两个公司打起来，面对口水战和营销对骂，作为投资者该帮谁？个人的经验是离得远远的，人生可论对错功过，但是公司不需要，竞争若是需要法律公断，自会对簿公堂。

如果遇到了垄断公司烧钱杀价挤出市场呢？例如网宿科技，有段时间我们小看了其烧钱的杀伤力，然而当 BAT 都杀进来之后，这个市场其实已然是一片红海了。这个错误的判断也教会了我们不要单纯从财务报表上去做预测，一家资产负债表良好、净利润良好、现金流量也良好的公司完全可能因为竞争对手的挤压而出现长期颓势。

所以，面对不公平、不对等的竞争和红海市场，我们要说不，如果之前踩进去了，之后则要努力纠正，让自己摆脱困境。

可见，选择一个良好的行业和方向是多么重要，在红海市场赚 1 元和在蓝海市场赚 100 元，有时候难度近乎相同。

九、法律

很多触犯法律的公司，突然就破产了，我们总是劝诫上市公司不要踩法律的红线，但是有时候这些劝诫往往是马后炮，谁也不可能在一个公司没有出事的时候去讨论违法乱纪的事，投资者本身更无从知晓。所以，我们在法律方面有两件事情要考虑：①执法是否涉及公司核心竞争力。②公司是否可以继续经营。很多时候停牌制度使我们来不及反应，流动资金被冻结，继而就是漫长的停牌，而开盘后还是逃不过那一刀，这是比较无奈的事情。但是投资者至少应该在信息尚不明朗的时候提前规避这些公司。

十、外部风险因素总结

一般来说，一个公司年报中必然会总结可能面临的风险，但投资者要清醒一点，公司不可能把致命的风险暴露出来，总结的都是看得到的经营风险。在流动性紧张的公司里，往往没有提示流动性问题；在拥有很多担保责任的公司里，也没有列示担保风险，更不用说宏观面对于公司的负面影响。所以投资者除了要阅读公司财报，还要搞清楚其业绩和外部世界的相关性，这个相关性往往是多方面的。对于一个公司，任何相关方都是重要的，甚至并不相关的网民也是重要的。这方面华为的任正非就表现得很好，他个人没有在公开场合发表过激的言论，也告诫员工尽量不要贬低三星或者高通这些对手，华为也不和员工谈责任情怀，干多少就会匹配多少收益。一家公司通过股权激励和岗位激励能够发展成中国最优秀的公司，足见市场竞争才是最好的资源分配方式，利益能够激发人的潜能，提高公司的效率。

第八章

综合决策过程 >>>>

前文已经有定性分析、定量分析、风险分析，似乎可以得出结论了。但是，不要忘记投资是一个复杂的过程，按部就班最后往往还是不知道该如何决策。一个公司有若干优点，比如国家政策支持，但是也会有缺点，比如技术壁垒不高。我们该如何罗列这些信息来支持相关的投资决策呢？

投资是什么？投资就是要解决以下问题：是否应该在某个时间以低于多少的价格买入某只股票？即买不买？什么时候买？什么价格买？买什么股票？

一、买不买

“国际经验表明，如果从 50~100 年时间跨度看，股票、房地产、国债、黄金四方面投资收益，最高的是股票，第二是房地产，第三是国债，最后是黄金。”在“2018 清华五道口全球金融论坛”上，重庆市原市长黄奇帆如此表示。

“假如你在 1942 年买股票，就买标普 500，买 1 万美元，这些钱现在会变成多少呢？是 5 100 万美元！你不需要每天看股票的涨跌情况，就静静等着那 1 万美元转换成 5 100 万美元。”巴菲特曾在股东大会上举着一张 1942 年的《纽约时报》如此表示。

常识告诉我们，长期来看，股票的投资价值是高于其他一切投资品的，甚至高于艺术品的平均表现，只要是开放经济体，最终都是这个结果。但是短期来看，股票又处处充满了风险。2018 年全球投资者就曾感受到来自各方面的压力，忧虑的投资者提出了几点悲观的证据：

（1）美联储加息才刚刚起步，未来美联储还将缩表，如果美国的利率是上行的，那么全世界其他国家也一样，资产的价格就会下降。股票说到底是一项资产，最终价格也会跟随宏观大趋势。

（2）日本当年的经验在一定程度上引领了我们对于未来的预期，很有可能日本的过去就是中国的未来，很多人在宣扬日本当年的惨状，似乎感同身受。

我们先看第一条，美联储加息和缩表的确导致了资本外流，其实各国都在现实演绎三元悖论。但是要关注一点，大多数国家并没有受到太大的影响，所谓新兴市场危机重重的错觉，只是因为我们天然喜欢盯着各种事件看。索罗斯曾经说过："世界经济史是一部基于假象和谎言的连续剧，要获得财富，做法就是认清假象，投入其中，然后在假象被公众认识之前退出游戏。"因加息和缩表压力增加的国家，往往是其本身就有经济问题，这些问题之前由于美元宽松溢出而被掩盖，当美元"潮水退去"，大家自然看到了"裸泳者"。但是所有人都习惯盯着"裸泳者"看，而忘了大多数人还是穿着衣服的，国际炒家和对冲基金正好借助了这个关注点来放大"裸泳者"的问题。

可以看到，欧盟的利率远远低于美国，德国的国债利率也非常低，但是同属于欧洲，意大利的国债利率却越来越高。所以说，并不是美元的加息和缩表有什么问题，而是只要保持经济稳定，大多数国家就不会有问题。我们国家有 3 万亿美元的外汇储备，要如何大的当量才能撼动我们国家的经济？

我们再看第二条，日本当年的确经历了一次阵痛，但是日本真的有这么惨吗？至少有两个方面说明日本并不是想象中的那样：一方面，1995 年日本人均 GDP 达到峰值的 41 927 美元，而这个数字在 1990 年是 24 576 美元，之后在萧条的漫长岁月里，日本人均 GDP 都没有低于 30 000 美元，也就是说，日本经济是停滞了，但是没有明显衰退，这期间日本还伴随着严重的老龄化和资源匮乏。可见，日本人很多不公平的感受其实是由财富不均衡导致的，制造财富的能力并没有改变。另一方面，日本的海外投资世界第一。根据日本财务省的数据，2016 年日本持有海外资产 3.11 万亿美元，而中国只有 1.86 万亿美元，这么多年的萧条，丝毫没有影响日本人海外投资的“老大”地位。所以很明显，我们又一次被“裸泳者”吸引了目光，媒体一定会报道窘迫人的生活，因为那更加富有争议性，顺便可以拷问一下人性。但事实是，日本人看到了本国投资的局限性，没有资源，地域狭小，转而谋求了更多的海外投资和海外业务。

综合以上两点，投资者需要有一个清醒的认识。全世界的利益相关者都有个通病，就是放大利好和利空，当政府减税 1%，股市就会预先上涨 10%，而当政府加税 0.5%，股市也会预先下跌 10%，实际的波动往往会对事件过度反应，所有的国家、所有的资本市场概莫能外。趋势是什么？趋势就是胜利的一方乘胜追击，失败的一方以退为进，直至反转。很多投资者习惯站在胜利的一方，的确很多时候也是成功的，趋势性投资都是突破后追涨，并且持续加码。所以电脑自动交易会造成一定的灾难，因为它们都是追涨杀跌，所不同的是系统的灵敏性，1987 年美股崩溃的起源就是自动化交易。

所有人都在追趋势，但为什么只有少数人赚钱？原因很复杂，根本上说就是因为大多数人放大了“繁荣谎言”和“危机论”，结果自己说得自己都相信了。在次级贷危机爆发最猛烈的时候，最聪明的投资银行大量买入次级贷，想要从中获利。所以，只有看破谎言的投资者才可以生存，在这方面，索罗斯和巴菲特分别选择了两个方向。

索罗斯有本书叫《金融炼金术》，实质上就是一次周期性投资的记录本，其记录了 1982—1985 年美国资本市场的趋势，以此证明一种哲学理论在股市上的运用，那就是“反身性”，简单地说就是事物的相互影响性。一只股票股价上涨，会影响这个公司的业绩，这个公司被乐观情绪包围，更多的资本追捧这个公司，然后进一步推高公司的实际业绩，业绩上升又反过来使股价进一步提升，大家看到预期变为现实，更加乐观。直到有一次预期落空了，大家一哄而散，空头乘虚而入。

索罗斯盈利的法则就是先助推，再揭穿谎言，然后再反方向利用自己的影响力制造新的谎言，来延长自己的盈利时间和空间。

巴菲特的策略则不同，巴菲特说过自己是 85% 的格雷厄姆和 15% 的费雪，也就是说他大部分时间是在追求安全性，在保证安全性的前提下追求成长性，所以巴菲特经常需要等待索罗斯说的这样的对冲基金把价格用谎言推向低廉，然后机会就显现出来了。若这个世界上都是理性的人，大家都聪明地知道如何低买高卖，没有恐惧和贪婪，那么巴菲特也不会有机会。但是世界并非理性人的世界，人类社会永远伴随一种“动物精神”。巴菲特和索罗斯就在世界繁荣和萧条的两端分别等待着“猎物”。

▲ 相比于众所周知的巴菲特，大家遗忘了索罗斯，因为从姿态上看，巴菲特是天使姿态，而索罗斯是恶魔姿态。索罗斯所到之处一片狼藉。巴菲特和索罗斯只是在价值的两端，索罗斯寻找高估，巴菲特寻找低估。

即使对公司的分析不是很到位，也可以利用他人的非理性来获利，这并不需要很长的等待周期，股市天天都会有利好和利空。我们更倾向于对利空进行分析，如果利空并不伤害一个公司的核心利益，那么当这个公司股价稳定且低于内在价值的时候，果断出手，即使没有巴菲特的准确性，也可以做到八九不离十。

那么买不买股票呢？首先，长期来看，没有什么投资方式能够好过股票，选择股票是不会错的。其次，从阶段性来看，机会永远是存在的，缺的只是看透机会的能力。最后，股市里还有很多诸如恒瑞医药、贵州茅台、腾讯控股等长期向好的股票，它们已经证明了自己的盈利能力，未来将进一步证明。我们即使不是很明了机遇为何物，但是在保证安全性的前提下，只要遇到一只这样的股票就会改变财富状况。所以股票一定要买，是牛市还是熊市也因人而异。

二、什么时候买

"这么好的股票，买到就是赚到，买就对了。"大多数时候，我们都面对这样的过度推介。比如恒瑞医药，打开K线图，基本上任何时间买入都是对的，又比如贵州茅台，道理也大致相同，世界就是如此奇妙，我们总是在一件事情上多次犯错误。

如果任何时间都可以买入，那些牛股如今的市盈率一定不是几十倍，而是上万倍，或者无限倍。虽然市盈率非常高，但是恒瑞医药和腾讯控股这样的牛股市盈率都没有突破100倍，腾讯的市盈率基本上是贴着40倍走势，然后通过业绩抬升来跟进股价。所以说，我们被谎言再次带了路，谎言用历史的价格波动，或者少数股票的表现来夸大所有股票的可能性。

对于买入股票，我们分两段看。巴菲特说自己是85%的格雷厄姆，这个好理解，85%的股票需要等待，不是等待便宜，而是等待非理性的抛售。当确定一只股票长期稳定，而且利润实现也很稳定时，我们就用逆向的投资方式，等待非理性的出现，即要么是因为宏观层面的恐慌，要么是因为个股出现了利空消息，而这些利空又并不致命。这里有几个关键点：

（1）确定公司是稳定的。考虑到在最坏的情况下，公司能够坏到什么程度，如果没有这个考虑，那么也许会买到即将倒闭的标的，甚至因为无目的的加码，影响现实生活。

（2）参照量化估值。一些谨慎的做法，诸如15倍市盈率，诸如PEG小于1，都可以成为很好的参考标准。不要觉得市场不可能这么便宜，只是很多便宜的标的没被发现而已。

（3）舆论冷却也可以作为一个利空买入的参照。一般来说，这个过程可能长达几个月甚至一年，以至于投资者会忍不住在利空还没有完全释放的时候杀进去。一般来说，导致净利润下降的短期利空会在下一年年报出现后逐步改善，有些跌势会持续一年，所以要么就阶段性买入，要么就再等一年。当习惯了等待，很多事情就顺理成章了，就好像存酒一样，今年喝去年的酒，明年喝今年的酒，年年有酒喝。

（4）防止负债过高。我们看到部分标的满足前述几个条件，比如部分房地产标的，如今来看是稳定的，舆论也偏冷，而且维持了很久，但是负债却超过了80%，这是个什么概念呢？美国的银行平均资产负债率是89%，而我国有一两家房地产公司负债已经突破了85%。所以，在这一类标的中负债指标一定要单独考虑。同理，金融业股票大多数也满足前面三项原则，但是负债率使其业绩没有参考价值。那么这类公司看什么呢？应该看经济的周期性，或者信贷的宽松程度。当股市到达冰点，一家证券公司可能市盈率达到数百倍，但如果货币政策掉转方向，它的业绩会迅速重新崛起，因为无论是开户人数还是投资业务都在盈利，这样在经济扩张的时候就能够保持很好的业绩，市盈率会重新变为个位数。

以上是85%需要等待的股票买卖，大部分是看非理性，少部分是看宏观周期，总之这部分标的不具备太多的成长性，因为大多数上市公司都是偶然才有好年景，在时间的河流中，总体上表现平平。

巴菲特所说的另外15%，也就是成长股的投资，买入时间则不同。的确，看恒瑞医药的日K线，除2015年随大行情有一定的波动外，大多数时间，或者说这十年来都是持续向上的。打开报表，发现这是家很优秀的公司，几乎没有负债，而且更令我们开心的是其资本化率很低，大量的研发已经在当期扣减了净利润。另外，其研发的产品又是多个重磅产品，还有政策的春风，例如新药审批加快。

早期的投资者当然是乐开花，即使在一年前买入，如今持有恒瑞医药也没有任何心理负担。但是现在看着眼馋的投资者就比较痛苦了，如果这个过程没有结束，是否就要完全错过这个大牛股了？有人也许会想：十年已经50多倍的涨幅，搞不好未来还有50多倍呢。

买入这类股票的最佳时机，就是在没有人关注、长期低迷的时候，这个时候大家热衷炒概念股，而买入价值股是最理想的。这种买入是分析师式的投资，真正的分析师能比一般投资者更早发现牛股。如今国内很多分析师热衷于推波助澜，当股价上升到一定程度，继续释放乐观情绪，让更多乐观的投资者来接盘。当然推荐好股票是可以的，这属于价值再发现。如几年前很多人以为恒瑞医药只是个仿制药公司，和国内大小药厂能力相仿，但是如今我们看到了其仿制药向创新领域进发的可能性。分析师发现了恒瑞医药的新价值，于是继续助推到更高的估值，让其看上去像一家高科技公司。

如果点踩对了，当然皆大欢喜。如果点没踩对呢？

任何行业，即使是万年长青的行业都会出现萧条，都会有风险，我们不能过高估计任何一只牛股。巴菲特依然没有去投资特斯拉和亚马逊，其投资成功的秘诀与其说是点石成金，不如说是一种进取性的保守结合了一些务实态度。巴菲特为什么投资苹果？巴菲特投资苹果的时候其市盈率仅10倍多，这已经非常符合格雷厄姆的教诲了，巴菲特按照规矩买入了科技股。同样，对于舆论一片叫好、看不到一点利空的股票，还是需要等待的，即使错失了机会，也要等待。

如果觉得虽然舆论很热，但是大多数投资者并没有完全理解这个公司的业务，则还是可以投资的。阿里巴巴在美国上市就是个不错的例子，舆论足够乐观，但是舆论的声音大多数趋向于阿里巴巴可能销售见顶了，它的优秀是十分有限的。美国投资者按照这个逻辑，没有看轻阿里，给予了较高的估值，但是也毫不留情地在其后打压股价。

可以考虑这么一个事实，美国人本来是不用淘宝的，他们相信亚马逊，觉得淘宝的模式在未来必然会被亚马逊打败，但是他们又艳羡于阿里财报上体现出的扩张力。这时，中国的投资者就具备了信息优势，乐观的方向是对的，阿里不仅只有一个淘宝，还有多种好东西，而亚马逊虽然强劲，但其舆论的乐观是充分的，大家已经看到了所有的好消息，那么任何一点不好都会是反预期的。

在医药领域尤其如此，比如吡咯替尼。普通投资者倾向于对照之前销售的阿帕替尼，每年能够给恒瑞医药提供 5 亿元左右的销售额，而专家可能更看好吡咯替尼，因为从临床数据看，吡咯替尼的效果比其他同类药疗效更好，所以他们会预估出病人的渗透率，也就是使用者数量很可能超过其他同类进口药，而国产药价格又有竞争优势，这就是一个认识上的递增过程。

除非专业，否则还是要遵照原则买卖。这种专业是需要长期的积累和了解的，我们也试图给投资者讲解医药行业，让其更加专业，但是事实上学习还是要看兴趣爱好。大多数投资者对我们的方法论有兴趣，但是阅读枯燥的技术资料并不是外行能够做到的，不要强求，不过如果有这个条件，还是读一读的好。

三、什么价格买

买入时间并不是指精确的时间点，而是一个时间的区间，不存在能够精准抓住的转折点。有时候我们运气好，就好像2015年6月的时候我们的确提示了风险，后来也被验证了，但是不否认有些明显的转折依然是个判断区间，我们看到了明显的泡沫，也知道泡沫可能要破裂，但是什么时候破裂，是没有具体时间点的。所以具体什么价格买，不是说时间节点和条件一旦达成（比如市盈率下降到15倍以下）我们就一定要满仓出手。

合理的做法是，保留一部分安全边际。格雷厄姆对于价值投资的表述是，靠近10倍市盈率的投资是有价值的，高于20倍是有风险的，15倍市盈率的股票价值和价格类似，投资者选择买入的价格应该尽可能使市盈率靠近10倍，也许是12倍，因为有可能永远也达不到10倍。所以我们需要锚定价格分仓买入，在达到价格区间的时候，进行渐进分批式加仓，而在价格突破一定值的时候，停止继续买入。比如，东方明珠是一只缺乏成长性，但业绩长期来看还算稳定的股票，我们发现其有一项股权激励，如果东方明珠的员工为公司服务七年，将可以以12.79元的价格买入东方明珠的股份。

如果股价低于12.79元，对于一家传媒行业的上市公司无疑是灾难，因为这类公司以人才为主，需要留住更多的人才，所以长期来看必须实现激励，公司也不愿意看到股价低于激励价格，东方明珠的净资产每股是10元。如果改变激励价格，很可能会低于现有的净资产，这对于一家净利润长期为正的公司又是不合理的。所以，大致认为股价13元是安全底线，2017年公司净利润是每股0.85元，0.85的15倍正好是12.75。

所以，东方明珠的业绩可以围绕13元做一个模型，从13元以下开始定投，一直定投到15元停止，等待其股价跌入13元以下再开始定投，周而复始。如果股价长期低于13元，那么也没什么问题，因为15倍的盈利能力还是可以维持的，至少比银行存款更加划算，而且员工持股低于激励价格的话，会更加倾向于努力工作来实现资产的保值增值，不然七年后他们这部分收入就不存在了。如果股价向上突破后不再回头，我们则可能因为买入过少损失了机会。

实际上，东方明珠在2018年上半年没有达成这个目标，最低的股价是

14.35 元，但是，我们的能力只能看到 13 元的参照点，如果我们发现了东方明珠无形资产方面的优势，比如品牌能够支撑其更高的估值，也许可以将 13 元的轴心再往上挪一点，或许围绕 15 元实施策略更加合理，也就是 15 元以下定投，到了 18 元以上停止定投，如果股价回归则继续定投。这个方法是没有问题的。我们严格遵照锚定的价值和价格的均衡点买入，然后进行长期而坚定的持有，如果能够到达目标价，七年后，这笔投资应该能获得稳定的收益，比存在银行好很多。

这适合大多数投资者，特别是当一些标的价格长期低于价值时，我们可以花时间等待。所以投资者要有固定的职业，收入可以源源不断支持定投，当寻求这种稳定的时候，往往还会有惊喜，便宜而稳定的资产不仅仅是差价，随着价格认同者的增加，有些公司还会被并购，或者被主动回购。

但部分投资者不喜欢这种投资方式，觉得其能够估计出具体的底部形态，并且能够配合宏观和行业分析做出决策。这个时候，我们建议将大部分的买入放在交易的右侧。

例如把东方明珠的轴心定在 15 元，当其跌穿 15 元的时候先买入小仓位，等到其触底，价格开始明显呈现上升趋势的时候，再买入剩余的仓位，但是这个时候成本必然比定投高，也许第二次买入的价格已经在 16 元了。为什么呢？因为一次性满仓策略是没有“后备军”或者“预备队”的，不可能精准地买在底部，只能通过趋势估计让投资处于一个相对安全的趋势当中。

一步满仓的投资从根本上来说是缺乏理性的，理论上价格永远围绕价值，但是谁也没有明确过这个围绕的时间有多长，幅度有多大。当投资者买入后股价继续下挫又没有后手时，其很容易因为价格对本金的侵蚀心绪不宁，并自我否定正确的认识。所以，一次性满仓需要配合一定的“势”，也就是技术上的转向，比如头肩底结构。但是定投者就不用管价格下挫的深度，只要抱着“大不了就当存银行了”的心态以退为进，长期持有更加容易成功。

部分投资者可以提高一下技能。好公司往往有大量的无形资产，这些资产并未通过报表计量，而是大量存在，并潜移默化地影响公司的各个方面。为什么格力可以有如此多的经营性负债，占用供应商的资金？为什么茅台能够供不应求？因为它们有很多附加的无形资产，基础性估值是不足以体现其价值的，我们需要对其价值进行一个向上的赋值。

从经验来说，我们依然是相对保守的向上叠加。之前我们说过 PEG，大多数国际上通行的做法是 PEG=1 就是价值均衡点。这中间是三到五年的增长率，一般来说投资者无法看得更远，因为大多数行业都是周期性的，每个行业都会面临衰老。但是有些行业周期比较长，比如医药行业。我们看到了老龄化趋势和中国医疗开支长期上升，那么这类公司的天花板就不会在三五年内到来。老龄化是一个长期的过程，继续用这个估值会过于保守。所以我们采取另一个简单的模式，预计一个公司高增长率的年份。以恒瑞医药为例，我们采样中为五年高增长，如果觉得低估了，就将增长期限扩大到十年，如果预计恒瑞医药未来的持续性增长是十年，那么我们计算 PEG 的参照就应该是 2。

当然更加谨慎的方法是用预期的方式计算未来现金流现值，方法依然是我们前面列举的方法，关键问题是变量太多，计算过于复杂。

四、买什么股票

我们似乎解决了"买什么股票"的问题，本书建议我们购买医药股，后面还会介绍很多医药方面的内容，也建议大家使用投资组合。这里要强调一点，没有人可以"克隆"他人的投资，即使买入的股票是正确的，投资者也应该用自己的分析系统得出结论，通过了解行业信息来提升自己的投资技能。我们遇到很多这样的情况，投资者在买入股票的时候是外行，后来逐渐进化到"半瓶水”的程度，然后认为自己足够了解相关公司，但是后来情况变了，由于其屁股已经坐在了多头的位置上，就如同得了斯德哥尔摩综合征，也开始接受这家公司的各种问题，并编织各种理由来解释。

锁定账户是否真的会如很多人认为的那样一定盈利？我们已经听了很多这种说法，在股市低迷的时候，有人买了股票，然后忘记了账号，结果若干年后打开账户发现涨了很多倍，欣喜不已。这种情况存在，但是并不普遍，十年一轮回，十年前风生水起如今销声匿迹的公司也很多，未来还要推进更加严格的退市制度，到时候就不是市值的问题了，有可能钱财和股票都会不存在。

所以告诫投资者，不要不闻不问，要关注公司的动态发展和行业变化，要区分各种信息的影响程度。但是话又说回来，过度关注会让部分心态不好的投资者因为价格而做出错误决策，比如卖出牛股。这并不只是一般投资者会犯的错，李嘉诚家族对于腾讯控股也是一样犯错，这并没有什么可丢人的。我们的建议是尽量排除价格干扰，当买入条件合理，公司蒸蒸日上，就不要管那些边边角角的信息，甚至短期一两年增速下降都不是问题，直到判断的优势发生逆转。比如我们对于恒瑞医药看好的是技术，那么在其技术没落之前，增长应该是可以稳定的。

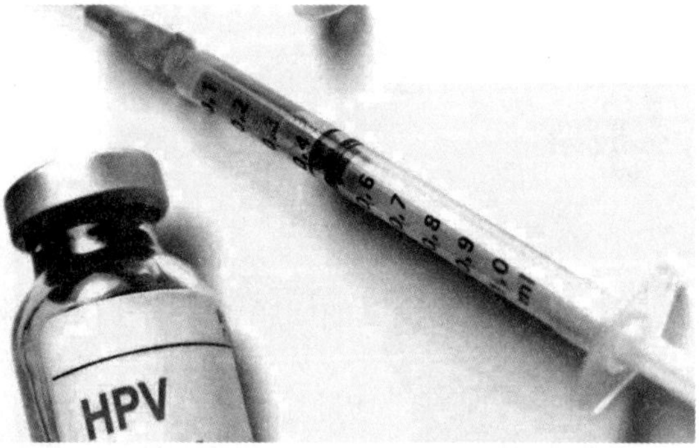

▲ 我们看好智飞生物的是它的HPV疫苗代理，那么只要其代理权没有被收回，患者还在排队，就没有大问题。所有高成长公司都有业绩的催化剂和推动力，我们要找到关键的推动力，然后只关注这一点。

脸书在美国因为隐私问题广受质疑，但是这个有影响吗？这并不会产生太大影响，其在社交领域仍然具备活力，用户还在使用脸书。如果对于隐私的质疑导致大部分外国人卸载了 App，转而使用了微信或者 INS，那么脸书就彻底凉了。

五、补充几个点

（一）关于创业板的看法

按道理，创业板应是纯粹的创新公司，但是事与愿违，创业板中有大量的公司实质上并非创新公司，比如温氏股份，养猪和创新的关联真不太大，所以我们对于创业板代表创新的看法在未来相当长一段时间内要纠正过来。早期的创业板，特别是 2013 年，虽然很多公司并不出彩，但那时候的公司还可以算创新公司。创新公司的风险大家也知道，虽然代表更多机会，但也代表更多的风险。如今的创业板，稳定性增强，实质上和主板及中小板类似。

我们说这个的目的是告诉投资者，创业板的机会在于关注单个标的，而不是整体性的指标性投资。创业板指数的机会大致要到新三板对接创业板之后，未来创业板可能会成为新三板的顶层，差的公司退入新三板，好的公司升级到创业板，那时创业板的质量将大幅度提升。

很多投资者是反感注册制的，注册制不能保证所有股票上升，可能还会刺破更多泡沫，但是对于投资者来说却代表投资渠道增加、选择增加。例如 5G 领域，在 A 股只有中兴，然而我们肯定更想购买华为的股票，但却不存在这个机会和渠道。所以，现阶段将科技股和创业板区分开，有条件的投资者可以申请新三板的交易机会，那里面还有很牛又很便宜的标的，未来也许还会对接创业板，成就真正的中国纳斯达克。

（二）关于新股的看法

投资者可以参与打新，但是不要参与二级市场“抢帽子”游戏，或者叫作“击鼓传花”游戏。这又是个比较有特点的现象。我们曾经看好华大基因，但是华大基因已经十多个涨停了，我们不可能容忍过高的泡沫，然而“抢帽子”的机构并不这么想，其用类似索罗斯的方式推高价格，让大家跟风，让华大基因股票成为稀缺品。

没有哪个公司靠上市达成根本性改变。我们所见的部分公司上市后高管抓紧离职，股票全部质押，那些雄心壮志在套现离场面前都显得很脆弱。假如我是一个创业者，公司刚上市泡沫纷飞，我看到了这么多金子，而且这些金子可以通过离职、质押提前拿到和使用，我觉得自己也不一定受得了这个诱惑，心中会有一个声音反复呼喊：“创什么业啊，财务自由了啊！”

所以过高的股价有百害而无一利，华大基因的股价在150元附近，其最高时曾经达到261元。这看上去已经惩罚了一部分高估值的追捧者，但是我们依然没有笑的资本，因为距离刚上市第一次开盘的109元还是涨了很多。接下来或许还会如我们预期的那样回归到一个合理的股价，但是我们依然错过了一波短炒的机会，因为华大基因是我们最早看好的，也是最早担心泡沫的。不过总体上不后悔，因为事物不该唯结果论，过程上没有犯错误，决策和判断都是对的，华大基因就是高估了。

另外，破发的股票能不能投资呢？我国IPO的价格并非市场化的，是根据某个财务数据硬生生确定的，这存在大问题，因为上市公司必然追求高市值，所以公司也许会为了上市暂时提高利润。破发依旧不是买入的理由，要对股票进行重新估值，按照自己习惯的方法，不要受到价格的干扰。

（三）关于金融股的看法

金融股在我国被看作价值投资，从资产的市盈率和市净率来看的确如此，数据上简直就是价值投资的典范，但是我们这里想要投资者清楚一点，金融股是风险的吸附者，吸附社会的大部分风险，所以要注意整体经济的景气程度。这方面仁者见仁，智者见智，有杞人忧天的，也有盲目乐观的。

个人的看法是，金融股还是顺着低利率的方向走，只有政策宽松，各金融公司才有钱赚，那些借钱的公司才可以多渠道筹措更多的资金还债。所以金融股投资的前提一定是政策利率宽松。

（四）关于注册制的看法

注册制的到来，吸引了我们的注意力。建议投资者不要错过任何一次机遇，市场变化才是盈利的根本。注册制本身是引导市场趋同于国际上成熟的资本市场。如果退市制度通畅，那么未来可能会类似于美股；如果退市制度不够通畅，那就是类似于港股！

现在大概率趋同于港股。我们发现港股的特点就是追求头部上市公司的股票，比如腾讯控股、中国生物制药、小米集团、美团。市场很好地区分了仙股和牛股，泾渭分明是港股多年博弈的结果。IPO 多，流动性不能满足所有上市公司的股票，很多股票维持不了较高的市场估值，即使操纵股价，成本也很高。所以，所有模棱两可、业绩忽上忽下、分红时有时无的股票，一律抛售，成为仙股。A 股实行注册制之后，大体也是如此。

实行注册制之后，实际上新股溢价还存在，这是个时间问题。有新股溢价，投资者依然要努力打新，多多益善，又不用什么成本。但是不要参与新股二级市场买卖，除非新股上市没有出现泡沫。

预计新股溢价的消失将是非常突然的事，所以要抓住打新的尾巴。

第九章 医疗行业概览 >>>>

医疗行业是细分最丰富的行业，门类非常多，且每一个门类的内部都有其他细分门类，门类之间还相互交叉。由于其过于庞杂，所以我们并不是所有门类都看好，我们看好医疗行业里如下几个门类：仿制药研发制造、医疗服务、医疗器械研发和制造、医药零售渠道、创新药研发、生物制剂研发和制造、基因大数据、CRO 技术外包、医院信息系统、互联网医疗。我们不看好的有：无研发能力的仿制药、传统医药、保健品、中间体和原料药生产商、医药代工等。很明确的一点是，我们并不是无差别在讲百倍千倍股，老实说，现阶段或者未来很多医药公司不是更好了，而是危机重重。我们看好的大部分公司都行情尚可，当然也并非百分百正确。就投资的正确率而言，全球第一的巴菲特也有看走眼的时候，如国际商业机器公司（IBM）和富国银行的表现就不佳，虽然这并不妨碍他继续在投资界保持圣人形象，但是人终归不是神。

一、仿制药研发制造公司

仿制药是什么？按照美国 FDA 的说法，仿制药应该是专利药专利到期后申报的药品，其必须满足如下几个条件：

（1）含有相同的活性成分，可以含有不同的其他成分。

（2）和原专利药的适应证、剂型、规格、给药途径一致。

（3）生物等效。

（4）质量符合标准。

（5）通过生产管理质量规范认证（GMP 认证）。

除了到期仿制之外，世界范围内还有另一种方式突破专利药壁垒，就是寻找类似的但是没有申请专利的化学结构，这也是以原来的专利药为基础进行分子式改进，并且提升原来专利药的活性或者具备药代动力学特征（比如线性消除）。这样就可以节省大量的专利研发成本，直接获得专利。我们将这类等效于之前的专利药，或者略有改进而获得专利的品种叫作 me-too 药。如果改变促使药物效用明显提升，甚至替代了原来的专利药，那么这个药就是 me-better 药，me-too 药和 me-better 药并不需要等待专利到期就可以和原来的专利药一起进行审查销售。

我国还有原研药的概念，就是专利保护期已过的进口药，具体指的是化合物专利过期的药品和未能申请中国专利而在中国首次上市的药品。后者涵盖一些仿制药，比如 me-too 药，所以原研药大部分是过了专利期的进口药。

为了鼓励创新，原研药在中国是受一定保护的，其实是专利期以外的保护。从疗效看，原研药整体好于仿制药。世界范围内很多仿制药质量都超过专利药，但是因为仿制药之前在我国的通过标准比较低，我国的仿制药疗效和品质不高，又因为恶性竞争，在成本上互相博弈，所以患者对国产仿制药不满意。于是产生了仿制药的一致性评价，就是找同规格、同种类的原研药作为参照标准，以这个标准检测现有的仿制药疗效是否达标。国家规定在 2018 年底前完成 289 个品种的一致性评价，淘汰劣药，保留良药。这样做的好处是提高仿制药的品质。在这个过程中势必会淘汰很大一部分现有流通的药品，而一些不符合规格的药品尽管疗效还好，规格也要进行改进以符合对照要求。

我们可以看到仿制药一致性评价的结果。药品市场是一个必需品市场，很多产品退出市场就会导致需求无法满足，那么，通过一致性评价的公司就会抢占未通过公司的产品市场。例如华海药业的投资逻辑就是如此，因为在前几批药品通过名单中，华海药业的通过率最高，原因是其早先和国外公司办过合资公司。如果我们的一致性标准是基于某家国外公司，那么它只要推进自己药品的仿制药即可，因为对照的药品也是自己的，最后仿制药就只剩下自己那一款。所以拥有合资经验的仿制药研制公司，将是这波浪潮的主要受益者，在这方面恒瑞医药反而受益比较有限。

仿制药一致性评价并非仿制药研制公司的利好，这是一个明显的利空。这个利空的结果是改变现有竞争格局，让一部分公司先发展起来，增加集中度，而另一部分公司真有可能“走麦城”，而且从比例来看，淘汰的占比还比较大。

对仿制药研制公司影响最大的就是一致性评价。这时候可以再想另一个政策，进口药取消关税，进口抗癌药降低增值税。要知道，其实我国的主要医药研制公司都是仿制药公司，如果进口的是专利药，基本上是没有冲突的，或者冲突很小，顶多一些在研新药的尝试可能会付诸东流，但是总体上不会影响现有格局。但是倘若进口原研药，我们前面看到的过期专利，或者首个注册的仿制药都是原研药，当国内一致性评价继续推进，现有仿制药通过一致性评价，疗效能够持平甚至超过原研药品种，加之医保的支持和各地统一采购的支持，那么仿制药的“蛋糕”反而做大了。

所以我们首肯的投资不是突破性创新，从务实的角度，一个仿制药几百万元就能研制出来，而一个突破性创新可能需要十多年，接近十亿美元的费用，所以突破性创新药的性价比不高。当然我们也不能长期依赖仿制药，恒瑞医药虽然没有更多地在仿制药领域受益，但是在创新药领域却受益不小，这就是我们下面要说的中国Ⅰ类创新药。

中国的注册分类中，打头的就是创新药，所以基本上创新性药物都叫Ⅰ类创新药。这类药其实并没有太多的突破性创新，其主力是 me-too 药，恒瑞医药主攻的方向就是 I 类创新药。本书后续章节会讨论靶向药的原理，靶向药可以通过大数据筛选，在已有的药物中找到符合标靶的药品，这并不是创造，而是发现形成新的专利。这类药的研发成本并不昂贵，属于比仿制药高端的领域，在这方面正大天晴、恒瑞医药和复星医药是龙头。比如恒瑞医药，2017 年底资产负债表显示有息负债额为零，报表极其简单，除了分配红利，现金的第二个用处就是投入再研发，而且提取研发费用的比例也逐年增加，2016 年恒瑞医药投入的研发费用还是 11 亿元左右，2017 年就变为 17 亿元左右，而且全部费用化。高资产净利率、高现金流、高研发投入，我们预计突破性创新药将大量出自这些规模性公司，因为从突破性创新平均需要的投入和周期来看，能够支撑的也只有这几家公司。这几家公司一旦有一家有突破性的专利产品，且这个产品能够进入畅销药榜单，那么其市值马上就会向上突破。

当然，不确定的东西我们不能当结论，但是至少这个逻辑是通顺的。从国际上看，辉瑞的市值是 2 100 亿美元，诺华的市值是 2 000 亿美元，相比来说，恒瑞医药 3 000 亿元的市值的确较低，但是如果能够达到那一步，再翻几个跟斗应该也不算夸张。当然这里提示投资者注意，当恒瑞医药的股价体现出极度乐观情绪，价格接近 100 元时，我们看好，但是不建议违反常识，毕竟现在的恒瑞医药拳头依然不够硬，比之辉瑞、诺华，相差至少 20 年。

至此，整个仿制药的逻辑就基本理顺了。我们看仿制药一致性评价，看高额的资产回报是否能够支撑持续性研发，进一步推进仿制技术向创新技术升级。我们不担心一些开放政策，毕竟中国很多癌症患者都还在进行保守治疗。什么是保守治疗？也就是假装在治疗。所以未来药价降低促进需求增加创造的利润完全可以超过现阶段药价高、销量低形成的利润，从而开拓更加庞大的利润空间。

二、医疗服务机构

医疗服务机构有很多细分，没有那么容易理解，很多私立医疗机构过得并不好。

百度出售广告位，连带魏则西事件，使得整个私立医疗领域都被冠以“莆田系”的称号，而且整形美容导致副作用的事件也时有发生，再与一些金融诈骗捆绑，整个社会的确出现了一定的抵触情绪。

这种抵触情绪使得男科医院、皮肤科医院、非公立医院都逐渐难以为继。但是如果我们做市场调研就会发现，其实有几个领域的私立医院正在蓬勃发展，完全不同于其他的私立医院，而这几类医院的产业链条也在趋于完善。一个是牙科，另一个是眼科。这两个科室在大多数情况下已经默认从公立医院剥离，成为私立医院经营的主要项目。另外还有个私立服务机构介于“冰与火”之间，那就是生育服务机构，包括试管婴儿及月子中心。

为什么牙科和眼科会成为热门的私立行业？原因在于我国医院的公立体系和其他国家是有区别的，我国的公立体系有控费的要求，如果药品用得太好，医生会担负一定的风险。牙科和眼科是烧钱行业，比如很多牙齿单件就是高值品种，材质各不相同，有烤瓷，有钯金，有铂金。在公立医院看牙齿，选择比较少。很多人患了牙周炎，牙齿出现大片的坏死，如果草草地安放一颗普通的假牙，不仅不方便、不耐用，还痛苦，于是有想法就有需求，很多人开始考虑 1 万元一颗的种植牙，这使得更换的牙齿更加坚固耐用，但是费用也更高。

同样，大多数眼科疾病的解决集中于眼镜的选择。过去在公立医院看病，眼镜要从眼镜店购买，逐渐地，眼镜店开始聘请高级的眼科医生，本来是为了促进眼镜的销售，后来发现高水平的医生还可以做一些手术。如今很多私立眼科机构医生的水平已经超过了公立医院，而且还具备比较强大的手术能力。

未来医疗服务机构还会不会继续朝私立的方向发展？一定会的，为什么有些疾病我们倾向于去公立医院？因为医生必须在实战中积累医疗经验。当私立医院在某个领域发展起来之后，这部分业务不再回流公立医院，因为现实中已经锻炼了一批专业高手。所以在已经形成气候的领域，私立医疗服务机构将进一步发展。

关于实践的重要性，在美国有很多体现。美国的好医院会给穷人提供一些免费的医疗机会，这些穷人不用花钱就能得到著名医疗机构的救助，很多人以为这是慈善行为，实则不然。因为富人太少，而医生必须保持自己的医疗水平，所以平时需要用实践来锻炼自己，名为慈善，实则也有自我进步的意思。

关于试管婴儿和月子中心的情况又有所不同，这些形式的私人医疗机构还没有完全替代公立医院，其主要面向高端人群。公立医院类似的服务依然存在，特别是孕妇生产这方面，公立医院在应对突发情况方面显然见多识广，而私立医院的医生相对来说经验还是欠缺一点。

国内医疗机构的慈善性质并不普遍，所以患者数量和医疗机构的成熟度成正比，也就是说患者越多的科室优势越大，并且会进一步集中。目前大多数人看牙齿是去私立诊所，集中度已经很高了，未来眼科也是这个趋势，公立医院逐步会丧失这些优势，而另一些科室，比如内科，私立医院是没有优势的。

另外，大家要注意很重要的一点，应该拒绝丑闻。不管是否出于练习的目的，国外的大型私立医院都会不停地做慈善，可以说私立医疗机构是讲求观感的，这是一个消费选择，而不是必需品。我们看到男科医院接近销声匿迹，私人肿瘤治疗机构在魏则西事件之后也受到很大冲击。所以说，不要忽视声誉的力量。

三、医疗器械研制公司

截至 2016 年，我国医疗器械生产公司总共有 15 343 家。其中，广东省有

2 315 家，江苏省有 2 187 家，地区分布并不平衡。我们发现医疗器械生产公司的数量最近几年呈现下降态势，原因是多方面的，但主要是由于政策的规范。2013 年之前国内医疗器械生产公司呈现全行业无序状态。2014 年国家颁布了《医疗器械注册管理办法》、《体外诊断试剂管理办法》、《医疗器械说明书和标签管理办法》、《医疗器械生产监督管理办法》（GMP）、《医疗器械经营监督管理办法》（GSP），2016 年又颁布了《医疗器械临床试验质量管理办法》（GSP），2017 年 4 月还颁布了《医疗器械标准管理办法》。综合来看，我国的 GSP/GMP/GSP 三个规范基本都是在 2013—2016 年制定的，这为医疗器械行业之前的宽松生态画上了句号。未来很明显，医疗器械将逐渐体现出集中趋势，不规范的医疗器械生产厂商将被淘汰，食物链顶端的医疗器械生产公司将逐步获得话语权，甚至负责医疗器械中国标准的制定。

2013 年之前我国医疗器械行业基本处于“战国时代”，总体的质量水平在国际上比较落后，而研发费用和医药类的状况差不多，国内的研发投入相比国际水平差了一个数量级。2016 年我国主营前 20 位的医疗器械生产公司总研发投入 22.7 亿元，而强生一家公司的研发费用就是 15.48 亿美元，美敦力是 22 亿美元，可以说这更像是菜刀和导弹的差距。

“差距这么大还搞什么？”有投资者如是感慨。但中国是典型的成长中市场，如今才是最有投资价值的时候，因为 2013 年之后我国医疗器械行业进入了规范运营时代，进入了法制和标准时代，格局也逐渐体现出了集中化。我们从如下几个方面总结了医疗器械三个方面的利好：

（1）我国医疗器械生产公司的研发支出只占总营收的 2%~3%，而发达国家公司的研发支出占总营收的比例普遍超过 6%，平均在 7%~9%，所以对于研发能力的提高从资金比例方面来说还有很大的空间。

（2）国家从各个方面支持医疗器械生产公司发展，一方面政策严格筛查产品，淘汰低质量落后的产能；另一方面对龙头公司有一定的政策扶持，比如加快审批流程。

（3）医疗器械领域的专利壁垒其实不如医药领域高，如今无论是化学药还是生物药都遇到了一定的技术瓶颈和技术难题，常见活性物质和新的分子式发掘越来越困难，所以仿制药成为主导；而医疗器械领域的创新思路是多样的，并不存在这种局限，例如心脏支架，从球囊到搭桥，继而到支架，未来再到可分解支架，对冠状动脉粥样硬化的治疗可以联合运用多种器械。所以医疗器械的开拓难度是小于医药的，总体上只是一种历史遗留的惯性阻碍，竞争才刚开始，不能简单地从过去看未来。

既然很多医疗器械都是从零开始，那么就要找我国有基础的领域进行发展。医疗器械的重点发展领域有：医学影像设备、体外诊断产品、监护设备。从医疗器械需求端我们也可以看到至少有几个利好能够驱动全行业：①民营医疗驱动。医疗服务行业中的通策医疗既有医疗服务，也有大量医疗设备的研制和需求。②老龄化的需求。这一点是肯定有的。③基层机构壮大的需求。社区医院大面积铺开导致基层医疗设备需求放量。④公立医院盈利模式的推动。公立医院未来将更加侧重提供医疗服务来赚取收入，而之前这部分收入是体现在药品加成上的。从现在的改革情况看，未来应该是器械和医药两条腿并行，减少医药加成，合理增加服务收费来弥补医院的收入差额。

我们再来看几个医疗器械的细分领域：

（1）体外诊断领域（IVD）。这是国内发展最快的领域，2000 年后我国 IVD 市场规模增速远高于世界平均水平，年复合增长率达到 20%，2016 年时我国 IVD 市场规模达 450 亿元，人均 2 美元左右，而发达国家的 IVD 人均约 28 美元，差距是巨大的，但也说明市场空间巨大。

如今国内 IVD 的公司比较多，港股的中生北控，主板的安图、润达、塞力斯，深圳中小板的科华、达安，创业板的阳普、迪安、利德曼、三诺、博晖创新、迪瑞、九强、美康、迈克、万孚。各家的产品都有差异，主攻方向都不相同。未来 IVD 的市场将进一步扩大，但是投资者要把握几个主流方向，一是老龄化，二是打破生育限制甚至鼓励生育的政策变化，三是便利性比较高的即时检测（POCT）。围绕这三点来开发产品还有很长的路要走。另外，在未上市公司中有一家非常有名的生物芯片类公司——博奥生物，投资者可以持续跟踪和关注，还有一家做监护仪器非常牛的公司——迈瑞生物。博奥和迈瑞的行业级别可以参考药明康德在CRO中的地位。

（2）介植入医疗器械。如果投资者没有具体的产品概念，那么我们简单举两类产品的例子，一类是血管支架，另一类是骨科的钢板系统。做血管支架典型的是乐普医疗，而与骨科相关的是凯利泰。可以明确地说，大多数介植入的医疗器械是比较高端的产品，是具备一定行业壁垒的。当然介植入的产品有很多，比如人工耳蜗、人工胰岛、人工角膜、人工心脏等，我国还没有太成熟的产品。

我们来了解一下什么是支架。支架主要针对动脉狭窄，狭窄就容易堵，一般来说血管堵塞了有几种治疗方法，用球囊支架放进血管里撑一下，如果不行，用个管子绕过这一段堵塞的血管（即搭桥），又或者放一个支架，把堵塞的地方撑开，甚至有人还要装心脏起搏器。当然了，这些都不能替代药物。心脏支架的创伤相比搭桥要小一点，前几年有公众号说国外不用心脏支架云云，着实误导了很多人，虽然最终被证明并不符合实际，但对国内心脏支架的销售还是产生了一定影响。乐普医疗的主要营收就来自心脏支架，还有一家蓝帆医疗通过复杂的收购，间接控制了吉威医疗，其他还有很多家公司都生产心脏支架，只是份额各不相同。2012年雅培研制出了可降解支架，逐渐成为了新的研究方向，目前国内进入临床试验阶段的有上海微创、上海百心安和北京乐普。不过可降解支架可能面临回缩较快的问题，使市场发展暂时出现了停滞，但是未来这应该是一个不错的方向。

其他正在发展的产品，比如心脏起搏器、人工心脏、脑动脉支架等，理论差不多，但是产品各不相同。总体来说乐普医疗比较优秀，高端市场上还有一个上海微创，与乐普医疗构成了一定的竞争。乐普医疗旗下的秦明医学，也就是乐普医电，在心脏起搏器领域有所成就，其子公司上海形状记忆在封堵器领域也有建树。上海微创则在外周血领域及脑动脉支架领域有所成就。但是在心血管方面乐普医疗有无可取代的优势，上海微创虽然技术全面，销售收入不够理想。

我们再来看骨科。2017 年骨科植入市场规模已经达到 218 亿元。骨科植入分创伤类、关节类和脊柱类，创伤类国内市场基本自给，而关节类和脊柱类基本靠进口，当然关节类和脊柱类并不是没有国产公司，凯利泰就是一家研发脊柱类产品的公司，还有上海微创、普华和顺和苏州欣荣博尔特。新三板有微创心通，港股有威高股份，如今 A 股骨科有价值的就只有凯利泰了。

（3）血液净化类，也就是透析。为什么要做血液透析呢？我们的肾脏是血液的过滤网，如果它正常，那么有害物质全部从尿液排出，如果不正常，血液就会积聚有害物质伤害机体，所以我们需要人工净化血液，就有了血液透析。血液透析模式包括常规血透、高通量血透、血液滤过、血透滤过、血液灌流、连续性血液净化。血液透析的产品主要有透析器（膜）、透析机、水处理系统、透析液、透析粉、透析管路、动静脉内瘘及中心静脉留置导管。透析器和透析机数量占总产品数量的 70% 以上，基本上是由国外主导；透析液、透析粉、透析管路国内有一定份额，其中透析液受供应半径影响，大部分源自跨国公司百特国际。

目前能够生产透析机的国内公司逐渐增多，比如威高股份、宝莱特、新华医疗、山外山、奥凯隆都有这类产品；但是在透析器上，宝莱特和新华医疗处于在研阶段，只有威高股份有产品。这里的区别在于透析器是透析机的核心部件，属于耗材。当然国外也有很多透析器生产商，比如百特国际、贝朗医、美敦力等。未来在这个领域，应该主要是透析器的竞争，因为透析机成品是技术整合的仪器，就像中兴通讯的手机受制于高通的芯片。

血液灌流领域的龙头是健帆生物，如今国内外都没有血液灌流技术，这属于新兴技术。其用灌流器替代了透析器，在大分子毒素清除方面效果不错，但是灌流器和透析器到底哪一个更契合市场，还需要等待市场的检验。

（4）影像设备。影像设备大家都是了解的，X 射线（含平板 DR）、CT、核磁共振（MRI）、PET-CT，技术从低到高。需求也无须多说，我们直接看公司。在高端平板 DR 领域，代表公司是上海联影医疗；CT 领域是上海联影医疗、东软集团、明峰医疗等。

医疗器械篇幅比较大，原因在于医疗器械的细分不同于其他类别，其在各个细分都有优势公司。医药类大多数优势公司体现的是综合性技术开发优势；医疗器械的壁垒在于对细分领域的深耕，可以说它们很难跨领域竞争。虽然近几年大家都在尝试跨领域，但总体上这个大类里面是术业有专攻。

四、医药商贸和零售

“十个劫道的不如一个卖药的。”资本界也有个规律，哪里好赚钱，哪里就扎堆，所以对于医药商贸，或者做渠道的来说，两票制的推进并不是什么利好。

两票制的内容，总结一下就是一句广告词：“没有中间商赚差价。”当然理论上中间商还是赚了，至少增值税发票还是特意绕医药商贸公司转了一圈。但是我们也要看到，其实医药商贸领域的主要机会正在从 To B 转移到 To C，更多的零售利好纷至沓来。

一个 HPV 生物疫苗，崛起了一家智飞生物，虽然我们看到了其大幅度增长的其他疫苗业务，但 HPV 疫苗仍是其主要的业绩增长点。2016 年智飞生物主营业务的 99% 来自自主疫苗类产品，而 2017 年其主营业务的 20% 来自疫苗代理，也就是代理 HPV 疫苗产生的收益，2018 年这个比例进一步提升，接近或超过一半的收入占比。HPV 疫苗供不应求导致人们大量排队，所以影响智飞生物业绩的不是技术，反而是 HPV 疫苗的产能。

同样地，其他医药进口代理也迎来了春天，预计上海医药这种带商贸气质的标的将因此受益。虽然我们并不看好保健品行业，但近几年国外的保健品进入倒是十分好的势头，港股合生元收购了澳大利亚的Swisse就带动了一波非常大的涨幅。如今合生元已经变为H&H（健合）国际控股有限公司，在乳业和保健品零售行业双向并进。类似的模式汤臣倍健可能也会效仿，不过结果如何还有待观察。

对于医药零售业最要紧的是网络零售，目前这方面还只是有限制的放开，并没有完全放开。所以，我们暂时还没有看到很明显的端倪，我们将这部分的内容延后到互联网医疗部分再去讨论。

五、生物制药和生物疫苗

如果仿制药是近年的主要方向，那么生物制品则是未来数十年的主要方向。大分子药和小分子药研发红利已经持续了很久，市场已经缺乏这方面的探索动力了，探索难度也在加大，而生物医药则不同，其本身依赖的是对人体的探索，其生成的物质主要是激发机体自身的某些功能。

什么是生物制药呢？概念有很多，实质就是“利用生物学的研究成果来研发药品和疗法”。比如最普遍的生物制剂疫苗，就是利用病毒或者细菌制作活疫苗或者死疫苗，让这些病原性微生物来激发机体自然的防护机制。再比如青蒿素就利用了生物原理，因为血液中的铁能够分解青蒿素的分子结构，形成游离碳，碳原子继而和疟原虫的某项蛋白质结合形成烷基化蛋白质，从而使疟原虫死亡。复杂吧？所以有人说青蒿素其实是属于生物医药。也有简单的，比如人血合成白蛋白和胰岛素，人类也可以分泌，但有时候分泌会异常，那么就得在动物身上找到类似的腺体进行改造，如牛结晶胰岛素，这样在人体激素水平或者微量元素水平不济的时候，就能缺什么补什么。T细胞疗法就是促进细胞分泌干扰素，让癌细胞不舒坦，最后杀死癌细胞。

总体上看，生物技术分为基因工程、细胞工程、酶工程和发酵工程。其中酶工程和发酵工程难度较小。

酶工程是从微生物或者细胞里面提取酶作为生物催化剂，提高微生物转化效率，比如抗生素、维生素、氨基酸等都是通过酶工程转化的。我们都知道抗生素来自微生物细菌，青霉素来自青霉菌的生长，如果不用酶工程，我们就要等待其慢慢生长，这样太慢，所以早期青霉素是十分昂贵的，原因就在于没有酶工程催化细胞快速生长。

发酵工程是通过微生物来生产一些药品，最近几年有人一直尝试用发酵工程制备酶抑制剂、免疫调节剂、抗氧化剂等。

基因工程则比较复杂，具体有基因药物、基因疫苗、基因抗体、基因诊疗、基因进行药物筛选、基因菌种改良、转基因类药物。基因药物是通过细菌等表达人类基因片段来完成人类所需物质的生产，比如生长素抑制剂，如果用羊的下丘脑提取，那么需要 10 万只羊才可以提取 0.1 毫克，而基因工程只需要 10 毫升的大肠杆菌培养液就能够生产。所以，如今大量的蛋白质和肽类都是通过基因工程制备。

基因疫苗道理也是如此，传统的方法是从人体中复制病毒制作疫苗，清朝乾隆皇帝灭天花就是用这种方法，而基因工程可以将这些抗原（例如乙肝的 HBsAg 基因）克隆，从而得到大量的抗原。

细胞工程具体有三个技术：单克隆抗体技术、动物细胞培养、植物细胞培养生产次代谢产物。很明显这里最重要的是单克隆抗体技术。单抗是能将在体外无限繁殖的恶性瘤细胞与 B 淋巴细胞融合，使融合细胞具有两种亲本细胞特征的技术。恒瑞医药的 PD-1 抑制剂就是单抗技术。

为什么要介绍这些分类呢？因为后缀带生物字样的公司实在太多，大多数并没有什么技术壁垒。在这几项分类当中，酶工程和发酵工程生产的很多产品技术难度和技术含量是有限的，例如生产维生素 D3 的花园生物也是生物制品公司，但是维生素属于酶工程，我们看这家公司时只是看原材料价格，而不是技术进步。如果抗生素的制备是采用酶工程，是不是大量的公司都可以声称自己是生物制品公司？也许可以，但是相对来说技术含量不高。

所以，技术型生物公司应该是基因工程和细胞工程类的公司。细胞工程里面的单抗自不必说，如今主流的研究方向、未来的前沿阵地、十大畅销药里面就有阿达木单抗、英夫利昔单抗、利妥昔单抗、贝伐珠单抗和曲妥珠单抗。未来癌症治疗的两个主要药品类别：一个是替尼类的靶向药，另一个就是单抗类的生物靶向药。疫苗制备和肽类药物相对来说也具备一定的门槛，但是门槛不是很高，关键还是看种类。

2000 年全球十大畅销药中，生物技术药品只有阿法依泊汀，而到了 2015 年，前十大畅销药中有 8 个是生物技术药品。生物药在一些领域取代化学药是总体趋势，所以恒瑞医药、正大天晴这类抗肿瘤药研发公司已经从化学药领域转向了生物药领域，而且各大医药研制公司都在加大专利到期单抗类药品的研发，对其投入越来越多，关注越来越高。可以这么说，虽然生物技术已经存在了数十年，但是相比于如今穷途末路的化学药，其还是新兴的朝阳行业。当然生物医药中的活性物质发现难度也在加大，但获批新药的质量有所提高，现有活性物质的开发依然有较大空间。

在尖端领域，我国生物技术的研发成果比化学药更单薄，所以依然是以仿制为主，好在大部分畅销药里面的生物药已经遭遇了专利悬崖，它们基本上都面临着专利到期。这样国内的公司就开始了新一轮赛跑。但是我们也发现生物药的研发难度并不比化学药小，即使是仿制。所以这部分内容和仿制药的内容高度重合，鉴于如今大型的医药研制公司都拥有了生物子公司，或者生物实验室，这部分就不详细说了。

生物制品最需要关注的除了抗癌药，还有就是疫苗。大多数疫苗为预防性疫苗，不过有一些前沿领域已经挺进到了治疗性疫苗阶段。现阶段我国还是以预防性疫苗为主。疫苗分一类疫苗和二类疫苗，一类疫苗的费用由国家支付，属于社会公共服务；二类疫苗属于自愿注射性质。所以，在投资方面我们要关注一类疫苗，然后再进取式观察二类疫苗。

一类疫苗针对传统的“五苗七病”，五种疫苗防止七种疾病，分别是卡介苗、脊髓灰质炎减毒活疫苗（小儿糖丸）、百白破三联混合制剂、麻疹疫苗和乙肝疫苗5种疫苗的基础免疫及加强免疫，这类需求是十分稳定的，国家会收储一定的疫苗，生产也基本上由国企垄断。

二类疫苗是公民自费并且自愿受种的其他疫苗。之前疫苗因为没用冷链运输导致失效被曝光后，疫苗类公司长期低迷，因为二类疫苗并非强制性的。当需求是可选择的，疫苗销售只能依赖事件推动。所以流感疫苗、甲型肝炎疫苗等基本上是跟着流行病走，每当疾病爆发，这类疫苗就畅销起来。另外，二类疫苗的消费者信仰也非常重要。很多时候即使流感来了，大家也不愿意去医院打一针，原因在于还没有形成这样的理念。未来我们看好的是一些职业化的需求，比如学校师生在流行病期间可能会被要求强制注射。还有就是消费者意识的增强，在国外注射流行病疫苗非常普遍，每年的需求也很稳定。

所以二类疫苗更加具备事件推动性质，比如流行病爆发。但是进口的HPV疫苗似乎要打破这种规律，因为其有效期将延长为终生。HPV疫苗可以使女性对人乳头瘤病毒产生抗体，而研究表明这种病毒是多种妇科癌症的诱发因素。虽然打了HPV疫苗仅仅是降低患病概率，但是女性也趋之若鹜。

HPV疫苗在有些国家是国家负担注射费用的，这也从侧面说明一个问题，一类疫苗和二类疫苗未来会产生变化，不会永远都是五苗，疫苗的最终地位由其特性决定。不过HPV疫苗暂时还不可能成为免费品种，因为过于稀缺，国产医药仿制公司比如沃森、双鹭、康泰等都在研发，但是结果尚不明确。这比较可惜，因为这个药审的批档在国外至少十年，本来国内的疫苗公司要是研发跟得上，哪怕是二价苗，如今的供求关系也不会如此紧张。不过这方面智飞生物会很开心，因为这将是个持续的增长点。

在生物制药领域还要提一下比较常见的胰岛素产品和人血白蛋白。胰岛素产品产销大致是饱和的，但是有升级换代的需求。三代甘精胰岛素国外在 2000 年上市，赛诺菲和诺和诺德都有此类产品，而国内多年来只有甘李药业研制成功。二代胰岛素的研发要追溯到 1982 年的礼来公司，但是国内第一家研制出二代胰岛素的是通化安泰克，看着是两家公司，其实是同一批人努力的结果。

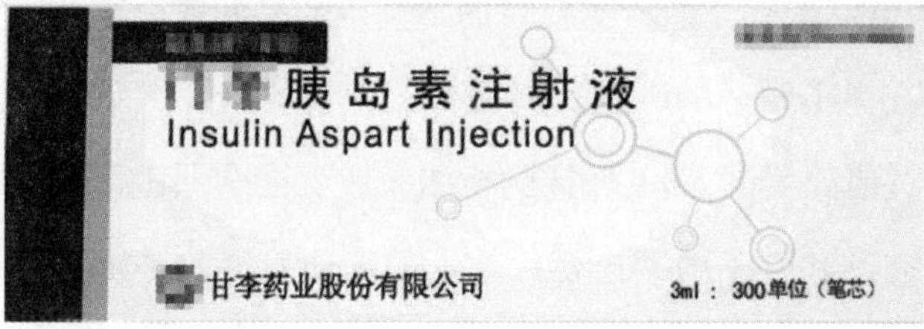

▲　甘李药业是甘忠如和李一奎名字的组合，甘忠如是通化安泰克生物工程公司董事长，李一奎则是通化东宝董事长，他们共同搞出了二代和三代胰岛素，后来二者拆分，甘李药业获得三代胰岛素，通化东宝获得二代胰岛素。

另一家公司联邦制药（港股）通过中外合作也研发出了二代和三代胰岛素产品。如今国内市场份额的大头还是被国外的医药巨头占据，而联邦制药、甘李药业和通化东宝拿走了剩余的份额。不过正大天晴和恒瑞医药也在利用其研发优势试图切入胰岛素市场。所以从投资者的角度看，A 股值得投资这个方向的应该是通化东宝，可惜它和甘李药业有协议，不能擅自进行三代胰岛素生产，而甘李药业由于一些问题上市被搁置。联邦制药在港股也是值得考虑的。未来行业如果有新进入者，投资者完全可以关注。

另一个产品是人血白蛋白，这几年涨价势头很猛，应该是老龄化导致需求上升，加之血站改革又放开了血液价格。人血白蛋白来自血站抽取的血液，大多数血液是有有效期的，所以血站会变卖一些库存血液，然后由相关公司提取人血白蛋白。既然产品是从人身上提取的，就注定是短缺的，这方面有名的公司是华兰生物和上海莱士。当然也不能说这完全属于壁垒性行业，但这两家公司最近几年的确是靠这个产品发了财。

六、传统中医药和保健品

既然说医药，能绕过中医药就尽量绕过去，但是不说，整个论述过程就显得不完整，所以我们尽量客观公正地评论一下。

总体上，我们希望中医药走一条日本式的路径，用两个字概括就是“验药”。我们都知道临床有三期，主要目的是确定药品的安全性和有效性，但是很多中成药还存在尚不明确的事项，那么对于患者的风险提示就不足。日本的做法是让汉方通过诸如美国 FDA 那样的检测，或者去欧洲做传统药的注册，也经历三期临床，并且和欧美国家进行疗效上的沟通。也就是说，日本的传统药通过临床并不讲求实际治愈性，而是讲求缓解症状或者消除症状。这样做的好处有二：

其一，毒理性研究比较充分，对于汉方的副作用可以通过临床试验列示，提高药物使用的安全性。

其二，针对症状进行申报，可以不必过分明确成分，因为部分汉方的起效机理并不明确，但其缓解症状的疗效是有的，诸如喉咙痛、肚子痛，这些都可以通过传统药来缓解。

全球传统药市场并不是很大，大部分在中国，2016 年我国中药工业总产值达到了 8 653.4 亿元，而这个数据 1996 年时只有 235.4 亿元。2016 年我国中药对外贸易额达 46 亿美元，其中出口额为 34.26 亿美元，进口额为 11.74 亿美元。但是我国从 2018 年开始取消了中医药临床试验，很多人认为这是个不错的中医药利好，恰恰相反，这是中医药繁荣的转折点，因为这说明疗效在未来不会再有官方背书了。

我们思考这么一个问题：说明书上写副作用的药和不写副作用的药，该选择哪一个？我们似乎惧怕副作用的条目，但是长期来看，副作用的条目给人确定性，缺少这个说明，对于患者来说是一种风险。

一些传统医药领域的上市公司也做了一些努力，去 FDA 走日本走过的验药路径，很可惜，虽然 FDA 对于植物药有一些宽松规定，但是至今还没有突破。即使是之前炒成网红药的京都念慈菴，也没有通过 FDA 的有效性检验。所以，在中医药方面投资的投资者需要谨慎。

▲ 2017 年冬季爆发的流感使京都念慈菴成为网红药，个人认为京都念慈菴能够缓解感冒症状这一点是毋庸置疑的，但是以缓解症状为目标通过 FDA 依然是非常必要的，因为消费者也需要安全性方面的验证。

再来看保健品领域，我国在这方面出口的大头是提取物。世界范围内对于保健品的需求在逐年增加，中国人海外购买保健品的数量也在增加。合生元并购了 Swisse 后股价出现大幅上涨，而且从年报看，保健品企业并购之后状况都不错。汤臣倍健也在停牌谋求海外收购。为什么保健品要走这条路呢？这和当年的乳业情况相同，部分间歇性没有规律的品牌声誉事件使消费者的偏好发生了改变，认为国外监管更加严格，这和我们上文提到的中医药观点是契合的，只有加强政府信用背书和临床观测，才能消除消费者的疑虑。所以近几年保健品的销售增长是在进口领域。如今一个个“神药”被拉下神坛，未来这种情况还会加剧，而且相比于一些不确定的成分，成分确定的保健品将更受欢迎。

打个比方说，我们会选择维生素补充剂还是“十全大补汤”？未来我们应该更加倾向于维生素补充剂，因为年轻人大多数受过比较好的教育，更乐意用科学结论来构筑自己的健康。虽然维生素 C 吃下去并没有立竿见影的效果，但是作为补充剂，至少维生素 C 是经过对照组试验的，历史上海员们也曾经用它治疗败血症。随着媒体曝光的增多，相信未来大家都会努力追求确定性，忽视模糊疗效。

七、单品类创新药生产公司

很多人认为生产单品类药的公司不是普遍现象，这里要纠正一个观念。A 股融资将和世界同步，所以融资大概率是放开的，那么未来的医药类研制公司会走两条路：一条是大厂挤压小厂的路，原因很简单，比如辉瑞的市值已经 2 000 多亿美元了，一家 300 亿美元市值的公司如何与辉瑞竞争？如果它们研制同一种药，同一个方向，辉瑞投入必然要多得多，那么在细分的药物市场两家狭路相逢时必然是大厂淘汰小厂。另一条是收购之路。如果小公司运气好研制成功了一种畅销药，那么辉瑞、罗氏、诺华就会想办法垄断这家小公司的销售渠道，使其不得不和大型药企合作，或者用更加简单的做法，直接鲸吞掉这家小公司。

在华尔街上市的很多小医药公司，如今也放弃了积累技术成为大型药企的可能性，它们属于风险投资者的目标，它们也在不断研发，只是研发成功后就把专利和公司卖给大公司。所以在世界医药领域出现了“大而不倒”的状况，很多时候需要靠规模维持壁垒。

反观国内，上市后被收购的公司不多，因为一旦上市就会被资本炒作，股价过高，导致大型药企没有并购二级市场公司的动力，再加上恒瑞医药总体还不是那么大，其他医药公司就更不用说了，而国外大型药企都盯着欧美市场，还没有看到我国的单品药企。所以 A 股的单品类药物生产者，诸如贝达药业、我武生物和健帆生物都是在资本市场上市，然后投入资本或者融资开发第二个重磅药。

A 股的这一类标的和恒瑞医药、正大天晴及复星医药有明显的不同，因为它们单个产品支撑了整个公司，如果这个产品未来需求发生变化，或者竞争对手研发了非常强劲的替代品，其危机就会分分钟爆发。但是在这之前如果能够找到二号利润增长点，公司的生命周期就会延长，可以通过流水养研发，一步步赶上大公司的研发节奏。

一般投资者不应该过度参与到这类股票的投资上，我们追求的是稳中求进，在稳定了现有预期的情况下，再去关注这一类公司。况且，这类公司当前的溢价普遍太高。

很明显这类标的是高风险爱好者的目标，A 股如今也缺乏那种持续性烧钱的土壤。美国资本的耐心更加持久，没有利润的公司只要未来有好的发展，美国投资者就会参与。不仅仅是医药行业，页岩油行业也是美国投资者用钱烧出来的，直到其能够影响 OPEC 的石油定价。

我们也发现这些单品类的公司由于研发上的畏难情绪，会逐渐改变策略。这方面信立泰算是“过来人”，其在心血管方面的药物——泰嘉支撑了信立泰大约 16 年的业绩，但是 2012 年之后仿制药增多，竞争加剧，于是信立泰直接走向了并购，先是从元森制药手中买到了比伐卢定（泰嘉宁），继而又收购了药品阿丽沙坦、复格列汀，甚至直接收购了研发团队为己所用。如今的信立泰市值已经达到 450 亿元，市盈率也不是很高，俨然已跨出了小公司的行列。

一条路走通了，很多公司就会跟随其脚步。贝达药业也开始了收购之路，但是它收购的是一个未完成的产品，CM082 刚刚进入临床一期，路还长，但是门道是一样的，预计贝达药业未来的收购会比较频繁。

虽然信立泰收购比较成功，贝达药业是否能够复制还不得而知，因为并购同样包含风险。比如蓝色光标，并购产生的商誉几乎压制了公司的未来，而医药领域的收购往往溢价非常高，当大家都想捡便宜的时候，很难找到便宜且高质量的标的，买来的产品也许会因为选择不谨慎而亏损。所以，依然需要高风险偏好的投资者来跟进这些投资，普通投资者投资这一类公司的比例不要超过 5%。

八、新药研发外包（CRO）公司

CRO 公司就是新药研发合同外包服务公司，这个领域的公司最近几年扩张比较快。

我们把一分为三的药明康德重新记录为一家公司，实质上它是有业务区分的，但是其优势在于产业链条的完整，所以就将其一体化了。

总体上 CRO 公司临床前比临床技术含量高，也更好赚钱，因为临床的研究更加接地气，属于一线工作，而临床前的 CRO 则属于脑力劳动，需要更多的专家和知识。目前这些公司都没有踏实在自己的领域发展，都在寻求一体化一站式服务，业务都在纵向延伸，比较成功的还是药明康德。药石科技的分子砌块在国内比较稀缺，但是国际竞争比较激烈，是最早期的模块化过程，市场份额不大，但是优势还是存在的。

说了行业结构，我们来看 CRO 公司面临的行业利好状况。其实医药公司面对纷繁复杂的研发过程，往往是需要外包的，不能让实验室的专家去跑临床数据，专业的药品公司做专业的事往往能够提高效率，加快药品研发进度。世界范围内医药领域的发展都是这个趋势，需要专业的公司干专业的事，然而除去这个主需求，还有另外一些特有需求。

一方面是仿制药的一致性评价，还有医疗器械的临床实验，都是我国规范过程中特有的，由于之前不够严格，如今要补充数据，补充研究，过程类似于注册会计师审计公司。这些事谁去干？最佳人选就是第三方的 CRO 公司。

另一方面是中国医药行业即将进入全面技术比拼的时代，就像我们前面看到的信立泰，如果自己没有研发团队，买团队、买专利即可。那我们能不能通过购买 CRO 的服务来完成一款新药呢？答案是当然可以，虽然这个过程也存在很多风险，但是相较自己没有基础地乱撞，这种方式要省事很多。

我国的医药公司未必能在未来的开放中依然占有一席之地，但是 CRO 接入国际市场远远早于医药领域的开放，所以 CRO 在我国是比较成熟的行业。未来我国医药公司如果创新上不尽如人意，遇到国外大型药企的专利壁垒和知识性垄断挤压，那么 CRO 将是一个不错的业务突破口，可以培养人才，打好我国的医药基础。

九、智慧医疗及互联网医疗

平安好医生在香港上市，IPO 之前舆论都很乐观，认为这代表了“互联网加医疗”的新兴经济模式，然而我在实际体验了这个 App 之后，得出的结论是相反的。未来互联网医疗必然是个非常好的市场，但是目前连萌芽期都算不上，很多限制还在，不可能马上获得资本市场的认可。

情况正如我们所见，原因很复杂，总结几点供大家参考：

（1）互联网医疗没有经历正规的医治流程。在现代医学面前，看病其实是利用设备做各种确定性的检查，无论是超声还是血检等，医生从第一眼看到患者就开始归类，确定检查项目，检查后的图像指标经过病理室分析后，基本上就能够确定是怎么回事，医生以此为据，开药给方案。但是，在互联网上看病又能做什么呢？实质上什么也做不了，因为医生只能根据描述确定情况，这又回到了望闻问切的时代，何况这个望闻问切还是隔着屏幕的，所以偏差会比较大，如果在网上就诊，依然需要去医院使用仪器检查固定项目。所以，平安好医生如今的主要业务还是简便挂号。

（2）病人的医疗数据在医院之间还存在壁垒。各医院的诊疗数据还不能成为互联网医疗的参考项目。如今所有的医院都在建设医疗信息系统，几乎都有电子病历，但是很明显，病历在各医院之间是不通行的，即使是急诊，从一个医院转到另一个医院，已经做过的检查也要再重复做一遍，因为这里有一个明确的责任划分问题。对于互联网医疗平台，这是另外的一项限制。也就是说，在线诊疗除了依据变少外，还无法以互联网医疗平台聚集有用的数据，获得大数据优势。

（3）深度下沉的社区医疗一定程度上比在线医疗更加实用。因为处方药不好买，所以互联网平台只能治疗一些简单的非处方药就能够解决的疾病，或者普及一些通用的健康知识，而有些知识服务甚至可以用百度解决，无须在线麻烦别人。

平安好医生这一类的互联网医疗平台的发展之路还很长，也许未来利用混合现实（MR）技术进行远程手术并不是天方夜谭，但是技术离付诸实施还有很大距离。另外，医疗信息化面对的问题也差不多，大多数的医疗信息系统提供商，比如卫宁健康的重点不在医疗系统数据上面，它们更倾向于嵌入支付领域和云计算，所以其重点发展的是云医和云保险。当然其提出了很多关于 AI 的想法，但是受制于患者医疗数据的所有权问题，AI 应该不会深入医疗领域，也不可能生产出像“大白”一样的机器人，故而想象力十分有限。

当然，我们看好它们的未来，很多东西是需要开放的，如今不开放，不代表未来不开放。

十、总结

A 股中大健康标的的数量应该没有人统计过，大致不会低于总标的数的 5%，如果把范围再扩大一点，把健康元素蓝天、白云和养老设施都纳入，就更加庞大了。所以在这么庞大的体系中做决策，必须要了解一点：筛选才能出利润。

有时候网络上会开一些地图炮的争论，部分地区的人们有优越感，嘲笑其他地区人们的陋习，然后将个别现象逐渐推向偏见。有些地方由于大部分的人常年在发达省份谋生，本地只留下老弱病残和问题少年，貌似这些地方要比别的地方差，其实是因为好资源和好人才都被吸附走了。

我们理解大健康产业也是类似，大健康吸附了很多资本，一些如今状况不佳的公司正在跨过边界进入大健康领域，江苏吴中和宜华健康这类标的都是横向跨行业过来的。所以，在大健康领域我们要了解两点变化：其一，资本的进入必然推高行业中标的价格，使得泡沫在一定程度上长期存在；其二，进入者增多使得健康产业需要更加高的壁垒，防止进入者太多导致产能过剩。

我们的结论是，健康产业标的的选择会越来越重要，部分同质化的公司将面临很严重的洗牌和淘汰，而另一些高壁垒、研发能力强的公司将越来越集中，这和地域间的不平衡道理是一样的。很多人看到了这个领域的成功，看不到这个领域的艰辛。

大健康的壁垒在哪里？实质上还是研发，只是现阶段我国的创新药，特别是突破性创新药实在拿不出手，所以才在医药和器械上面寻求退而求其次的仿制、仿造选项。但是无论是恒瑞医药，还是正大天晴、复星医药，它们最终都必须有拿得出手的突破式创新，不然生存依然是困难的。国际医药巨头地位已经十分稳固，如果不能撼动，那么就会被挤压，这和芯片的道理类似。

从我们的视角来介绍，很多观点并不完全正确，我们期待投资者能够自我思考，并且将思考付诸实践，而不是从字面上理解认为正确的观点。在投资领域，决策并不是最重要的，最重要的是投资逻辑，逻辑是否正确，决定了决策是否靠谱。很多投资大师都善于思考和记录，善于询问“为什么”，而不是询问“怎么办”。我们对股来伸手的投资者也很无奈，因为世事在变，一个时间点的判断不可能延伸到很远的将来。

第十章

仿制药公司的投资机会

接下来若干章节的内容将围绕公司展开。在研究仿制药的时候，我们发现好的标的公司大多数倾向于多品类、复杂品类，如果在解读标的的时候过多讨论单个品种，必然冗长，毕竟本书不是全方位的研究报告，所以我们在谈论仿制药公司时会回避一些药物单品，但这并不是说单品类的研究和发现是不重要的，公司业绩依然是由一个个单品业绩组成的，如果能够预估单品市场，就能够让公司的未来更加精准。本章换一个角度，先讲全行业的情况，再探讨具体的公司。由于仿制药公司之间有很多共性，这样的安排可以避免重复。

一、医药研制的国际化视角

专利药的保护期一般是 20 年，各个国家的制度略有不同，但专利药从研发到量产大致遵循“双十”原则，即 10 亿美元和 10 年研发，而更普遍的统计说明单个药品的平均研发费用是 7 亿美元，时间投入需要 10~15 年，由于这中间还存在大量的失败案例，所以成本和时间的投入应该不止如此。所以仿制药是更具性价比的，这一点对于中外公司都一样。有调查表明，仿制药上市后 6 个月药价将下降 70%，而且仿制药不论是研发还是临床都要比专利药更加简化

（因为仿制过程中很多数据现成存在），成本和风险低很多。

但在国际上，仿制药的研发已经进入了瓶颈期，最大的需求市场北美和欧洲如今的仿制药增长率是个位数，预计还将进一步下挫，市场趋向饱和，已经进入了成熟期。从内部结构上看，欧美市场也出现了高度集中化的状况，少数仿制药巨头已经产生了规模效应，比如仿制药生产排名第一的以色列 Teva 公司，2015 年的仿制药业务营收是 95.46 亿美元，净利润是 26.82 亿美元，占全世界总额的 5%。如今各大医药巨头在研发乏力的情况下试图进入仿制药市场抢占份额，而 Teva 这种以仿制药起家的公司则反向进入创新药领域，同是在 2015 年，Teva 的创新药业务营收达到 101.54 亿美元。

从国际上仿制药的发展可以看到几个明显的迹象：

（1）全世界的医药公司都是集中化的，因为研发费用来自营收扩张，如果没有现金收入来支撑研发，公司会很快丧失竞争优势。所以不管是仿制药还是专利药，最终都是以企业规模取胜，这一点毋庸置疑。

（2）创新药制造公司和仿制药制造公司之间没有天然的隔断，只有研发实力的区别，未来虽然有大量的专利药集中到期，但这并不完全是仿制药公司的利好，如果创新药公司由于创新能力下滑试图进入仿制药领域，会加剧仿制药领域的竞争。

（3）和国际巨头合作是比较快捷的进阶路径，比如 Teva 公司和我国最有名的四大仿制药公司恒瑞医药、人福医药、华海医药和齐鲁制药都有业务往来。

二、我国仿制药现状

我国的仿制药水平相对比较落后，也许和印度的仿制药水平都相去甚远，而且重复仿制严重，扎堆式的研发导致部分单品竞争激烈，所以在仿制药领域各大公司都在争首仿药，比如信立泰的泰嘉在建立内外壁垒的情况下让出色的业绩维持了 16 年，通化东宝和甘李药业也靠首仿二代、三代胰岛素赚得盆满钵满。

综合来看，以下公司首仿能力比较强：正大天晴、豪森药业、恒瑞药业、齐鲁制药、石药集团、科伦药业、海正药业、先声药业、南京华威（百花村）、汉康医药（海特生物拟收购）、奥赛康。所以，仿制药的选择大致上不应脱离上面几个标的涵盖的范围。

另外，虽然国内市场技术相对落后，但是市场增长率却远远高于世界平均水平，仿制药的需求增长达到20%左右，再叠加国产仿制药对于进口药品种的替代和未来大量进口药专利到期，预计这样的增长率还会维持至少三到五年。从最近几年的患者偏好可以看出，患者对于靶向药，比如单抗等先进前沿疗法的接受度在提高，接受创新的能力也在加强。所以，我国仿制药公司的研发重点在生物药的仿制，最近几年的利润也非常可观。

三、政策对仿制药的影响

仿制药领域的政策主要是仿制药一致性评价、药品加速审批和带量采购。

（一）仿制药一致性评价

2015年8月，药物和器械一致性评价成为医改的一项重点任务。2016年5月，国家食品药品监督管理总局（CFDA）发布了《国务院办公厅关于开展仿制药质量和疗效一致性评价的意见》。从国际上看，大多数国家都曾走过从低端仿制到高端仿制，再进阶到创新药的路。因此，仿制药一致性评价有利于提高仿制药的质量，保证用药的安全性，提升整个行业的竞争力。本质上说，这属于医药类公司的供给侧改革，一致性评价会使过剩而重复的仿制药产能被压缩，一些低端仿制、粗制滥造的医药公司会退出市场，在此基础上，促使国内公司不断提升产品的国际竞争力，进而抢占国际市场。为了鼓励公司早日进行一致性评价，CFDA还制定了两个策略：一是2018年底前完成289个品种的一致性评价，这是一个目标性的策略；二是自第一家公司的某个品种通过一致性评价算起，三年后不再受理同一品种的一致性评价申请，也就是说一旦有某个产品通过了一致性评价，未来三年其他公司必须赛跑，不然将永远退出市场。

仿制药一致性评价的对象是化学药物新注册分类实施前批准上市的仿制药，包括国产仿制药、进口仿制药和地产化原研药（地产化是指不同地区产业化，比如国外原研药厂在国内建立分厂销售）。

仿制药一致性评价的时间点是 2017 年 10 月 1 日，在这个日期之前批准上市的药品列入国家基本药品目录中的化学药品、仿制药品、口服固体制剂，原则上在 2018 年底前完成一致性评价。其中，化学药品和口服固体制剂公司自行组织一致性评价，也是自第一家公司某个品种通过一致性评价三年后，不再受理其他公司生产相同品种的一致性评价申请。

（二）药物加速审批

2017 年 6 月 19 日，CFDA 加入了国际人用药品注册技术协调会（ICH），将全面和国际接轨，药物审批的时间差将逐步消失。以前，我们经常延迟通过部分国际品种的注册来等待中国自主研发，相应地，我国公司去国际上注册也受到一定的限制。如今双向壁垒被打破，开始放量审批，部分药品 3 个月内就得以注册。这对于仿制和研发能力较强的几家制药公司实属利好，也是 2018 年上半年部分医药股崛起的主要原因。从历史上看，CFDA 曾积压了数万件药品申请，如今药品注册的“堰塞湖”已基本清除，大量新药将在最近几年爆发式涌现。

（三）带量采购

带量采购在仿制药领域的负面影响短期来看是存在的，尤其是在 2020 年末这个节点，带量采购已经实施了三批，耗材刚刚启动，注射剂也在启动中。带量采购的负面影响对于仿制药来说可能会持续一两年，主要是等带量采购的种类逐步固定，比如 600 种药物的带量采购都已经实施了，全国所有省份都已经实施带量采购了，那么对公司的影响也就固定了。

目前可能还没有新品种纳入带量采购，而带量采购导致的价格下跌会让公司盈利打折。仿制药平均的降价幅度应该会超过 60%，当下还是“4+7”，而未来全国都会纳入带量采购中。仿制药的销售费用率一般在 30% 左右，也就是说，降价幅度一定是穿透了公司能够节省的销售费用的。不过公司会通过国家带量采购跑量获得好处。长期来看，“一致性评价 + 带量采购”会淘汰很多医药公司，比如那些高风险、烧钱崛起的医药公司，它们中的一部分会因为这个综合政策而出现现金流问题。这就出现了我们以前一直提及的行业集中，集中到一定程度就是垄断。医药行业是达不到垄断的，所以集中会让一些有规模优势的仿制药公司挤占其他小公司的市场份额。

带量采购绕不过去，那么就要接受。从整体看，仿制药公司投入研发的费用比重逐年上升。现阶段这些制药公司还是很赚钱的，我们之前提过，可以加回研发费用来看一家公司的净利润，见表 10–1。

表 10–1　仿制药公司研发费用和净利润　　单位：亿元

股票名称	2019 年前三季度净利润	2019 年前三季度研发费用	小计	2020 年前三季度净利润	2020 年前三季度研发费用	小计	同比
恒瑞医药	37.330	28.990	66.320	42.430	33.440	75.870	14.40%
石药集团	28.470	15.020	43.490	35.750	22.660	58.410	34.31%
复星医药	24.560	12.900	37.460	27.500	18.780	46.280	23.55%
上海医药	40.440	8.598	49.038	43.580	10.400	53.980	10.08%
华海药业	5.427	3.141	8.568	8.870	3.791	12.661	47.77%
科伦药业	9.768	7.824	17.592	5.285	9.996	15.281	−13.14%

资料来源：相关资料整理而得。

可见，有些公司并没有想象中的那么差，即使是带量采购元年，业绩增长也是比较普遍的。表 10–1 中中标比较多的，如华海药业和石药集团，依然保持着较高的利润率。

四、仿制药的受益者——华海药业

华海药业具体生产的单品实在太多了，所以我们将重点放在其整体经营模式上。如前所述，带量采购对仿制药一定是有影响的。我们预判了带量采购60%以上的降价，相对于30%的销售费用率，公司毛利率的退坡是很显然的。但是，一切都有例外，2020年前三季度，华海药业营收同比增长21.41%，净利润同比增长64.23%，扣除非经常性损益净利润增长109.55%。这和带量采购展开的第一观感背道而驰，所以了解华海药业的关键在于找到其业绩增长的原因。为什么在带量采购下，其依然能够保持业绩增长？

（1）海外业绩回升。2018年，缬沙坦原料药中检出微量N-亚硝基二甲胺（NDMA）杂质，华海药业海外市场遭受创伤。安全问题没有借口，这使其原料药和中间体制造（API）业务萎缩，2017年的API销售额为21.43亿元，2018年为20.1亿元，原地踏步。从国外市场看，API的需求还在上升。我们都知道中国在很多领域的原料药，包括抗生素和心血管类药品，占据了全球超过七成的市场。越来越多的跨国药企只保留专利，生产全部外包，然后药品再运到欧美本地分装。这虽是跑量，但也蒸蒸日上。2020年，因为新冠肺炎疫情，全球药品需求上升，所以华海药业2020年半年报显示，其海外业务的销售额为20.29亿元，而2019年同期是16.69亿元。

（2）带量采购使价格降低，但是销量增加。即使用不到，也要保证订单药量交付，所以带量采购要看几个方面：其一是原材料价格，就是API。很显然，华海药业是API的主力厂家，成本低。其二是研发梯队。研发品类多可以分摊个别品种的风险，华海药业仅获得美国ANDA的品种就有66个。其三是存量品种较为分散，没有依赖单品。如果一家公司对单一产品过分依赖，那么如果其遭遇带量采购或者医保谈判的垂直打击，就非常惨。

（3）新品种接续速度较快。华海药业是典型的从API向仿制药进军，再向创新药进军的传统制药公司，其在海外也有很丰富的申报经验，而我国的医药审批也进一步放开了海外临床数据。以前一种药在海外做了临床，在国内还要做，现在国内可以直接用海外临床的一部分数据。美国申报分为 IND、NDA、ANDA。IND 就是安全性，通过后可以开始药物实验，NDA 是对以前没有的药做临床，ANDA 是对已有的药做临床，其实就是一致性评价、药物等效性实验。相对来说，国外药物管理还是比较严格的，所以华海药业的很多新品种双报，可以两边上市。

（4）量外市场对仿制药的需求增加。原研药在量外市场的性价比进一步萎缩，大量仿制药市场下沉。

综上，可以解释华海药业 2020 年的业绩为什么相对于 2019 年更强劲，但是其在未来还是会遇到一定的业绩瓶颈（不会太严重）。

华海药业预期通过 ANDA 的药物利伐沙班片、盐酸度洛西汀肠溶胶囊、替米沙坦片、奥美沙坦酯氢氯噻嗪片、缬沙坦氢氯噻嗪片在 2021 年集采的概率相对较高。集采很复杂，每个产品最终定价也有差异。当然，公司也在进入创新药和生物药领域，但这方面相对来说规模还很有限，已经进入临床阶段的生物药包括重组全人源抗肿瘤坏死因子 -α 单克隆抗体注射液、重组人源化抗血管内皮生长因子（VEGF）单克隆抗体注射液等。

另外，普利类和沙坦类都是我国 API 出口的大项目，现阶段华海药业以沙坦类为主。未来可以扩展 API 的品类边界。

我们再来看一下华海药业的不确定性和估值。不确定性在于：第一，是单品发展还是带量采购的策略风险；第二，安全事故再次发生的潜在风险。这两点没有定论。在估值方面，公司 2020 年前三季度的 EPS 是 0.58 元。营收同比增长 21.41%，净利润同比增长 64.23%，扣除非经常性损益净利润增长 109.55%。考虑到未来的不确定性，业绩增长率预期调低，2021 年增长 40%，2022 年增长 20%。2020—2022 年的 EPS 预测分别为 0.84 元、1.18 元、1.41 元。以股价 30 元计算，对应市盈率分别为 36 倍、25 倍、21 倍。目前估值比较合理。

五、医药大时代的受益者——恒瑞医药

恒瑞医药如今在国内已经是医药创新的龙头，其模式也最接近国际医药巨头，其产品品类也非常广泛，大多数的宏观变化可能都难以撼动其医药界“一哥”的地位。

报表分析者喜欢恒瑞医药，是因为其报表里面几乎没有金融负债，2020年三季报资产负债表显示负债率为12.69%，基本上都是应付账款等经营产生的负债。也就是说，恒瑞医药不存在资金困难的问题，未来犯愁的是有钱没处花，于是必然会有并购，必然会吃掉国内外有创新能力的研发团队。

报表分析者喜欢恒瑞医药还因为2020年三季报显示其研发费用为39.87亿元，随着创新药的落地，这些研发费用不再是100%费用化，会有一部分资本化，但资本化的占比较小。费用化相对于资本化，更加体现出财务的审慎性。

事件驱动型投资者则喜欢恒瑞医药的多种类药品，几乎每隔一两周就会有新产品获得批文，而且随着审批放宽，恒瑞实验室的研发周转速度加快，研发循环越来越快，未来还可以出售一定的研发成果获利。

成长型投资者喜欢恒瑞医药未来强劲的创新能力，我国仿制药领域的两家巨头——恒瑞医药和江苏豪森属于关联公司，恒瑞实验室如今的研发能力可以支撑两家巨头齐头并进。江苏豪森已经在港股上市，就是翰森制药。2020年两家公司的研发费用总和将超过60亿元。

唯一不开心的应该是价值型投资者，因为恒瑞医药的股价已经连续数年上涨，几乎没有回头，但好消息是，其迎来了一个中短期的拐点，那就是带量采购和医保谈判。二者给投资者对恒瑞医药的估值想象带来了一定的负面影响。同时，在新冠肺炎疫情下，恒瑞医药的业绩增速放缓，2020年大约只有10%的增速。预计2021年，恒瑞医药将出现一个股价低点。如果坚信带量采购和医保谈判是一个中期的利空，长期看，恒瑞医药必然通过创新突破天花板，或者将

创新药通过授权去国际市场掘进，那么价值投资还是值得的。

恒瑞医药的重磅药品太多，关键领域在肿瘤、造影剂和麻醉制剂。肿瘤领域的重磅新药数量较多，成为最近数年增长最快的业务。麻醉剂在未来的需求稳定，因为医改大方向偏向于手术和门诊。恒瑞医药已经通过三期临床和正在进行三期临床的药物目录见表 10–2、表 10–3。

表 10–2　恒瑞医药已经通过三期临床的药物目录（截至 2020 年第三季度末）

阶段	治疗领域	靶点	通用名	适应证	地位
上市	肿瘤	HER2	吡罗替尼	HER2 阳性乳腺癌	2 线
		PD-1	卡瑞丽珠单抗	复发或难治性经典型霍奇金淋巴瘤	3 线
				晚期肝细胞癌	2 线
				EGFR-/ALK- 晚期或转移性非鳞状非小细胞肺癌	1 线
				晚期或转移性食道鳞癌	2 线
		VEGFR	阿帕替尼	晚期胃或胃食管结合部腺癌	3 线
		COX2	艾瑞普布	缓解骨关节炎疼痛	NA
	麻醉镇静	GABAa 受体	瑞马唑仑	常规胃镜检查镇静	NA
				结肠镜诊疗镇静	NA
NDA	肿瘤	PARP	氟唑帕利	复发性卵巢癌	3 线
		PD-1	卡瑞丽珠单抗	晚期鼻咽癌	3 线
		VEGF	贝伐珠单抗	非鳞状非小细胞肺癌	1 线
		VEGFR	阿帕替尼	晚期肝细胞癌	2 线
	心血管	TPO	海曲泊帕乙醇胺	原发免疫性血小板减少症	2 线
				重型再生障碍性贫血	1 线
	代谢疾病	DPP4	瑞格列汀	饮食和运动后血糖控制不佳的Ⅱ型糖尿病	1 线
				二甲双胍控制不佳的Ⅱ型糖尿病	2 线
		SGLT-2	恒格列净	单纯饮食运动控制不佳的Ⅱ型糖尿病	1 线
				二甲双胍控制不佳的Ⅱ型糖尿病	2 线

资料来源：公司年报。

表 10-3　恒瑞医药正在进行三期临床的药物目录（截至 2020 年第三季度末）

治疗领域	靶点	通用名	适应证	地位
免疫疾病	JAK1	SHR0302 片	中至重度活动性类风湿关节炎	1~2 线
			活动性强直性脊柱炎	2 线
肿瘤	URATI	SHR4640	原发性痛风伴高尿酸血症	NA
	CDK4/6	SHR6390	HR 阳性、HER2 阴性晚期乳腺癌	2 线
			HR 阳性、HER2 阴性晚期乳腺癌	1 线
	HER2	普洛替尼	HER2 阳性早期或局部晚期乳腺癌	新辅助
			HER2 阳性复发 / 转移性乳腺癌	1 线
			HER2 阳性早期或局部晚期乳腺癌	延长辅助
			局部晚期或转移性非鳞状非小细胞肺癌	1~2 线
	PARP	氟唑帕利	转移性乳腺癌	2 线
	PD-1	卡瑞丽珠单抗	局部晚期复发或转移鼻咽癌	1 线
			IV 期鳞状非小细胞肺癌	1 线
			不可切除的局部晚期 / 复发或远处转移的食道鳞癌	1 线
			晚期肝细胞癌	1 线
			无法切除的局部晚期或转移性胃或胃食管结合部腺癌	2 线
			晚期恶性肿瘤延展研究	维持
			PD-L1 阳性的复发或晚期非小细胞肺癌	1 线
			PD-L1 阳性晚期三阴性乳腺癌	1 线
			局部晚期食管鳞癌	1 线
			早期或局部晚期三阴性乳腺癌	辅助
	PDGFR 等激酶受体	苹果酸法米替尼	晚期结直肠腺癌	3 线
			复发 / 不可切除胃肠道间质瘤	2 线
	PD-L1	SHR-1316	广泛期小细胞肺癌	1 线
			可切除非小细胞肺癌	围手术期

续表

治疗领域	靶点	通用名	适应证	地位
肿瘤	VEGFR	阿帕替尼	晚期 EGFR 野生型非鳞状非小细胞肺癌	3 线
			晚期肝内胆管细胞癌	2 线
			IIIB-IV 期 EGFR 基因突变型非鳞非小细胞肺癌	1 线
			复发性小细胞肺癌	2 线
			复发性卵巢癌	2 线
	雄激素受体	SHR3680	激素敏感性前列腺癌	2 线
心血管	TPO	海曲泊帕乙醇胺	恶性肿瘤化疗所致血小板减少症	1 线
麻醉镇静	GABAa 受体	瑞马唑仑	择期手术中的全身麻醉	NA
			支气管镜诊疗镇静	NA
	α2- 肾上腺素受体	盐酸右美托咪定鼻喷剂	术前镇静	1 线
代谢疾病	PSK9	SHR-1209	纯合子家族性高胆固醇血症	2 线

资料来源：公司年报。

估值方面，恒瑞医药 2020 年前三季度营收为 194 亿元，同比增长 14.57%，净利润为 42.59 亿元，同比增长 14.02%，扣除非经常性损益净利润为 41.41 亿元，同比增长 17.11%。公司未来的盈利非常依赖大单品的驱动，整体营收规模已经达几百亿元，增长力会局限在 20%~30%，但增长可持续性较好。预计 2020—2022 年的 EPS 分别为 1.1 元、1.32 元、1.72 元。参考 85 元的股价，对应市盈率分别为 77 倍、64 倍、49 倍。目前估值还是有点高。但考虑到恒瑞医药财务的稳健性，长期看其回调空间不会太大。

第十一章

医疗服务公司的投资机会 >>>>

医疗服务领域的公司，也就是医院和私营医疗机构。我们已经对其行业概况做了叙述，其主要的商业模式是连锁商业模式，非常有生命力。这种模式使得公司具有规模优势，并以此生发出价格竞争的能力。当然不是所有的连锁模式都是成功模式，在医疗服务领域，我们看好两家以连锁模式为主的公司，并将在下文对这两家公司进行系统分析。

一、创新医疗连锁机构——爱尔眼科

（一）公司概况

爱尔眼科医院集团是全球规模领先的眼科医疗连锁机构。截至 2019 年 12 月 31 日，公司在我国境内的医院有 105 家，门诊部有 65 家；并购基金旗下的医院有 275 家，门诊部有 37 家。同时公司向海外扩张，随着相继收购欧洲、美国和新加坡的眼科医院，海外地区的收入占总收入的比重达到 10.2%。

爱尔眼科的主要业务为白内障手术、屈光手术（近视手术）、近视防控、青光眼、小儿眼病、眼底病、眼整形、眼部治疗服务等，同时也有传统的视光服务。将这些服务合并归类之后，其业务主要是白内障手术、屈光手术、视光服务、眼前端手术和眼后端手术，一站式解决眼部问题。

从图 11-1 可以看出，爱尔眼科的主要贡献业务为屈光手术项目和白内障手术项目，其针对的是国内最广泛的病患人群。在中国屈光不正人口中，未成年屈光不正人口占未成年人口总数的 54%；而白内障发病人口占我国人口总数的 12%，随着人口老龄化加剧，白内障人数将进一步提升。

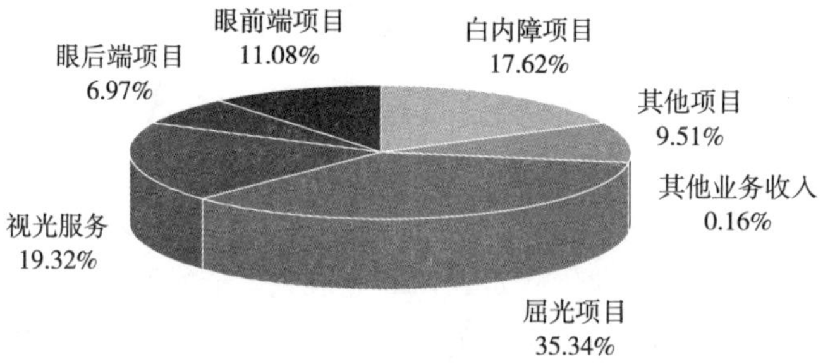

图 11-1　2019 年爱尔眼科业务收入占比

资料来源：公司年报。

图 11-2 展示了中国民营医院和爱尔眼科的发展历程。

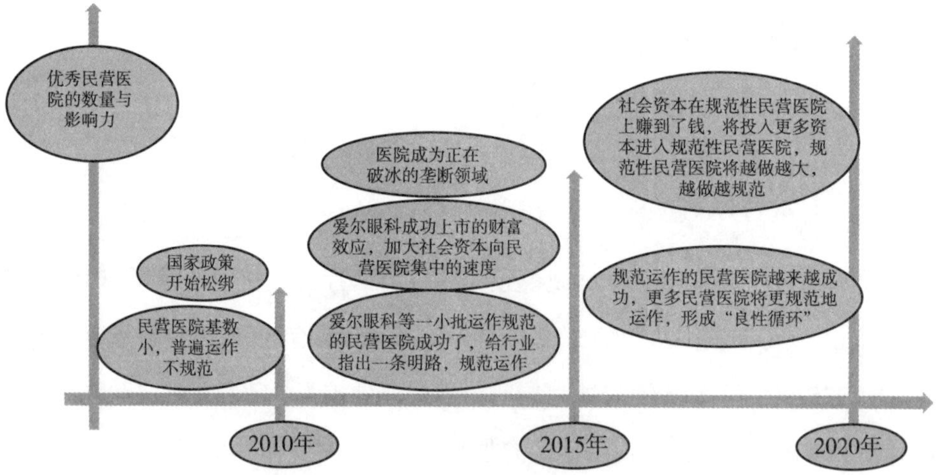

图 11-2　中国民营医院的“黄金 10 年”

资料来源：相关资料整理而得。

爱尔眼科是民营控股、国内规模最大、医师数量最多的眼科医疗机构，为患者提供各种眼科疾病的诊断、治疗及医学验光配镜等服务。爱尔眼科上市后将连锁规模从17家发展至400余家（含并购基金）的同时，盈利能力也保持在行业前列：2009—2019年营业收入复合增长率（GAGR）高达32.33%，毛利润CAGR高达31.88%，销售毛利率和销售净利率在扩张期保持稳定，且大致同步，ROE从2009年的7.56%逐年攀升至2019年的22.51%。

2019年全年营收为99.9亿元，同比增长24.74%；净利润为13.79亿元，同比增长36.67%；扣除非经常性损益净利润为14.29亿元，同比增长32.42%。2020年前三季度公司收入为85.65亿元，增长10.78%；归母净利润为15.46亿元，增长25.6%；扣除非经常性损益归母净利润为25.81亿元，增长27.99%。考虑到2020年的新冠肺炎疫情，眼科手术受到一定影响，所以2020年前三季度的业绩表现实属不易。当然，2020年前三季度的业绩中也包括并购，报告期内公司发行股票及支付现金收购天津中视信、奥理德视光、宣城眼科、万州爱瑞、开州爱瑞等股权，并表也受到了一定的营收正面影响。不过公司坚持内生增长和外延增长同步推进，国内业务和国际业务双管齐下，爱尔眼科的增长依然有较高确定性。

（二）市场空间和商业模式

市场空间主要来自几个方面：其一，我国庞大的屈光不正人数和白内障患者人数。其二，屈光不正手术和白内障手术未来的渗透率将进一步提高。其三，公立医院眼科业务的占比依然庞大，但公立医院的人才和患者正在向私立医院转移。

据统计，我国屈光不正人数总共有6.45亿，其中未成年人患者有0.97亿，成年人患者有5.48亿。互联网时代人们的用眼需求越来越大，视觉疲劳导致的近视加重将更加普遍。对于屈光不正导致的近视、远视和散光，未成年人的治疗方法是配戴眼镜和角膜塑形镜，而成年人角膜定型之后可以采用屈光手术。

屈光手术又包括角膜屈光术、眼内屈光术和巩膜屈光术。其中巩膜屈光术应用不广泛，应用比较广泛的是角膜屈光术中的飞秒激光，以及眼内屈光术的植入ICT晶体屈光手术。前者适合1 200度以内近视的成年患者，后者适合300~2 000度近视、600度以内散光、无法进行激光手术的成年患者。不过，目前针对飞秒激光还有类似反弹复发等传言，而现实情况是其成功率在95%以上，在手术领域这个成功率已经算非常高了。所以，相信未来飞秒激光和ICT晶体植入的市场依然会呈现扩张状态。

在白内障方面，根据前瞻研究院的统计，我国白内障患病人数从2012年的1.02亿人增长至2017年的1.25亿人，复合增速达4.21%。患者多见于40岁以上人群，85~89岁的白内障患病率约为75%，所以老龄化会让白内障患者增多。46%的致盲是白内障导致的。导致白内障的原因是晶状体钙化模糊，治疗方法有两种：手术去除钙化和替换人工晶状体。集中采购降低了人工晶状体的成本，未来人工晶状体将越来越普及。现阶段白内障手术渗透率依然不高，2016年《“十三五”全国眼健康规划》指出，到2020年底，全国百万人口手术率（CSR）要达到2 000人以上，但2017年，31个省份中有28个省份未达预期标准，部分省份甚至在1 000人以下。随着医保的就位，相信白内障手术将迎来新的井喷。

我国眼科医疗市场的总体规模6年间复合增速约为15%。其中，公立医院在整个眼科医疗市场领域占有主导地位，2018年市场规模达882亿元，2013—2018年市场规模复合增速达13.66%；民营医院从2013年80亿元的市场规模上涨至2018年的201亿元，复合增速为20.23%。可以看到，民营眼科医院占比较小，市场份额大部分在公立医院。但民营专科医院的优势明显，民营医院认识到眼科领域人才的重要性，用良好的待遇吸引了大量公立医院的优秀医生，逐渐掌握了更多优势资源，从而使眼科竞争的天平逐渐倾向民营医院。另外眼科手术还受益于带量采购，器械耗材、药物等逐渐趋于平价，价格下跌降低了医疗机构的上游成本，而下游则可以通过提高服务品质的方式来增收，这又将进一步增加了民营医疗机构的利润率。

爱尔眼科的连锁经营模式已经从“三级连锁”进阶为“分级连锁”，见图11–3。

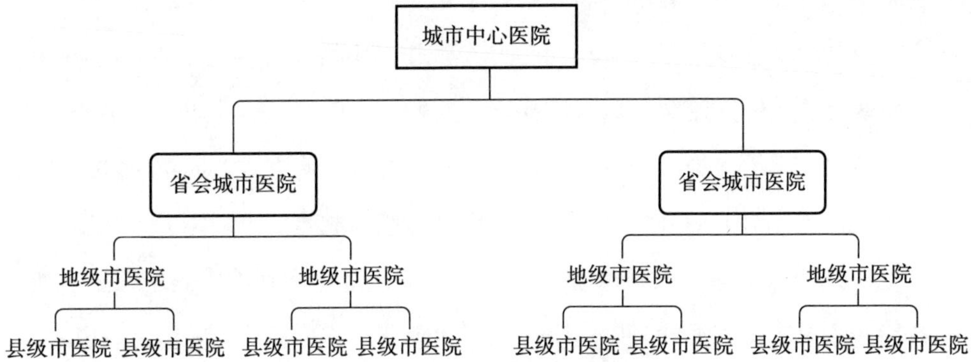

图 11–3　爱尔眼科的经营模式

资料来源：相关资料整理而得。

公司连锁医院原先按照“三级连锁”模式布局，即按区位、技术、战略及资源整合能力的不同分为三级，把临床和科研能力最强的上海爱尔作为一级医院，定位为技术中心和疑难眼病患者的会诊中心，并对二级医院进行技术支持；把具有一定规模和较强临床能力、位于省会城市的连锁医院作为二级医院，定位为开展全眼科服务和代表省级水平的疑难眼病会诊中心，并对三级医院提供技术支持；把建立在地市级城市的医院作为三级医院，侧重于眼视光及常见眼科疾病的诊疗服务，疑难眼病患者可输送到上级医院就诊。综上可简单总结为：疑难病例自下而上输送，技术支持从上到下提供。

近年来随着网点的进一步增加，公司连锁模式中的网点结构更加多样化和复杂化，出现了新的“分级连锁”，网点渗透到医院的内部。利用中心地区的影响力带动网点下沉，加速服务覆盖基层，目前爱尔眼科三级医院占比高达62.22%。公司的顶层爱尔眼科医院负责疑难杂症和眼科手术；中层的眼视光门诊则负责处理常见眼病及提供视光服务；底层的爱眼 e 站提供日常视光服务，从而向生态型公司逐步转型。

爱尔眼科采取内生和外延双向驱动模式：一方面加强人才队伍建设，强化现有医院的竞争力，在区域下沉中提高眼科手术的渗透率，让更多的人接受屈光手术和白内障手术。另一方面并购增厚企业业绩。这里又可以细分为两条路线：一条路线是直接并购，比如2020年第三季度定增发行收购了多家企业；另一条路线是成立并购基金，新医院成立，并购基金股权超过8成，上市公司股权占1~2成，不纳入报表，当医院盈利之后，通过并购方式，成熟一家，纳入一家，这使得作为上市公司载体的医院都具有较为成熟的盈利能力。这种方式既撬动了社会资本参与开办医院，又保证了上市主体的利润正向增长。当然，也有一些小风险，诸如并入后医院盈利不达预期，不过现阶段我国民营眼科医疗还处在成长阶段，这种风险短期内不会出现。

（三）爱尔眼科的核心竞争力

核心竞争力之一：规模。市场份额带来的规模化优势，爱尔眼科在民营眼科品牌中排名第一，见图11–4。

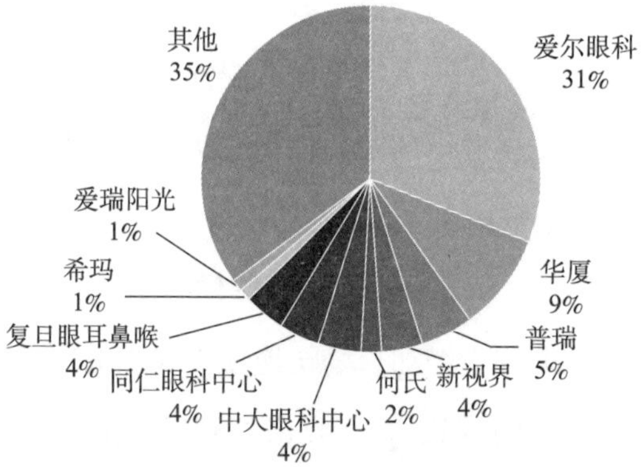

图11–4　2012—2018年我国公立及民营机构眼科市场

资料来源：Frost&Sullivan，平安证券研究所。

2019年爱尔眼科的市场份额已经超过4成，2020年第三季度并购了30家医院之后，爱尔眼科的市场份额得到进一步提升。专科医院的市场份额提升之后，就能产生很好的品牌辐射和规模效应，行业头部集中趋势明显。

核心竞争力之二：人才。公司对人才的培养与建设非常重视，对于中层和新人医生，制订了不同的培养计划，为其提供良好的成长空间。公司现有22家培训基地，线上线下开展医生、护士、药师培训，提高其专业能力和服务水平。同时公司人员职称评定后的权益对标公立医院，为医生打通了上升渠道，而且爱尔眼科的薪酬设计更为合理，成功地为医院留住了人才。对于高层的资深医生，公司采用高薪酬+股票期权、限制性股票+合伙人计划，成功将医生与公司利益绑定，调动其积极性。

总之，爱尔眼科正处在一个风口上，眼科手术渗透率提升、眼科患者人数增加、公立医疗机构逐步让位于私立专科医院的趋势，使爱尔眼科有更大的成长空间。另外企业采取了内生和并购双管齐下的策略，通过人才集聚和规模效应进一步稳固行业优势。所以，爱尔眼科未来发展前景广阔。

（四）合理估值

爱尔眼科依然在扩张期间，其网点覆盖将进一步向纵深发展，并且对无壁垒的传统眼镜店模式进行挤出。过去10年间其复合增长率为32.33%，借鉴2019年的增长率水平，扣除非经常性损益净利润增长为32.42%，每股收益（EPS）为0.33元，预期2020—2022年EPS分别为0.41元、0.55元和0.75元，以股价60元为参照市盈率，预计2020—2022年市盈率分别为146倍、109倍和80倍。从2020年末看，还是有一定的高估。

（五）潜在风险

医疗风险。医疗领域中各种精细化、高技术含量的手术，十分依赖医生的技术，并且需要一定的沟通能力，如果发生医疗事故会连带影响公司的声誉，导致连锁反应，近几年国内部分医疗机构由于社会事件出现了整体性的行业趋势转向。

整合网点和并购公司的风险。爱尔眼科的规模已经提升至全球级别，业务越来越全面，规模越来越大，国内网点迅速增加，覆盖人口呈几何级数增长，同时带来的问题就是整合的难度和风险。目前公司传统的医院依然贡献了大部分的现金流水，其他网点的增加也有条不紊，但是难保未来会出现整合不成功的案例。

另外，还有短期估值过高的风险。

二、传统医疗连锁机构——通策医疗

（一）公司概况

通策医疗投资股份有限公司（简称“通策医疗”）前身是中燕纺织股份有限公司，是北京中燕实业集团公司联合其他五家股东以发起设立方式设立的股份有限公司，公司总股本为 16 032 万元。公司现注册地址是浙江省杭州市上城区庆春路 225 号 406 室，注册资本 16 032 万元。公司经北京市人民政府京政函〔1996〕33 号文批复，同意向社会公开发行股票（A 股），由北京市证监局京证监发〔1996〕3 号文批复，经中国证券监督管理委员会批准，向社会公开发行 4 032 万股社会公众股，并于同年 10 月 30 日在上海证券交易所挂牌上市交易。公司根据国内和国际市场需求、自身发展能力和业务需要，于 2007 年 2 月 5 日更名为“通策医疗投资股份有限公司”。通策医疗投资股份有限公司是国内第一家以口腔医疗连锁经营为主要经营模式的上市公司。

通策医疗的前身是德隆系上市公司 ST 中燕，2005 年底杭州宝群实业集团受让新疆屯河持有的 29.69% 的股份，成为实际控制人。由于公司的债务问题一直无法解决，注入资本前该公司已经没有任何实际业务。2006 年底公司股权分置改革时，宝群实业集团以现金 2 126 万元按照账面净值收购中燕股份的应收款项，同时将其全资拥有的杭州口腔医院有限公司 100% 的股权及现金 2 550 万元赠予 ST 中燕。其他五家非流通股股东分别将其各自持有的非流通股数量的 9% 无偿转让给宝群实业公司，作为宝群实业代为执行对价安排的补偿。受让股份后，宝群实业集团持有的通策医疗的股份由 4 760 万股增至 5 167.7 万股，占总股本的 32.23%。通过股权分置改革以及资产注入，通策医疗成为一家完全以口腔诊疗服务为业务的医疗服务类上市公司。目前公司的董事长是以房地产起家的吕建明，从公司的年报中可以发现其第二大股东占有 20% 的股份，同时在董事会中有多名来自二股东的董事和监事，因此也参与公司的战略决策。

（二）商业模式和成长空间

根据国家卫生计生委 2017 年发布的《第四次全国口腔健康流行病学调查》：

儿童方面。12 岁儿童恒牙龋患率为 34.5%，比十年前上升了 7.8 个百分点。5 岁儿童乳牙龋患率为 70.9%，比十年前上升了 5.8 个百分点。农村高于城市。国家卫生健康委发布的《健康口腔行动方案（2019—2025 年）》指出，要不断推进“三减三健”健康口腔行动，12 岁儿童龋患率预计在 2020 年控制到 32% 以内，在 2025 年控制到 30% 以内；12 岁儿童龋齿充填治疗比预计在 2020 年达到 20%，在 2025 年达到 24%；儿童窝沟封闭服务覆盖率预计在 2020 年达到 22%，在 2025 年达到 28%。随着健康口腔行动方案的逐步实施，我国儿童口腔疾病就诊患者数量将会大幅提高。

老人方面。65~74 岁老年人中，存留牙数为 22.5 颗，城市高于农村；全口无牙的比例为 4.5%，农村高于城市；缺牙已修复治疗比例为 63.2%，城市高于农村。与十年前相比，老年人存留牙数平均增加了 1.5 颗，全口无牙的比例下降了 33.8 个百分点，修复比例上升了 29.5 个百分点。牙科疾病发病率随着年龄增长有提升趋势，随着我国人口老龄化进程加剧，医疗服务市场规模和牙科服务市场需求（如牙髓病、牙周炎、种植和义齿等）有持续提升的基础。

中年人方面。35~44 岁居民中，口腔内牙石检出率为 96.7%，男性高于女性，农村高于城市，与十年前相比，变化不大；牙龈出血检出率为 87.4%，男性高于女性，农村高于城市，与十年前相比，上升了 10.1 个百分点。所以中年人牙齿健康情况有所好转，市场趋于稳定。

牙科的主要业务有四项：种植、正畸、儿科和综合。其中种植和正畸是高值手术服务，也是未来牙科医院增收的主要来源。2019 年全国市场规模约为 1 132 亿元，未来 5 年国内市场 CAGR 有望保持在 18%。因为：其一，诊疗人数增加。由于老龄化和收入提高，牙科诊疗渗透率提高。其二，用户单价提升。种植牙和正畸等可选择的牙科服务日渐普及。

不过，牙科领域的瓶颈在于牙医数量不足。我国目前的牙医数量按世界卫生组织的标准仍存在 22% 的缺口。世界卫生组织于 20 世纪末建议全球范围的国家牙医配比为 1∶5 000，即 10 万人拥有的牙医数为 20，我国 2018 年每 10 万人拥有牙医数仅为 15.6。

我国牙科医生需要取得职业证书才能执业，获得证书且工作 5 年之后的医生才可以申请开办牙科诊所。另外，我国牙医助理数量逐年递增。通策医疗这样的大型连锁医疗机构更容易成为牙医助理工作的首选地（熬资历）。这也保证了此类公司未来的人才梯队建设和人才来源。众所周知，民营医院机制更加灵活，医生收入更高。

（三）特色

通策医疗发展模式的独特之处有：①公司通过收购当地具有品牌影响力的口腔医院可以轻易获得大量的消费人群，同时弥补民营医院难以获得医保定点的弱势，吸引大量的医保消费者，目前杭州口腔医院收入的一半来自医保。②收购的医院在当地具有良好的口碑，免除了公司花巨资打造品牌的费用。③双品牌战略使得公司在扩张过程中更加灵活，同时在各地医院中也筑起了品牌防火墙。

1. 收购口腔医院模式

杭州口腔医院成立于1952年，是杭州市第二大口腔专科医院，同时也是杭州市的医保定点单位。2006年以前已经有一个总院和两个分院，医生大多是口腔科的博士和硕士，有丰富的实践经验，在杭州当地拥有良好的口碑，同时也积累了大量的患者。2006年6月，宝群实业集团通过竞拍的方式获得了杭州口腔医院100%的股权，股权的转让人是杭州市国资委。同年，宝群实业将杭州口腔医院100%的股权注入ST中燕，公司取得杭州口腔医院的实际控制权以后，即开始了以医院为中心的对外扩张：2007年6月，公司受让宁波口腔医院有限公司70%的股权，成为该医院的实际控制人；2007年7月宣布成立杭州口腔医院古翠门诊部，成立宁波口腔医院宁海门诊部。这种扩张模式的特点是：收购的医院都是当地成熟的口腔专科医院，这些医院在当地已经有一定的口碑和患者积累；收购以后，这些医院的名称不变，也就是说患者对这些医院的认知与原来一样；在此基础上逐渐在当地开拓分院和小型的口腔门诊部（见图11–5）。

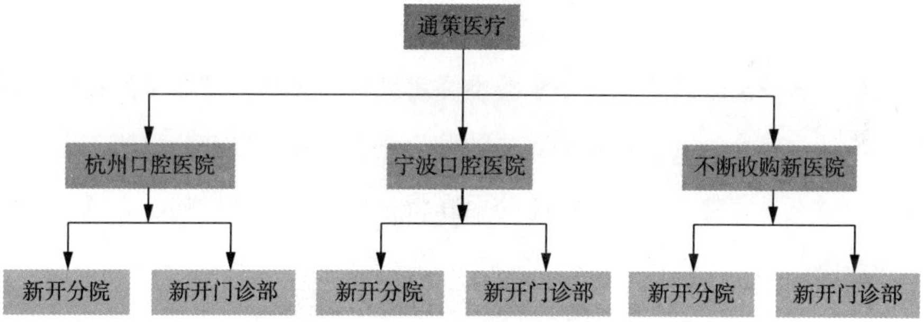

图11–5　通策医疗医院收购模式

资料来源：中信建投证券研究发展部。

这种扩张模式的优点是：

第一，扩张的成功率高，因为被收购的医院往往在当地拥有很高的名气，本来就是盈利很好的医院，加上公司对其进行民营化改制，会使医院的治理和经营更加完善。

第二，被收购的医院大多是医保定点医院，口腔医疗中医保报销的范围较小，这些服务项目并不能给公司带来很大的利润，但这些业务为公司带来了大量的客流和潜在顾客。

这种扩张模式的缺点是：

第一，扩张的速度不快，因为被收购的医院大都是国有或者部分实现民营化的医院，收购往往需要进行相当长时间的谈判。

第二，不利于树立通策医疗的品牌。因为医院被收购以后并没有改用通策医疗的名称，而是沿用原有医院的名称，患者就医时往往并不知道这家医院属于通策医疗。

2. 独立扩张模式

除了采用收购扩张的模式，通策医疗的管理层同时采用新建的方式来进行扩张，见图 11–6。随着公司扩张速度不断加快，单纯依靠收购口腔专科医院的方式必然无法满足需求，因此这是保证公司未来发展必需的扩张模式，这种模式的扩张速度大大超过收购扩张模式。

但是，这种扩张方式存在一定的不确定性，因为其关键在于品牌以及围绕品牌形成的一整套管理、技术和人员的核心竞争优势。目前公司还不完全具备这样的核心竞争优势，但我们认为公司在将来会建立起这样的核心竞争优势以及品牌效应。

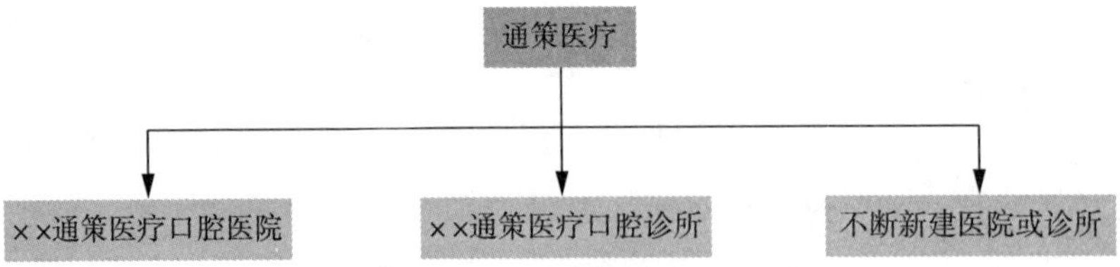

图 11–6　通策医疗自建医院扩张模式

资料来源：中信建投证券研究发展部。

目前公司的发展模式正在为将来的高速扩张做准备。公司利用杭州市口腔医院这一成熟平台作为对外扩张的基地，包括对新口腔科医生的培训、派出医生去新收购的口腔科医院工作、对外输出成熟的医院管理体系等。同时公司也积极与浙江中医药大学合作，加强研发实力。具体见图 11–7。

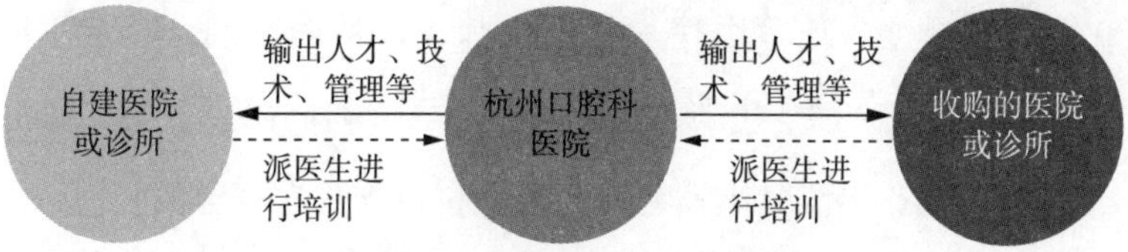

图 11–7　通策医疗业务扩张模式

资料来源：中信建投证券研究发展部。

按照管理层目前的意图，公司的扩张应该首先在浙江省内发展，随后发展至长三角地区和全国一线城市，在此基础上再向全国扩张。具体见图 11–8。

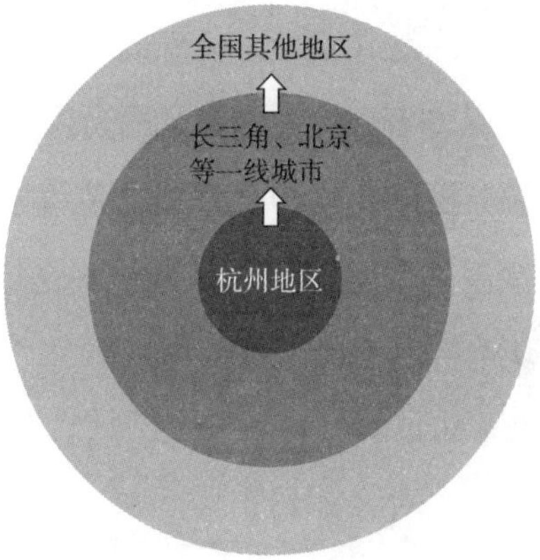

图 11–8　通策医疗可能的地域扩张模式

资料来源：中信建投证券研究发展部。

另外，公司确立的主要通过收购、参与公立医院改革等方式进行集团式扩张的战略更符合目前行业的发展态势，成功的概率更大。在战术方面，通过与昆明市政府等多种渠道合作成立医疗 PE 基金，可以在控制风险的同时加快扩张步伐；而借助与政府的合作，也能更好地参与公共医疗领域的发展。

（四）合理估值

通策医疗2019年营收同比增长22.52%，净利润增长39.44%，扣除非经常性损益净利润增长38.6%，经营活动现金流净额增长38.01%。净利率提高，营收增加，企业发展势头强劲。

2020年前三季度，通策医疗受到新冠肺炎疫情的影响，其营收同比增加2.2%，净利润降低0.98%，扣除非经常性损益净利润降低2.33%，每股收益（EPS）1.23元。2020年情况比较特殊，因牙科诊疗具有一定的弹性，基于疫情的防控要求，很多牙科手术都被延迟。不过预期这种情况并非常态，所以2019年年报的增长更有代表性。

考虑到新冠肺炎疫情后牙科需求的恢复性增长，预计未来几年的净利润增长率在35%左右，预计2020—2022年EPS分别为1.87元、2.51元、3.42元。根据2020年的现价预测，2020—2022年市盈率分别为117倍、87倍、64倍。

（五）潜在风险

（1）估值过高的风险，至少在2020年底看，估值偏高。

（2）人才流失的风险。

（3）浙江省以外市场推进不顺利的风险。

（4）开展辅助生殖业务不顺利导致的风险。

第十二章 医疗器械公司的投资机会

一、集中化医疗器械龙头——乐普医疗

（一）乐普医疗整体分析

医疗器械行业过去的龙头是乐普医疗，在迈瑞医疗上市之后，乐普医疗的市值已经不算什么，但其业务依然具有活力。我们认为整个医疗器械行业最终很可能重复仿制药的路径，逐步形成强者恒强的态势。所以乐普医疗十分值得关注，一方面，其业务面对的是老龄化；另一方面，其在所经营的领域存在一定的壁垒和竞争力。当然，我们预计乐普医疗过去的主力业务冠脉支架可能因为带量采购而遭遇瓶颈，不过这一点影响有限。

图 12–1 是 2010—2019 年乐普医疗的营收增长和净利润增长情况，从中可以明显看到，2013 年之后，医疗器械行业进入整肃期，而乐普医疗的营收和利润继续呈现双增长局面，也就是说政策面的规范行为对其并没有太大影响，其营收增长率在 2014 年之后基本恒定在 30% 左右，净利润增速同比增长 20%~30%，但利润率有所下降。

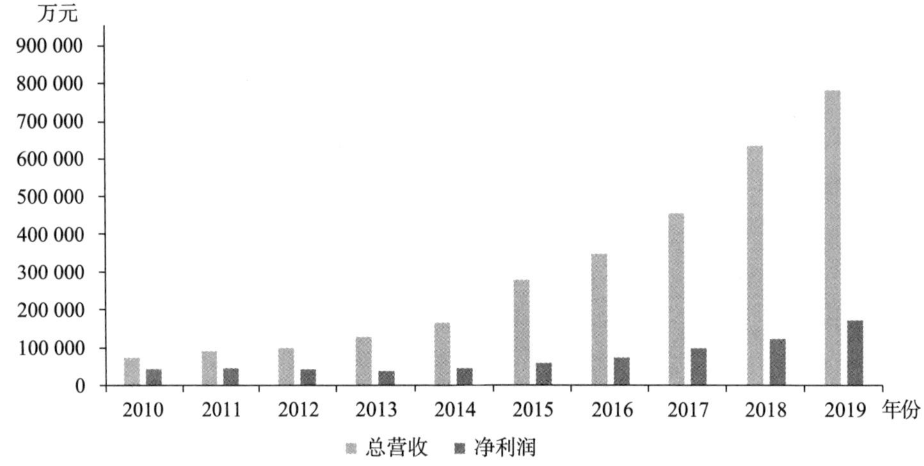

图 12-1　2010—2019 年乐普医疗的净利润和总营收

资料来源：公司年报。

乐普医疗早期的增长在于心脏支架产品对进口产品的替代。早期的心脏支架属于高值耗材，国外技术壁垒较高，乐普医疗突破了国外垄断，并逐渐渗透跨国医疗器械企业的市场份额。近几年，乐普医疗的业务呈现同心多元化趋势，围绕心血管疾病形成一整套解决方案，其中五大技术平台分别是：可吸收支架和材料制造平台技术、瓣膜设计与完全可回收再定位输送平台技术、封堵器设计和精密制造平台技术、药物球囊精密制造和药物涂敷平台技术、人工智能 AI-ECG 心电诊断平台技术等。

乐普医疗 2020 年前三季度研发投入为 4.7 亿元，同比增长 30%，2019 年 2 月可降解支架获批，2020 年 6 月药物球囊、左心耳封堵器获批。后续仍有一系列重磅产品有望陆续获批，包括 A 系列产品、纳米膜封堵器、第二代血栓弹力图仪、外周类治疗器械（竞争对手心脉医疗后面会有介绍）、实现介入无植入的辅助器械（切割球囊和声波球囊）、可降解结构型封堵器、瓣膜性疾病介入治疗器械等。仿制药包括甘精胰岛素、门冬胰岛素、杜拉鲁肽生物类似药、长效 GLP-1 受体激动剂等。

乐普医疗将器械、仿制药和医疗服务机构结合成为心血管疾病整体解决方案，为用户提供全方位、多角度的心血管治疗服务。

由图 12–2 可知，经过若干年的业务转型，乐普医疗如今的营收大头实际是仿制药，但是乐普医疗核心定位依然是医疗器械公司，其业务围绕老年人的心血管疾病展开，主要解决心血管方面的问题，并在器械上逐步综合化，随着研发投入的增加，心血管器械的品类逐步增多，迭代速度也逐渐加快。同时，乐普医疗也在尝试拓展边界，比如外周血支架、胰岛素等。“解决心脏问题的不是支架，而是健康管理。”乐普医疗结合人工智能和数据跟踪，搭建立体慢病管理平台，主要目的是进行慢病管理，提供更加全面的医疗服务。未来，乐普医疗可能和爱尔眼科、通策医疗一样，更多地投入医疗服务当中。

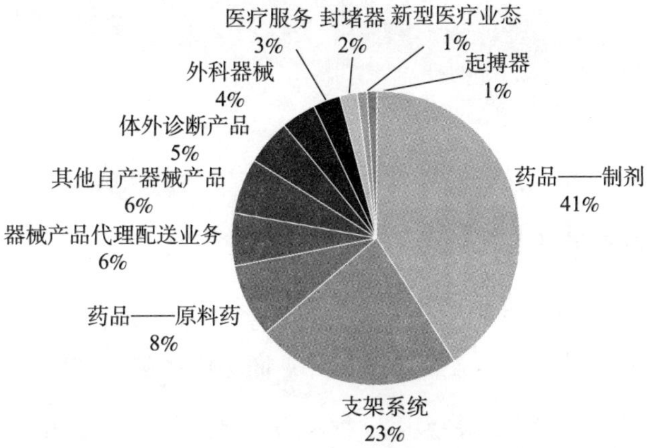

图 12–2　2019 年乐普医疗分项营业收入

资料来源：2019 年公司年报。

（二）关于心脏支架系统的分析

血管介植入医疗器械主要包括管内支架、心脏起搏及心脏结构器械，其中血管支架经历了漫长的技术演变。

早期冠状动脉狭窄使用的是搭桥手术的方法，就是用人造血管绕过狭窄动脉，之后球囊支架问世，其进入冠状动脉之后用球囊撑开血管，创伤比较小，但是30%~50%的患者会再次狭窄，再后来是金属支架，也有20%~30%的再狭窄率，由于留置体内，还会出现亚急性血栓。之后药物洗脱支架问世，其有10%的再狭窄率，血栓形成概率下降1%~2%，虽然概率很小，可一旦出现血栓，致死率却达惊人的45%。2012年雅培推出了BVS可降解支架，但可降解支架的技术仍不成熟。血管支架技术的演变见图12-3。

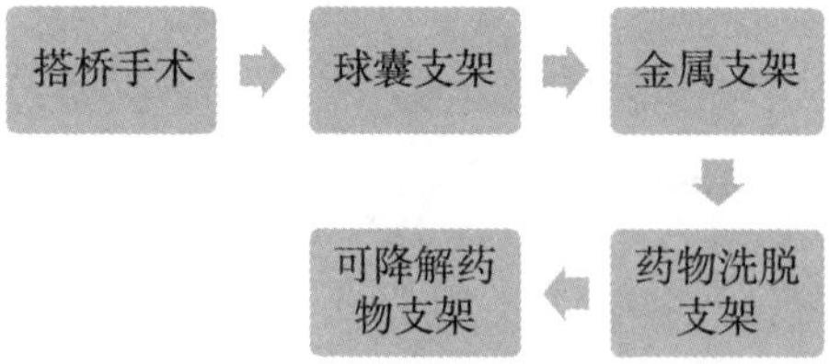

图12-3 血管支架技术的演变

资料来源：相关资料整理而得。

国内支架销售方面，国产品牌的市场占有率约为80%，且大部分是药物洗脱支架，质量和国外还有一些差距。药物洗脱支架也分两种，区别在于药物涂层，第一代产品是雷帕霉素和紫杉醇，而第二代产品是依维莫司和佐他莫司。从技术上看，国外产品大多数属于第二代，而国内产品大多数还停留在第一代。两代产品在效果上差距并不是太大，所以国内尚可接受，但也失去了反向进入国际市场的可能性。我们看到乐普医疗2011年上市的NANO支架虽然是新一代产品，但也只是新一代的雷帕霉素，并非严格意义上的二代药物洗脱支架。

所以，乐普医疗在支架类产品中押宝的是可降解药物支架，这种支架雅培在欧洲上市7年销售额达15亿美元，平均每年超2亿美元，后来因技术问题停售。2019年2月，乐普医疗NeoVas可降解支架获批。如今上海微创可降解支架Firesorb还没有获批，2019年9月完成了首次人体实验随访，应该很快可以获批。在心脏支架领域，跨国企业的实力依然不容小觑，比如雅培、波科和美敦力。

（三）关于起搏器的分析

心脏起搏器市场是一个成熟的高端市场，国内起搏器市场基本上被美敦力、圣犹达、波科垄断，所以自主生产的起搏器大多需要和国外合作，乐普医疗收购了国产起搏器的开山始祖秦明医学，即如今的乐普医学电子仪器。秦明医学之前仅生产单腔起搏器，在世界范围内技术是比较落后的，面临淘汰困境，其在 2016 年和西安交通大学一同开发了新的双腔起搏器。其他国产在研和即将上市的双腔起搏器基本是和国外合作开发的，我们所知的有杭州能可爱心和索林、创领心律和 Neuro LZ、微创和 Liva Nova PL、先健科技和美敦力。如今真正自主开发、掌握核心技术的只有乐普，这个好处显而易见，不用交专利费，有先发优势，技术提升也比较有优势。

和支架不同，起搏器的问题是进口价格过高导致使用者比较少，对于适应证，产品渗透率比较低，而国产的起搏器可以弥补这方面的不足，价格必然是影响产品渗透率的主要因素。预计未来在双腔起搏器上乐普医疗将持续发力。

（四）关于仿制药的分析

虽然我们在乐普医疗的药物清单里看到了重磅的生物药，比如 PD-1，在恒瑞医药的药物清单同样见过，但实质上乐普医疗的主要医药产品还是心血管系统和其他慢性疾病的仿制药。由于主力产品心脏支架实质上并不能摆脱口服药，所以药物配合器械，就能形成一套完整的心血管解决方案。乐普医疗在医疗器械方面已经具备了四大件：支架、起搏器、封堵器（乐普旗下的上海形状记忆在国内居于垄断地位）、心脏瓣膜（北京思达），还欠缺人工心脏，但是配合药物已经整体上形成完整的生态链。下面就来看看其心血管药物方面的产品，见图 12-4。

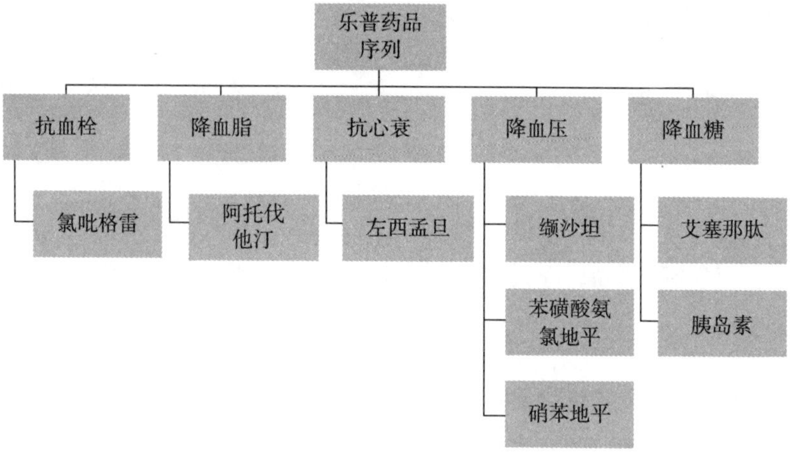

图 12-4　乐普药品序列

资料来源：相关资料整理而得。

从这个布局可以很明确地看出其仿制药研发的方向，主要竞争对手是信立泰这类心血管疾病药物的制造商，不同的是，虽然乐普医疗进入心血管药物领域比较晚，但其通过并购获得了不错的研发能力。其 2013 年并购的河南新帅克的主力药实质上是和信立泰打对台的，信立泰靠比较单一的并购仿制品种就能在这一领域赚得盆满钵满，那招兵买马的乐普未来的成长也就可想而知。

另外，围绕着心血管，乐普还开展了 IDV 的研制，也就是即时检测设备的开发，但这部分起步尚需时日，只占其总营收的 5% 左右。除了这些，乐普还有渠道建设。

（五）全产业链最后一环——渠道建设

乐普的产品对心血管疾病针对性很强，内容丰富，但是要发挥全链条优势，还需要在医疗服务环节布局，提高产品渗透能力。于是近几年乐普收购了很多面向患者终端的公司，比如金卫健、乐健医疗、伏加利、护生堂、普林基金、洛阳六院、合肥高新心血管医院。至此，整个链条的闭环得以实现。

（六）生物药的可能性

乐普医疗的生物制药大致包括两个方面：

一个方面是针对糖尿病的多肽治疗方案和胰岛素治疗方案，肽类是艾塞那肽，战略精准有效。另一个方面是 PD-1、单抗，这是肿瘤药，还在临床阶段，但是如果成功，前景不可限量。

（七）潜在风险和关注点

我们要关注带量采购对乐普医疗的影响。

带量采购对于乐普医疗还是有一些冲击的，媒体惊呼 1.3 万元的冠脉支架跌到了 700 元，而实际上乐普医疗的仿制药业务和心脏支架业务都受到了冲击。预计从 2020 年第四季度开始，带量采购在一段时间内将限制乐普医疗的利润增长。但是考虑到其多元化的整体战略，可从以下几个角度突围：

一是通过更新和迭代突围。可降解支架和药物球囊的单价要远远高于金属支架，可满足不同患者的多层次需求，减少未来手术的重复频次，提高患者的生活质量。

二是多元化分摊风险，同时研发推进新品投放。

三是逐渐从医疗器械销售向医疗服务提供转型，针对老年人慢病比如心血管疾病、糖尿病等开展健康管理服务。

未来一段时间，带量采购的影响还有待观察，根据我们在 2020 年的推算，乐普医疗有 3% 的业绩受到影响。

另外，乐普医疗还有其他一些零星风险点：行业聚焦不够，过于分散；进入新行业有潜在风险；在医疗行业内，资产负债率偏高，商誉偏高，有息负债较多，这些都要求公司增加现金流（乐普医疗负债率正在逐年下降，是好现象）；无论是器械还是药物，都是以仿制为主，需要增加研发，进行创新。

（八）总结

乐普医疗的优势就是心血管疾病的全产业链推进（主线是医疗器械、医药产品、医疗服务和新型业态四个方向），这样就有可能向终端医院提供完整的解决方案，而现实中其下游的布局也是围绕着这些展开的，随着老龄化加剧，整体性的治疗已经越来越关键，需求也越来越大，再加上一些疗法要下沉到基层，国产替代产品尤为关键。

在估值方面，2020 年前三季度乐普医疗的营收为 63.87 亿元，同比增长 8.63%，净利润为 19.73 亿元，同比增长 22.38%，扣除非经常性损益的净利润为 15.97 亿元，同比增长 20.15%。2020 年比较特殊，心脏支架手术有延后，一些可做可不做的手术就选择不做了，所以 2020 年前三季度的业绩一定有低估。另外，10—11 月的带量采购使市场价 1.3 万元的冠脉支架跌到 700 元。考虑到其他心血管耗材也将同步带量采购，最后价格下跌、利润减少是必然。所以，最近几年的估值不宜太高。2019 年每股收益（EPS）为 0.97 元，2020 年依然保持 20% 左右的增速，按照 15% 的增速预测，2020—2022 年 EPS 分别为 1.16 元、1.34 元、1.54 元。对应 30 元的股价，市盈率分别为 26 倍、22 倍、19 倍。目前估值较为合理。

二、即时检测（POCT）推进者——万孚生物

（一）万孚生物业务概况

体外诊断设备 IVD 的核心竞争在即时检测（POCT），也就是在患者身边即时检测，又叫“床边检测”，其对于 IVD 其他类型的检测有一定的替代性，如果可以再简单而快捷地得出诊断结论，就不用去实验室转一圈了。因为 POCT

具备效率高、便携等特点，在多种场合下将得到广泛运用。

万孚生物 2020 年半年报和 2019 年年报的营收见图 12–5、图 12–6。

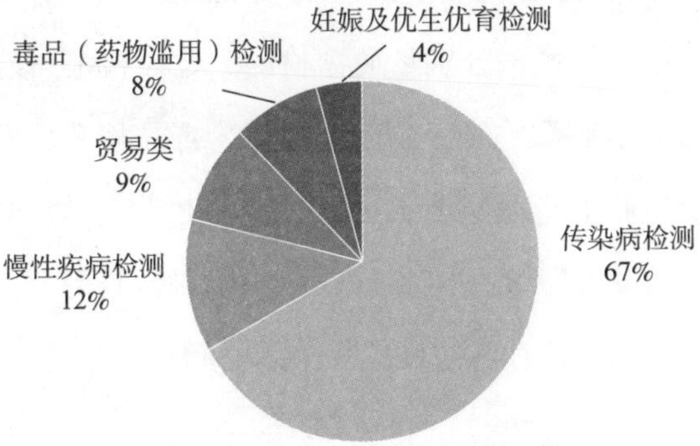

图 12–5 万孚生物 2020 年半年报营收分项占比

资料来源：公司年报。

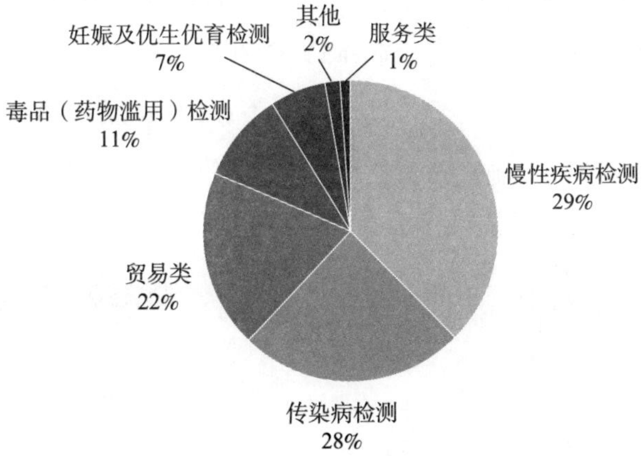

图 12–6 万孚生物 2019 年年报营收分项占比

资料来源：公司年报。

2020 年万孚生物传染病检测的业务占比较高，是因为公司抓住时机推出了新冠肺炎核酸检测产品（胶体金），不但在国内使用，还出口多个国家。但同样是受新冠肺炎疫情影响，万孚生物的毒检、慢性病检测和妊娠检测总量都下滑了，幅度还不小。预计疫情后会回归正常。

2020年前三季度万孚生物营收同比增长52.6%，主要来自新冠肺炎核酸检测产品。从之前两年的业务占比可以清晰地发现，其主营业务集中在四个领域：慢性疾病检测、妊娠及优生优育检测、毒品检测和传染病检测。如今聚焦的POCT大致涵盖八个领域，分别是血糖检测、妊娠检测、感染因子检测、心脏标志物检测、血气电解质检测、传染病检测、毒品检测、肿瘤检测。从产品的契合上看，万孚生物的产品实质上已经包含了七类产品，只有肿瘤类尚在起步阶段，不过全世界肿瘤类的POCT都在起步阶段，且万孚生物在POCT领域的产品线是非常齐备的，不存在过度依赖单品的问题。

（二）宏观POCT趋势

根据智研咨询的相关数据，2020年我国POCT市场规模（不含血糖）约为140亿元，预计到2022年将达到200亿元，年均复合增长率接近25%；预计未来5~10年，国内POCT领域仍将继续维持20%以上的高增速。从临床应用上看，POCT在心血管类疾病检测、传染病检测、炎症因子检测等领域已经得到了广泛应用，市场日趋成熟；血气/凝血类检测在世界范围内看是较为成熟的市场，但国产替代仍处于起步阶段，未来空间广阔；分子诊断则是体外检测的高技术领域，POCT分子诊断目前主要布局在核酸分子检测领域与伴随诊断领域，未来发展空间巨大。

（三）万孚生物的妊娠检测

妊娠检测最常见的是验孕棒，当然这只是此类检测设备中比较传统的一项，另外还有优生优育方面的检测。根据Trimark的市场调查，2020年全球妊娠类POCT产品的销售规模达到5.17亿美元，整体增速比较缓慢，在4%左右，这主要是因为全球妊娠市场处于产品成熟期，市场基本已经饱和。但是得益于我国生育政策的放开，预计生育检测类的POCT将进一步增加，而且基因检测类业务也集中在妊娠阶段，可见万孚生物未来在这项业务上将保持稳定增长。

（四）万孚生物的心血管类检测

心血管疾病的 POCT 尤其重要，由于心血管疾病如急性心肌梗死需要及时发现、及时施救，所以 POCT 能够在未来逐步向底层医疗机构，甚至向家庭延伸。根据产业信息网的数据，2020 年全球心血管类 POCT 市场超过 35 亿美元，维持 10%~15% 的增速，我国心血管类 POCT 市场在 2020 年达到了 48 亿元，也维持了 25%~30% 的高速增长。不过，我国大部分此类产品依然依靠进口，比如罗氏、美艾利尔、梅里埃就占据了 64% 的市场份额，国内最主要的心血管类 POCT 出自三家公司：万孚生物、基蛋生物、瑞莱生物（已被润达医疗收购），而主角依然是万孚生物。预计未来这方面单项业务的市场将保持 30% 的增速。

（五）万孚生物的感染因子检测

感染因子检测主要针对抗生素的滥用，例如感冒的触发点要么是病毒要么是细菌，如果确定是病毒引起的，就可以不用抗生素，以防止过量使用抗生素导致耐药性。另外，抗生素也有一定的特异性，例如阿奇霉素对于链球菌的治疗效果相对较好，一般的头孢类广谱药抗菌性较好，了解了这些，在使用抗生素的时候也能更有针对性。目前此类检测的重点是 C 反应蛋白的定量快速检测，可以短时间区分病毒和细菌。这方面检测国内除了万孚生物，还有武汉明德、北京热景等，但是万孚生物依然最具代表性。

（六）万孚生物的传染病检测

2019 年我国传染病发病人数总计 1 024 万例，2020 年受新冠肺炎疫情影响，病例数增加。万孚生物 2020 年半年报显示感染性检测营收超过 10 亿元，半年营收就是 2019 年的两倍。在这个领域，其竞争对手有杭州艾博、科华生物，但总体上市场还是遵循一定的流行病驱动性。预期随着新冠肺炎疫情的结束，未来这方面营收将有所波动。不过，一方面，新冠肺炎疫情退却是个漫长的过程，另一方面，2003 年有“非典”，2020 年有“新冠”，人类遭遇不明传染病的事件是随机的，这正说明了这个领域的重要性。

（七）万孚生物的毒品检测

虽然毒品检测是万孚生物比较稳定的现金流业务，其 2020 年半年报显示毒品检测营收达 1.32 亿元，而 2019 年营收达 2.3 亿元。由于贸易摩擦，2019 年相对 2018 年营收提升较少，2020 年新冠肺炎疫情也在一定程度上影响了毒品检测，但未来增长依然是确定的，且依然会保持 20% 左右的增长率，这方面万孚生物在国内的主要竞争对手是凯创、南通伊士等，但是领先者是万孚生物。

（八）万孚生物的多业务评判

万孚生物还有血气检测、肿瘤检测等，多项业务齐头并进，近年来进一步专业化。我们依然缺乏一些具体年份的具体数据，但是大致上品类的优势是明显的。在 POCT 主要类别中，除了血糖类，万孚生物基本上都有主导产品。国内血糖类产品的市场主要是三诺生物的天下，其是一家专一的主导血糖检测的公司。多领域的主导性给万孚生物带来的不仅仅是产业的增加，还使其在商贸上获得了额外的收益。2020 年贸易类营收为 1.37 亿元，2019 年是 4.57 亿元，2018 年是 4.41 亿元，前几年贸易类业务增长较快，2020 年供应链因新冠肺炎疫情受到一定影响，导致业务萎缩。贸易类业务是万孚生物建设终端销售渠道、打通零售环节带来的意外之喜，其保障了未来 POCT 的推广，并进一步获得了更多市场份额。

如今国内 POCT 需求端尚在起步，各家公司依然在“跑马圈地”。

（九）总结

POCT 虽然是 IVD 的一种，但 POCT 检测将是 IVD 检测的进阶状态，国外 POCT 需求占到 IVD 总量的 1/3，而国内比重只有 10%，有较大的提升空间。无论是微流控还是POCT，都主导检测设备的轻量化、家用化，让产品更加直观简便，让不懂医学专业知识的人也可以通过小小的试纸、试剂和医疗器械得出结论。从这一点来说，未来万孚生物保持30%以上的增速是合理的。但是，在我国POCT的普及依然还有很长的路要走，进口产品在很多领域依然主导着市场。万孚生物作为一家业务早已国际化的公司，更加具备产品口碑，2019年虽然出口欧美的收入占总营收的份额有所下降，但绝对金额依然在上升（在美商品主要是毒品检测，但新冠肺炎核酸检测试剂畅销拉美等全球市场）。其在美国拥有子公司和实验室，注册证累计达到254个，存量部分的海外国家注册证已经为公司构建起较为突出的竞争优势。这些国家和地区对于产品管理都比较严格，这也使得未来医疗器械的政策性规范将进一步利好万孚生物。

估值方面，2019年万孚生物每股收益（EPS）为1.13元，2020年比较特殊，业绩增长较快，估值在2.03元（2020年前三季度EPS为1.67元），预计新冠肺炎疫情之后，公司的业绩增速将逐步趋于正常，大约是20%的平均增长率。预估2021年其业绩增长15%，2022年增长25%。2020—2022年EPS分别为2.03元、2.33元、2.92元。按照70元股价计算，市盈率分别为34倍、30倍、24倍。2020年底，其股价处于下行通道，但估值总体适中，适合长期跟进投资。

三、高毛利介植入专家——凯利泰

（一）凯利泰的整体业务概况

凯利泰成立于2005年，于2012年上市创业板，上市之初公司产品比较单一，后来通过并购逐渐完善产品线，如今产品主要有椎体成形微创介入手术产品、骨科脊柱或创伤产品，业务主要有低温射频业务和运动医学业务等，也包括一些贸易类业务。其业务占比见图12-7。

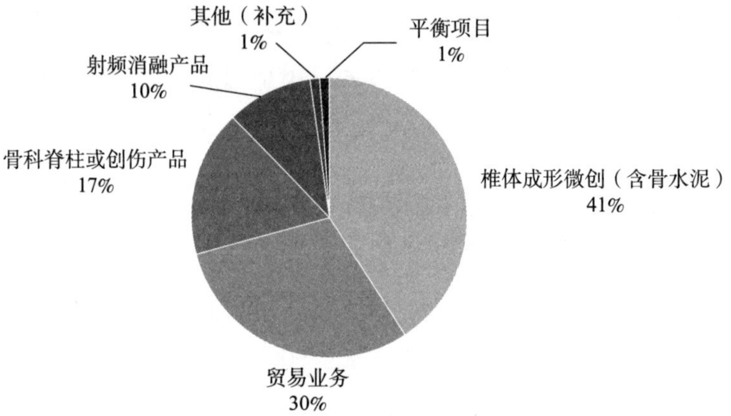

图 12-7　2020 年半年报凯利泰业务营收占比

资料来源：公司 2020 年半年报。

我们看到，其主要的业务收入来自骨科，2020 年遭遇两个不利因素，一个是新冠肺炎疫情导致大量骨科手术需求延后，另一个是带量采购，骨科的带量采购降价十分剧烈，但对凯利泰业绩的影响还有待观察。

现阶段凯利泰自身的业务营收规模不大，所以有一定弹性。凯利泰各项业务的毛利率见图 12-8。

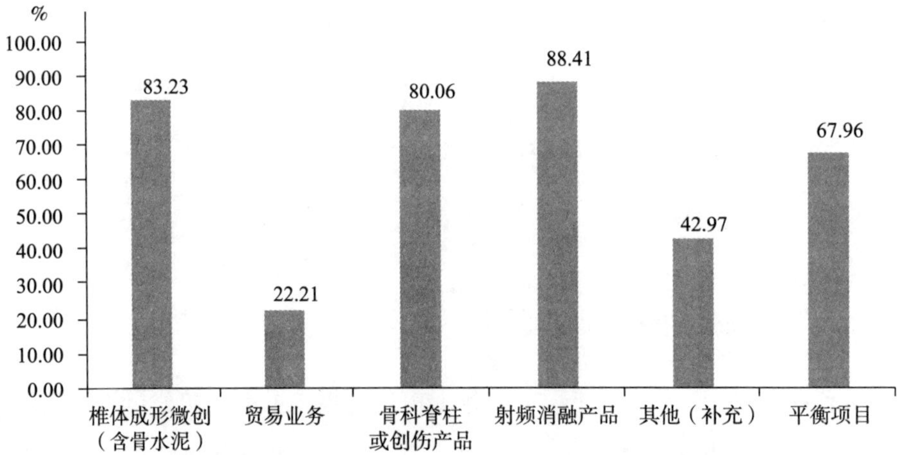

图 12-8　2020 年半年报凯利泰各项业务毛利率

资料来源：公司 2020 年半年报汇总。

（二）凯利泰的骨科介植入器械

从整体业务上看，凯利泰的椎体成形微创产品、骨科脊柱或创伤产品，以及射频消融产品是其主要利润来源，2016年其涉足心血管业务，但及时止住，归回大骨科业务，实行行业聚焦发展。

我国骨科介植入器械领域发展相当迅速，行业进入门槛高，整体渗透率和集中度比较低，年复合增长率大致在15%，骨科介植入类器械产业链分为上游、中游和下游。上游是介植入材料，国际巨头在我国相应市场占据大部分份额，目前巨头们也开始自行研发植入材料，以控制产业链。国内公司在材料上优势不明显，故而大多数公司聚焦在中游器械制造和下游销售渠道上。

中游器械制造又分为创伤、关节和脊柱三类产品。创伤类产品主要用于各种骨折损伤复位、固定和功能锻炼所涉及的内固定器械。关节类产品包括人工膝、髋关节。脊柱类产品包括椎间融合系统、椎球囊扩张导管、骨水泥等。目前国产产品基本占据了创伤类产品的主导，而关节类产品和脊柱类产品的门槛相对较高，投入较大，基本还是被进口产品主导，其中不乏强生、美敦力、史赛克、施乐辉等巨头。

凯利泰的脊柱类产品线相对比较齐全，其产品分布有：椎体成形：颈椎前路钉板系统、椎体扩张球囊导管、股膨胀器、可弯曲椎体成形器、液压骨水泥输送系统、骨水泥输送器、刮匙器等；颈椎专用：颈椎前路钉板系统；胸腰椎专用：刺突撑开器、脊椎内固定系统。

这些产品和设备主要是为了实施椎体成形术，椎体成形术又分为球囊扩张椎体后凸成形术（PKP）和经皮穿刺椎体成形术（PVP）。PKP是在PVP的基础上发展起来的。PVP是开微小创口，然后注入骨水泥固定，PKP是通过球囊扩张和分次注入，降低负荷，并压实骨水泥。椎体成形术主要针对的是老龄化人口，在骨质疏松导致骨折的情况下，这种手术可以有效固定骨质疏松部位。老年人和年轻人不同，骨质疏松会导致非创伤骨折。椎体骨折后疼痛难忍，不要说走路，床上翻身都困难。

凯利泰是国内最早获批生产 PKP 工具的公司之一。PKP 相比 PVP 有明显优势，如透视标记明显、顺应性强、抗高压。

另外，凯利泰收购了艾迪尔，扩大了骨科植入产品的覆盖范围。其低温射频消融产品也来自收购，2018 年 8 月，公司完成对 Elliquence，LLC100% 的股权收购，低温射频消融产品主要用于治疗椎间盘突出和疼痛性椎间盘撕裂。这能够很好地和凯利泰大骨科业务融合，形成骨科问题的综合解决方案。

（三）凯利泰的竞争优势

凯利泰的大骨科业务正在组建当中，之前业务比较零散，近几年逐步开始集中，越来越有综合供应能力，其优势主要体现在以下几个方面：

PVP 和 PKP 手术工具齐备，适合针对手术整体推进治疗方案，其和意大利公司 TECRES S.P.A 合资设立的上海意久泰医疗科技有限公司，进一步弥补了产品线上的不足。

进行下游销售贸易子公司的建设，通过子公司易生科技并购了深策胜博，对方是一家医疗器械销售公司，并增资控股另外两家流通领域的公司江苏润志泰、湖北瑞特。

收购美国的 Elliquence，LLC，这是一家专注于高频低温、解剖（单极）和凝血（单极和双极）技术开发和生产的公司，目前主要从事手术能量平台及高值耗材的研发、生产和销售。

通过并购，一方面可以使公司更加贴近国际市场，另一方面可以使公司进一步获得更多骨科设备，向骨科手术整体解决方案迈进。

目前，凯利泰正在努力提升自身的集中度，这是一个很好的现象。骨科不仅仅是提供耗材，未来可以向综合骨科专科医院方向发展。

（四）凯利泰的风险

由于凯利泰规模比较小，集中度还不够，我们认为其也存在一定的风险：

公司发展以并购为主，有一定的研发能力，但是部分产品技术对意大利的TECRES S.P.A 有依赖。照目前情况看，其将进一步采取并购策略，这样会使公司商誉过高，并购标的也有不达预期的风险。

骨科产品品系完整，但是相比国际巨头，无论是品质还是品牌都不够响亮，特别是骨科植入物材料方面的研究还比较欠缺，当然这一直就是国内该领域的研究难点。

最大的利空来自带量采购，但是我们看到了凯利泰突围的可能性，其通过综合解决方案突围，或者通过专科运营的模式突围。

（五）总结

未来老年人骨质疏松导致的骨折将逐步增加，而国外耗材价格高昂，在国产替代产品上，骨科行业将在很长一段时间内保持较快增长。国内的一些竞争对手由于合作链条不完整、产品品系不完整，无法形成整套的治疗方案，或者说零散的产品将最终受制于终端需求。所以，凯利泰作为骨科先行者有一定的先发优势，并且在未来会进一步扩大这种优势。但是带量采购对耗材的影响是十分明显的，凯利泰需要迭代产品线，或者通过专科服务的方式获得新的业绩增长点。

估值方面，2020 年前三季度公司营收为 7.92 亿元，净利润为 1.96 亿元，扣除非经常性损益净利润为 1.73 亿元；2019 年公司营收为 12.2 亿元，净利润为 3.02 亿元，扣除非经常性损益净利润为 2.83 亿元。2020 年骨科耗材受到新冠肺炎疫情和带量采购的双重打击，前三季度营收同比下滑 7.88%。预测凯利泰未来正常增速在 30%，2020—2022 年 EPS 大约分别为 0.42 元、0.58 元、0.78 元。

四、港股的医疗器械金股——威高股份

港股本来不在我们的推荐范围，我们之前谈论过中国生物制药，但是没有深入探讨，对于威高股份，不讨论是很可惜的。我们在研究国内公司的时候，在多个领域涉及的A股标的最终面对的竞争对手都是威高，比如宝莱特的血透业务不及威高（2017年威高对血透业务不再控股），凯利泰和大博医疗的骨科业务也受到威高的竞争威胁。所以，我们向投资者介绍这个港股标的。

（一）威高股份的概况

威高集团是综合性公司，规模比较大，威高股份实质上是威高集团旗下的山东威高集团医用高分子制品股份有限公司，主要生产基地在山东威海。威高股份业务分三个阶段：

2004—2012年：以临床常规耗材为增长点，血透、骨科、药品包装业务在孵化阶段，同时和美敦力合作拓展业务。2013—2017年：和美敦力合作结束，结束血透业务控股。2018—2020年：骨科分拆上市，收购爱琅医疗，实现全流通。

现阶段威高股份的业务可以归纳为五大领域（常规耗材、药品包装、骨科、介入和血液管理）、八大类（临床护理、创伤管理、血液管理、药品包装、医学检验、麻醉及手术、骨科产品、介入产品），具体见图12-9。

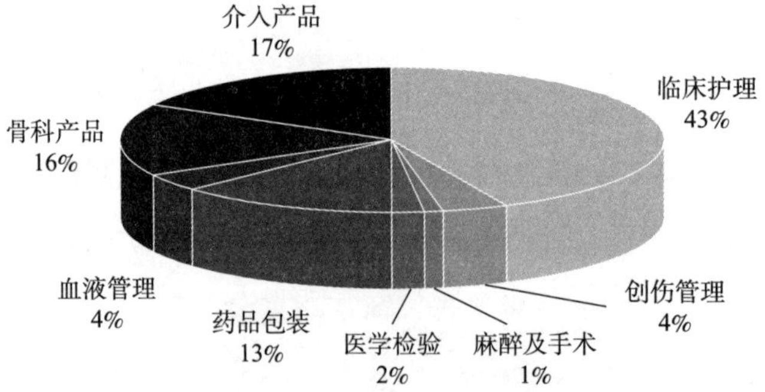

图12-9　2020年威高股份各业务营收占比

资料来源：公司年报。

临床护理包括：一次性输液器、一次性精密过滤输液器、一次性避光输液器、一次性袋式输液器、一次性注射器、一次性无菌避光注射器、一次性静脉留置针等。

创伤管理包括：泰拉舒聚氨酯泡沫敷料、一次性使用自粘式伤口敷料、一次性使用医用手术薄膜、伤口胶体敷贴、藻酸盐敷料、水凝胶敷料、硅凝胶疤痕贴等。

麻醉及手术包括：一次性使用的气管插管、全麻辅助包、输注泵、麻醉穿刺包、麻醉回路过滤器（人工鼻）、全麻废气净化器、医用喉罩、气管切开插管等。

医学检验包括：血糖监测系统、一次性使用的高压造影注射器及附件、人体动脉血样采集器、静脉采血针等。

药品包装包括：预灌封注射器、冲管注射器等。

血液管理包括：一次性使用的塑料血袋、离心袋式血液成分分离器、离心杯式血液成分分离器、采血护理包等。

骨科产品包括：创伤植入物、脊柱植入物、关节植入物等。

介入产品包括：肿瘤活检系列、下腔静脉过滤系统、血管圈套器、血栓清除系统、微介入血管鞘套件、经外周穿刺的中心静脉导管（PICC）等。

（二）常规医用耗材

常规医用耗材是威高股份的核心业务，其在全国有众多销售网点。

1. 热点产品预灌封注射器

2020 年是特殊的一年，新冠肺炎疫情对常规医用耗材有巨大的需求，以疫苗为例：预灌封注射器减少药液残留，可显著提高疫苗利用率。医美产品也促进了相关需求，一次性肉毒素注射剂、一次性玻尿酸注射剂等注射填充类产品是非手术整形美容的首选，小剂量、高价格的医美产品普遍应用预灌封注射器包装。生物药方面，单抗、凝血因子都趋向于使用预灌封注射器。威高的预灌封注射器于 2005 年获批专利，2008 年公司通过引进玻璃管生产线解决原材料供应瓶颈（此前依赖进口），提升盈利能力。2010 年以来，公司持续扩大产能，根据公开数据，2021 年的预灌封注射器产能有望达 6 亿支。

2. 热点产品留置针

留置针作为头皮针的换代产品，具有减少输液穿刺次数、减轻患者痛苦、保证合理用药、便于输液、降低发生针刺伤和血液暴露风险等优势。20 世纪 60 年代，在欧美国家静脉输液中，留置针的使用率达到 95% 以上，21 世纪初我国留置针行业开始进入快速发展期。有报告指出，静脉留置针 2025 年的市场容量有望达到 6.55 亿支，而 2018 年的市场容量仅 3.55 亿支。

除了上面两款热点低值耗材，对于威高股份，输注耗材是一个大品类，其产品齐全，市场占有率为 6% 左右。近几年尤其在手术麻醉和创伤护理方面的业务增长迅速。

（三）骨科全类别

无论是在创伤类，还是在脊柱类、关节类、球囊和运动平台，威高股份的产品都比较完善。2019 年公司在骨科领域的市场份额位居国内厂商第一，全行业第五。其中，脊柱类产品的市场份额位居国内厂商第一、全行业第三；创伤类产品的市场份额位居国内厂商第二、全行业第五；关节类产品的市场份额位居国内厂商第三、全行业第七。2019 年主要骨科厂商在中国的市场份额见图 12-10。

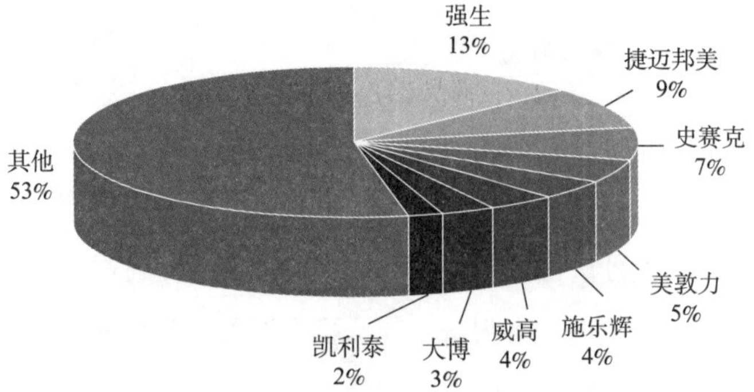

图 12-10　2019 年主要骨科厂商在中国的市场份额

资料来源：威高骨科招股说明书。

未来威高骨科会单独上市。值得关注的是，骨科业务也遭遇带量采购的压价风险，虽然威高骨科在国产方面份额第一，但未来盈利或将面临一定的波动性。

（四）其他业务

威高股份除了一次性耗材和骨科耗材，还有一些有成长性的业务，比如牙种植、监护仪、一次性的心外科体外循环系统、微创手术机器人，依托其强大的销售网络，未来的威高必然在这些业务上更加发力。2018 年 1 月 23 日，威高股份宣布以 8.5 亿美元（约合人民币 56 亿元）完成了对美国老牌医疗器械公司 Argon Medical Devices Holdings，Inc（爱琅医疗）的收购。爱琅医疗的业务包括组织活检、血管介入、引流器械、护理介入和其他产品（乳腺定位针、输卵管造影导管、透析导管、导丝等）。分地区看，美国是爱琅医疗的主要收入来源，市场占比 60% 以上，欧洲占比 15% 以上，亚洲占比不足 15%。爱琅医疗之于威高股份，一方面是业务的互补，另一方面是开拓了国际销售网络。现阶段在国内带量采购、医保谈判无法打开更好局面的情况下，“走出去”是很多医疗公司的出路。

（五）潜在风险

威高股份的主力业务过于传统，未来增长率有限，比如针和针管是相当稳定的需求耗材，没有任何迹象表明这一类的需求会萎缩。另外，带量采购对其骨科耗材有一定的冲击，对其他低值耗材的冲击较小，毕竟本来就不是高价耗材。

2019 年威高股份营收达 103.64 亿元，同比增长 17.65%，归母净利润为 18.45 亿元，同比增长 25.25%。2020 年半年报显示其营收为 50.91 亿元，归母净利润为 9.7 亿元，同比波动不大。预测 2021 年带量采购会影响威高股份的整体业绩，增长率将放缓到 10%，而 2022 年以后，增长率将回到 20% 左右，2019 年 EPS 为 0.41 元，2020—2022 年的 EPS 预计分别为 0.41 元、0.45 元、0.54

元。相对于 14 港元，也就是 12.73 元人民币的股价，市盈率分别为 31 倍、28 倍、24 倍。目前估值较为合理（港股估值普遍较低，所以这个估值在港股已经不算低了）。

五、具有国际竞争力的医疗器械公司——迈瑞医疗

迈瑞医疗成立于 1991 年，是国内规模最大的医疗器械公司。公司产品线主要包括生命信息与支持、体外诊断、医学影像三大板块，此外也在积极布局内镜等外科产品。公司三大产品线齐头并进、共同发展，均取得了国际、国内领先的市场地位，丰富的产品为医疗机构带来全方位的科室解决方案。

迈瑞医疗最初从国内市场起步，2000 年起将业务拓展到了国际市场。公司海外收入大约占到总收入的一半，随着近年来国内医疗器械市场的崛起，公司的国内收入超过海外，且占比持续扩大。2015 年，Qmed 根据标普旗下 S&P Capital IQ 数据库列出的 2015 年全球医疗器械百强排行中，迈瑞医疗是唯一进入 50 强的中国公司。

业务方面，2020 年受益于全球新冠肺炎疫情，其生命信息与支持类产品的营收比重上升，达到 50%，见图 12-11。2019 年，生命信息与支持类产品的营收占比只有 38%，且三大类业务基本均衡发展，不存在高低，见图 12-12。

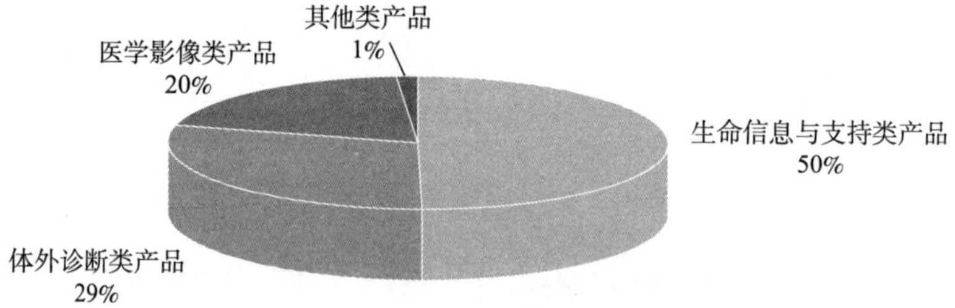

图 12-11　2020 年半年报迈瑞医疗各业务营收占比

资料来源：公司 2020 年半年报。

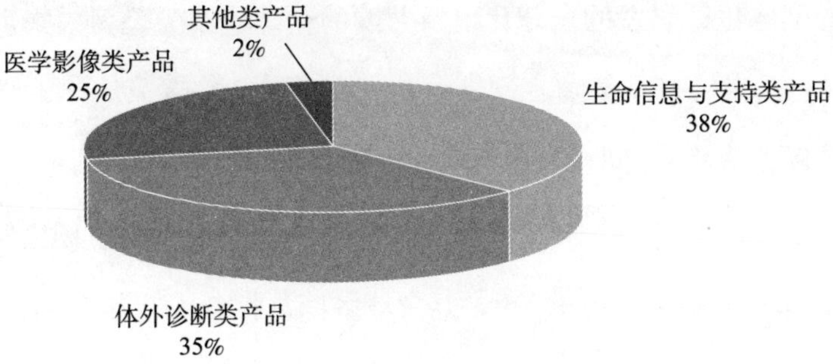

图 12-12　2019 年迈瑞医疗各业务营收占比

资料来源：公司年报。

（一）行业迅速增长，公司独具优势

2018 年中国医疗器械市场整体规模 5 304 亿元，且保持快速增长。在政策推动、技术突破双重因素的作用下，国产医疗器械以更快的速度占领市场。

医疗器械向智能化、综合服务化发展已成为趋势，迈瑞医疗作为国内规模最大的医械平台型公司具有明显的发展优势。平台型公司可提供丰富的产品选择，有利于实现打包供应，也为多个智能化设备间的信息互通奠定基础。同时，平台型公司业务体量大且具有规模效应，能在较低成本下运营专门的综合服务团队。

目前，带量采购政策对迈瑞医疗的三大业务还没有造成影响。带量采购主要集中在仿制药、注射剂和高值耗材，主要目标是降低价格，让老百姓用得起。所以对于非标产品，比如监护仪，竞标差异性较大，带量采购的难度较大。当然，对于监护仪、体外诊断和医用影像设备，不排除未来有带量采购的可能性，毕竟很多事还在摸索，但目前还没有这方面的忧虑。

（二）运营全球化，格局出众

经过近 20 年的努力，迈瑞医疗已经实现多维度的全球化运营，包括销售和市场开拓的全球化、研发的全球化以及并购的全球化，为公司未来进一步向国际医疗器械巨头发展打下基础。

如果医保控费趋势是明确的，那么国内医疗器械公司要么通过创新开发新产品市场，要么就是“走出去”，与其缩在国内，不如到全球市场抢份额。迈瑞医疗是少有的具备全球优势的公司，其全球区域营收占比见图 12-13。

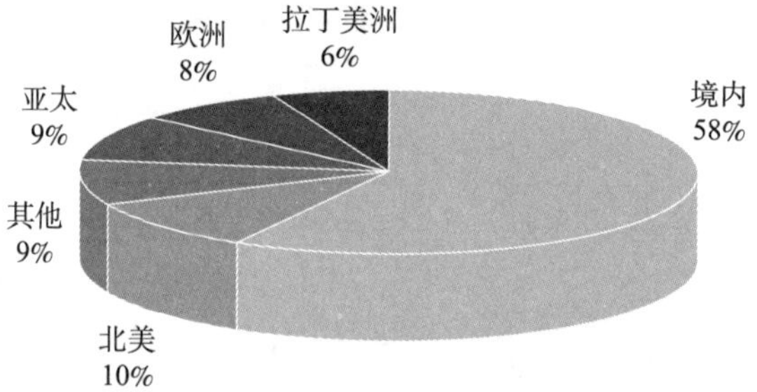

图 12-13　2019 年迈瑞医疗全球区域营收占比

资料来源：公司 2019 年年报。

由图 12-13 可知，境内依然是迈瑞医疗的主要市场，但全球化的布局相当均衡。

（三）多项业务拥有行业龙头地位，具备规模优势

1. 生命信息与支持

迈瑞医疗的生命信息与支持产品主要是监护仪，分为多个系列：BeneVision 系列产品面向高端市场，ePM 系列面向中端市场，iPM 系列面向中低端市场，而 iMEC 与 Vital Sign 系列面向低端市场。越是高端系列，适用场景越广泛，匹配的设施也越多，BeneVision 更像是一个综合工作站点。在 2018 年国内的监护仪市场中，迈瑞医疗的份额就已经达到了 63.3%，三级医院保有率为 62.9%，是绝对的规模化龙头，连国外厂商都不是对手。

麻醉机是其第二个亮点，目前全国药品耗材加成在减少，医生的手术单价

在走高，手术内仪器需求增加，麻醉机更是必不可少。迈瑞医疗 WATO 系列产品面向低端市场，A 系列产品面向中高端市场，在国内的市场份额为 15%，前景良好，在全球市场中也占有一席之地。

2. 影像板块

迈瑞医疗的医学影像产品包括台式彩超、台式黑白超声、便携式超声、超声管理系统、超声附件和 X 射线成像系统等。便携式黑白超声与台式黑白超声主要面向低端市场，便携式彩超与台式彩超主要面向中低端市场。台式彩超 DC 80、DC70、DC60、DC8 系列主要面向中高端市场，台式彩超 Resona 系列面向高端市场。在这一领域迈瑞医疗的国内排位是第四，保有率为 8.2%，前三位分别是通用电气（GE）、飞利浦和西门子。

3. 体外诊断

迈瑞医疗的体外诊断产品包括血液细胞检测产品、化学发光免疫监测系统、生化分析检测系统、凝血检测系统、糖化血红蛋白分析仪、流式细胞仪和微生物诊断系统，且产品从体外诊断试剂、体外诊断分析仪器发展到体外诊断流水线全覆盖。

2018 年迈瑞医疗国内检验室设备类产品的市占率为 13%，排名第二，仅次于希森美康。

（四）估值

迈瑞医疗目前没有受到带量采购的影响，2020 年，由于全球新冠肺炎疫情的爆发，其监护仪的营收有一定提升。2021 年预计需求会回落到正常水平。公司 2020 年前三季度营收为 160.6 亿元，同比增长 29.76%，净利润为 53.64 亿元，同比增长 46.09%，扣除非经常性损益净利润为 52.65 亿元，同比增长 45.31%，EPS 为 4.41 元。2020 年全年的业绩增速约为 50%，2021—2022 年会回落到

30%。2020—2022 年的 EPS 预计分别为 5.78 元、7.51 元、9.76 元。对应当前 330 元的股价，市盈率分别为 57 倍、44 倍、33.81 倍。

现阶段，迈瑞医疗和带量采购扩围的关联度不大，因为其生产的是非标品，都是监护仪，同样功能的才可以竞标比价，不同功能的很难比较。不排除未来若干耗材被纳入带量采购，但总体上影响不大。现在的大趋势是医生的收入主要通过门诊和手术等获得，这就促进了监护仪、麻醉仪和诊断方面产品的销售。

第十三章
生物疫苗公司的投资机会 >>>>

最近几年，疫苗火了！作为上市的疫苗龙头，智飞生物、沃森生物、康泰生物市值分别为 2 000 亿元、600 亿元及 1 000 亿元（2018 年，三家公司的市值分别只有 500 亿元、300 亿元、200 亿元），疫苗行业为什么会如此风起云涌？背后存在着怎样的逻辑？让我们一起进行深度剖析。

疫苗行业已经进入了重磅品种集中上市的新时代，行业处于历史性重大拐点。何为重磅品种？举几个例子，辉瑞的肺炎结合疫苗（2016 年全球销售额为 57 亿美元）、默沙东的人乳头瘤病毒疫苗（2016 年全球销售额为 22 亿美元），赛诺菲的 DTaPIPV-Hib 五联疫苗（2016 年全球销售额为 18 亿美元），这些产品比起重磅的化学药品种毫不逊色！辉瑞的 13 价肺炎疫苗作为全球疫苗之王，2016 年就已经跻身全球重磅销售前十大品种！回头看我国，这些品种有些已经在国内上市，有些预计两年内上市。不同于欧美，我国拥有庞大的人口基数，在消费升级的巨大助力下，这些品种有望在最大程度上受益并在最短时间内放量，为其所属公司带来巨大的利润弹性，这就是我们说的拐点。2017 年前疫苗板块不被重视，如今关注的人与日俱增，之前大多数品种是低价的一类疫苗和同质化严重的二类疫苗，竞争激烈，公司盈利有限，近几年随着重磅疫苗产品的上市，市场会打开巨大的成长空间，天花板极高。从二级市场投资的角度，我们更为细化地梳理一下我国更容易产生疫苗大品种的逻辑：

首先，疫苗有独特的市场环境。从整体竞争格局来看，国内疫苗生产公司不过 40 家，其中依靠单一品种发展的公司较多，产品同质化严重，具有实力和能力进行大品种研发的公司并不多，所以大品种的上市处在非常好的竞争格局中。好的竞争格局叠加巨大的人口红利，使大品种更容易产生。

其次，政策环境有助于疫苗快速放量，做大做强。疫苗相比一般药品，受招标（基本都是一年招一次标，新品种有补标机会）、降价（价格稳定，尤其是大品种，生产厂家少，降价压力小）以及医保控费（疫苗价格较低，二类疫苗无医保概念）等影响较小，渠道便利，易于进入疾控中心及乡镇社区医院，这也为大品种的上市奠定了良好的基础。

最后，手足口病疫苗（EV71）可以看作打响疫苗新时代的第一枪，上述三家公司（智飞生物、沃森生物、康泰生物）在不完整的 2020 销售年度，市场销售额均在 25 亿元以上（按照批签发量保守估计），这是对大品种大逻辑的一个初步验证，疫苗大品种的市场规模和放量速度将会颠覆投资者对一般药品销售放量幅度和时间周期的认识。这不仅是品种业绩上的超预期，更是认知上的超预期，我们认为这将给疫苗行业二级市场带来狂热的投资。

一、疫苗发展之路：预防医学的峥嵘之路

（一）什么是疫苗

疫苗是一种生物制剂，用于触发对于特定疾病的免疫反应。“疫苗”一词来源于爱德华·詹纳，其为预防天花人工培育牛痘。

疫苗保留了病原菌刺激动物体免疫系统的特性。当动物体接触这种不具伤害力的病原菌后，免疫系统会产生一定的保护物质，如免疫激素、活性生理物

质、特殊抗体等，当动物再次接触这种病原菌时，免疫系统便会依循其原有的记忆，制造更多的保护物质来阻止病原菌的伤害。

疫苗的功能就是让免疫系统在被其他对人体有害的物质进攻之前提前“练兵”，使人体获得更强的防御，具备预防功能，但随着时间的推移，也出现了治疗性疫苗。

（二）疫苗的分类

由图 13–1 可知，疫苗有多种分类方法。从功能角度，疫苗分为预防性疫苗和治疗性疫苗；从制备工艺角度，疫苗分为不含活微生物体的疫苗和含活微生物体的疫苗。不含活微生物体的疫苗又可分为灭活疫苗、重组脱氧核糖核酸（DNA）疫苗等。

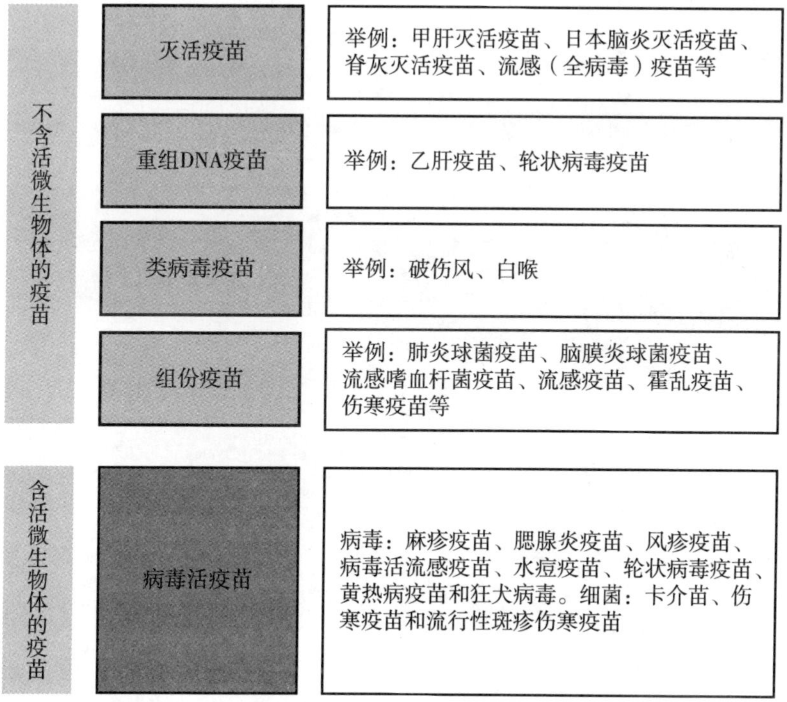

图 13–1　疫苗的分类

资料来源：相关资料整理而得。

（三）疫苗发展简史

大量的致命性疾病由于疫苗的发明而彻底被消除，因此疫苗被称为 20 世纪公共卫生领域重大的成就之一，是各国重点扶持的行业。

从疫苗的发展历史来看：18 世纪，诞生了第一个天花疫苗；19 世纪，随着路易斯·巴斯德提出传染病细菌学说，人们陆续发明了霍乱、狂犬病等疫苗，同时利用物理、化学或生物学的方法来减弱微生物的毒性，获得减毒疫苗，为免疫学开辟了广阔前景；20 世纪，随着免疫学和微生物学的发展，许多学者开始致力灭活疫苗的研究，大批灭活疫苗相继问世；20 世纪后期，由于免疫化学和免疫生物学的进步，更多的疫苗、提纯疫苗以及基因工程疫苗开始用于人类；进入 21 世纪，伴随疫苗研发技术的发展，人们不断研发各类新型疫苗，即使有新型传染病爆发，人们也能在很短时间内研发出相应的疫苗。近些年，随着患者需求顺应性提高及消费需求提升，多联多价疫苗和新型疫苗越来越受到重视。疫苗演进历史见图 13-2。

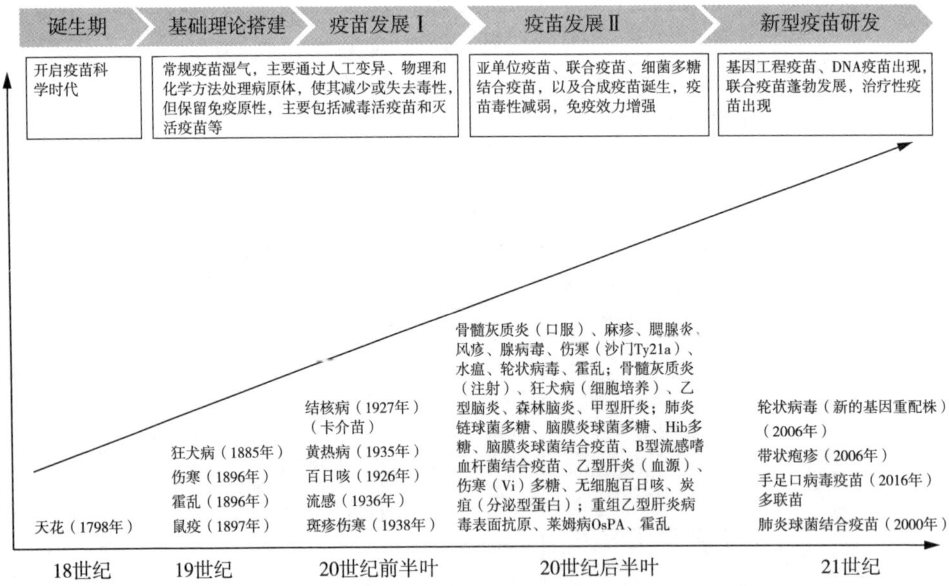

图 13-2　疫苗演进历史

资料来源：相关资料整理而得。

（四）我国疫苗的规划进程

1949 年以前，我国的人群免疫预防工作极为落后，天花等传染病严重威胁着人们的身体健康，当时白喉、百日咳、麻疹和脊髓灰质炎四种传染病每年的发病总数达千万级，是儿童死亡的主要原因。20 世纪 50 年代，全国多次开展秋季普种牛痘运动，使天花发病地区逐年缩小，发病率也明显降低；不仅如此，部分城市还开展了卡介苗、白喉类毒素的预防接种活动。60 年代，我国又陆续研制成功一些常用的儿童疫苗，在全国开展脊髓灰质炎疫苗、麻疹疫苗和百白破混合制剂的接种工作。70 年代初，我国开始免费接种破伤风类毒素疫苗，并且每年冬春季在全国范围内开展疫苗突击接种活动。

1978 年以后，我国正式实施计划免疫，到 1995 年底，儿童的“四苗”，即卡介苗、脊髓灰质炎疫苗、百白破疫苗、麻疹疫苗的接种率均在 80% 以上。2008 年我国发布《扩大国家免疫规划实施方案》，规定在原有乙肝疫苗、卡介苗、无细胞百白破疫苗、白喉疫苗、脊髓灰质炎疫苗以及麻疹疫苗的基础上，在全国范围内加种麻腮风疫苗、流脑疫苗、乙脑疫苗以及甲肝疫苗等，各地区还可根据自身情况接种其他疫苗。通过免疫规划推广，纳入国家免疫规划体系的疫苗由原来的 6 种增加到 14 种，可以预防的传染病从乙肝、结核病等 7 种增加到 15 种。

我国具体的免疫规划进程见表 13–1。

表 13–1　国家免疫规划进程

	工作内容	主要疫苗及成绩
计划免疫前期（1950—1977 年）	50 年代，全国开展普种牛痘运动 1963 年卫生部首次发布《预防接种工作实施办法》，逐步在全国开展卡介苗、脊髓灰质炎疫苗、百白破混合制剂和麻疹疫苗的预防接种工作 70 年代，每年利用冬春季节在全国范围推行突击接种	主要疫苗：牛痘、卡介苗、脊髓灰质炎疫苗、百白破混合制剂、麻疹疫苗 建立以预防为主的基层卫生组织 60 年代初期，基本消灭了天花 成功研制脊髓灰质炎疫苗和麻疹疫苗

续表

	工作内容	主要疫苗及成绩
计划免疫时期（1978—2000年）	1978年卫生部提出了计划免疫的概念，建设冷链。免疫工作在组织建设、管理、目标制定与实施、免疫服务形式等方面不断完善与发展。工作逐步走向正轨，免疫服务范围不断扩大 1995年开始关注新生儿破伤风的控制工作，运送、接种TT疫苗，开展新生儿破伤风监测	四苗防六病：卡介苗、脊髓灰质炎疫苗、百白破疫苗、麻疹疫苗 先后于1988年、1990年、1995年实现以省、县、乡为单位儿童免疫接种率85%的目标，实现世界卫生组织普及儿童免疫规划目标 1994年以来未发现本土脊髓灰质炎病毒引起的临床麻痹病例 2000年经世界卫生组织确认，中国实现了无脊髓灰质炎目标
规划免疫时期（2001—2007年）	2003年将乙肝疫苗纳入儿童免疫规划，实行免费接种 2005年《疫苗流通和预防接种管理条例》确定了政府对预防接种工作的保障机制，明确了卫生行政部门以及医疗卫生机构的职责，规范了接种单位的接种行为 《国民经济与社会发展第十一个五年规划纲要》提出“儿童计划免疫接种率达到90%以上”的目标	六苗防七病：卡介苗、脊髓灰质炎疫苗、百白破疫苗、麻疹疫苗、白破疫苗、乙肝疫苗 继续保持无脊灰状态（加强西藏工作） 乙肝疫苗纳入计划免疫（GAVI项目） 加速麻疹控制步伐（加强监测鲁豫皖和贵州项目） 安全注射，引入计划免疫（自毁性注射器使用及回收）
扩大国家规划免疫时期（2008年至今）	在现行使用的国家免疫规划疫苗基础上，将甲肝、流脑、乙脑等15种可以通过接种疫苗有效预防的传染病纳入国家免疫规划，对适龄儿童实行预防接种	14苗防15病：卡介苗、脊髓灰质炎疫苗、无细胞百白破疫苗、白破疫苗、麻疹疫苗、乙肝疫苗、麻腮风疫苗、乙脑疫苗、A群流脑疫苗、A+C群流脑疫苗、甲肝疫苗、出血热疫苗、炭疽疫苗、钩体疫苗

资料来源：相关资料整理而得。

我国疫苗主要分为一类疫苗和二类疫苗两种。一类疫苗为国家规定强制接种的疫苗品种，要求公民接种14种疫苗以预防15种疾病，费用由医保支付；一类疫苗毛利润较低，是我国疫苗行业多数公司曾经的主要品种。二类疫苗由受种者自费承担，自愿免疫接种，毛利润较高，尤其是一些重磅品种，竞争格局较好，毛利润更高。具体见表13-2。

表 13–2　一类疫苗与二类疫苗的区别

	一类疫苗	二类疫苗
支付方	由政府免费提供	受种者承担费用
监管规定	强制性接种	自愿免疫接种
定价	长期以来由国家发展改革委限价，价格较低，2015 年 6 月取消价格管制	由公司与疾控中心等招投标确定
采购模式	由政府通过招标采购	省级招标平台
毛利润水平	低	高
竞争格局	相对垄断	高度竞争
品种（2008 年）	14 苗防 15 病：卡介苗、脊髓灰质炎疫苗、无细胞百白破疫苗、白破疫苗、麻疹疫苗、乙肝疫苗、麻腮风疫苗、乙脑疫苗、A 群流脑疫苗、A+C 群流脑疫苗、甲肝疫苗、出血热疫苗、炭疽疫苗、钩体疫苗	除一类疫苗外的其他疫苗

资料来源：相关资料整理而得。

二、疫苗市场：全球四强争霸，国内产业升级

（一）全球疫苗市场近年来复合增长率为 5%，四强争霸集中度高

近年来全球疫苗市场规模逐渐扩大，2018 年市场规模约为 305 亿美元，在所有治疗领域中居第 4 位，市场占比 3.5%。根据 Evaluate Pharma 的数据预测，2015—2022 年全球疫苗市场的复合增长率为 5%，略低于全球处方药市场的复合增长率 6%。具体见图 13–3。

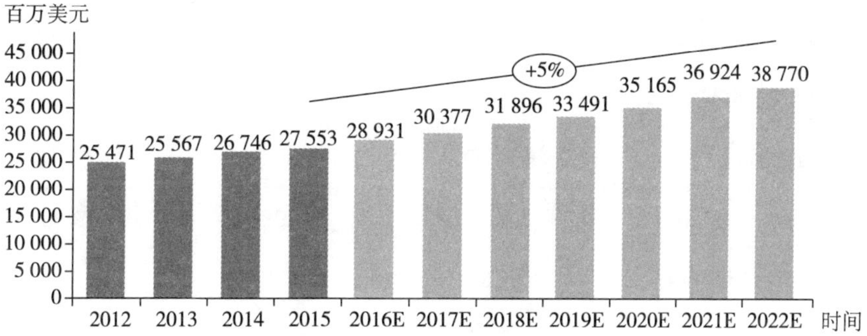

图 13–3　全球疫苗市场规模

资料来源：Evaluate Pharma。

全球疫苗市场高度集中，默沙东、葛兰素史克（GSK）、辉瑞和赛诺菲的市场规模约为245亿美元，市场占比达89%，见图13-4。主要产品皆为重磅品种，且集中在新型疫苗品种和多联多价疫苗品种，具体见表13-3。

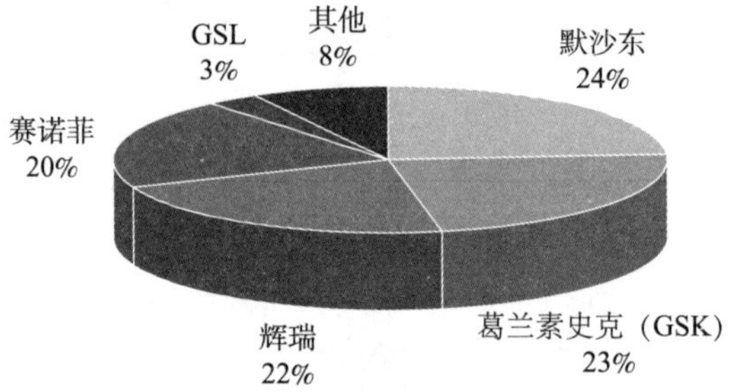

图13-4 全球疫苗市场格局

资料来源：HSMAP、EP。

表13-3 2018—2019年世界主要疫苗公司的主要产品及销售额 单位：亿美元

通用名	生产商	销售额	
		2018年	2019年
13价肺炎疫苗	辉瑞	58.02	58.47
HPV疫苗	默沙东	31.51	37.37
重组带状疱疹疫苗	葛兰素史克（GSK）	10.47	23.17
麻腮风—水痘疫苗	默沙东	17.98	22.79
百白破—脊灰—Hib五联	赛诺菲	20.66	21.79
四价流感疫苗	赛诺菲	20.17	21.17
肝炎疫苗	葛兰素史克（GSK）	10.79	11.16
百白破—Hib—乙肝五联苗	葛兰素史克（GSK）	9.08	9.36
五价口服轮状病毒疫苗	默沙东	7.28	7.91
口服轮状病毒疫苗	葛兰素史克（GSK）	6.96	7.12

资料来源：Bloomberg。

（二）国内疫苗市场：产业升级开启，进入大品种大时代

1. 批签发总量逐渐降低，国内疫苗公司迎来产业升级

批签发数据代表了国内疫苗公司的生产能力，但其生产能力大于实际的销售能力。我国自 2008 年以来实行 14 苗防 15 病的免疫规划，大量的二类疫苗被纳入一类疫苗中，根据近年批签发量的变化情况，国内疫苗市场总体呈现萎缩状态，即使排除乙肝疫苗 5μg 规格和存量市场逐渐消耗的影响，也不能说这是一个朝阳市场，见图 13–5。当然这都是表面数据，从细微的结构变化来看，毛利率较高的二类疫苗近年在数量和占比上都有所提高，特别是随着一些大品种的上市销售，疫苗行业将会再次火热，正如一直降低的批签发数据似乎预示着拐点即将出现一样。

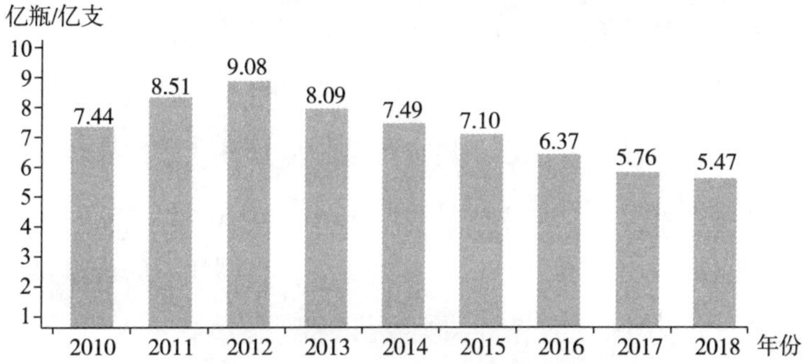

图 13–5　国内疫苗行业批签发数据总览

资料来源：中检院。

从批签发数量角度分析有一定的逻辑性，但也有很大的局限性。单一的数量计算容易受价格和毛利润较低的一类疫苗影响，而价格和毛利润较高的二类疫苗才是这个市场真正的主导，对市场的整体规模影响很大。截至 2016 年，国内疫苗市场总体规模徘徊在 150 亿 ~200 亿元，一直未能突破 200 亿元大关，见图 13–6。2016 年的山东疫苗事件更是给国内疫苗流通领域重重一击，好在流通环节“一票制”后，疫苗生产公司普遍受益，毛利率和净利率都有所提升，再加上国家对疫苗运输提出更高的要求，大的生产公司竞争优势将会更加明显，也为创新重磅品种的快速放量提供了条件。

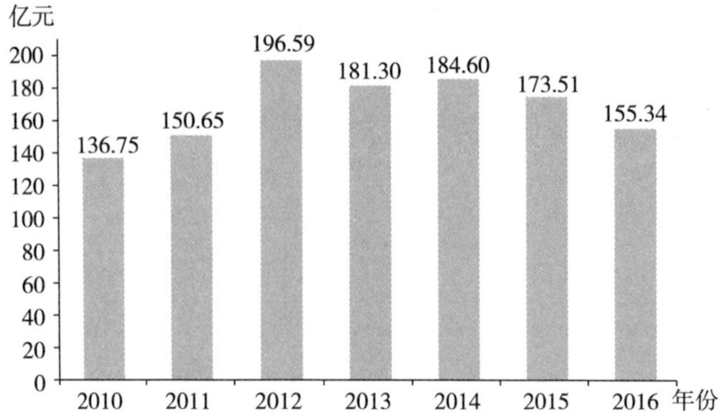

图 13-6　国内疫苗批签发产值

资料来源：中检院，结合疫苗各品种出厂价推算。

2. 2016 年二类疫苗批签发量下降，长期看二类疫苗的持续性占比会提升

一类疫苗和二类疫苗的占比均有所波动，但长期看相对稳定，一类疫苗的批签发量占比约为 70%，二类疫苗的批签发量占比约为 30%，见图 13-7。2013—2015 年，二类疫苗占比逐渐增加，总体呈上升趋势，符合疫苗消费升级的属性。2016 年的突发事件导致民众对二类疫苗的信心短期缺失，是一种过失影响，后续跟进 2017 年二类疫苗的恢复情况后，证明我们的观点是对的。在此我们详细论述一下我国一类疫苗和二类疫苗的情况。

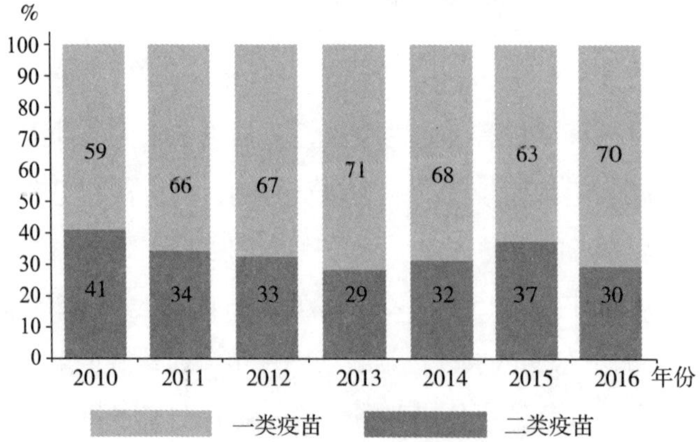

图 13-7　一类疫苗、二类疫苗批签发量占比统计

资料来源：中检院。

（1）一类疫苗：覆盖广、毛利低。一类疫苗由政府承担费用，由财政拨款集中招标采购。一类疫苗公司的市场空间和利润水平会受到客观条件的制约和价格调控的影响，除甲流等突发疫情外，业绩保持平稳，从而保证了相关公司的业绩不会因经济周期波动而明显波动。

一类疫苗市场目前相对饱和，随着免疫接种的持续推进，许多疫苗的接种覆盖率达到 95% 以上，存量市场逐渐被消化，乙脑和脊髓灰质炎等疫苗的批签发量逐渐下降，近年来一类疫苗的批签发量呈下降趋势。2015 年的批签发量为 3.62 亿瓶 / 亿支，相比 2013 年下降近 40%，见图 13–8。

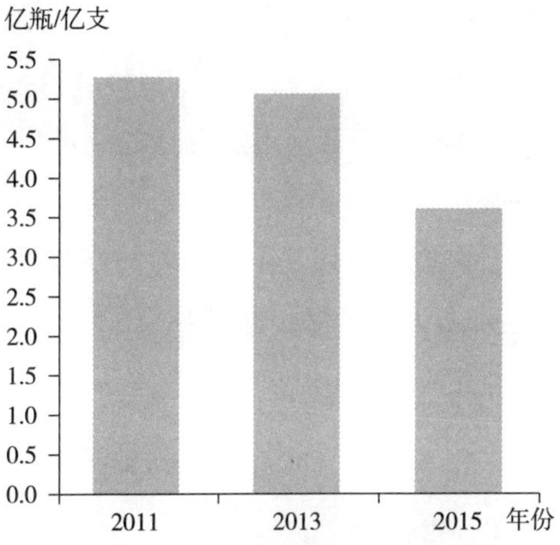

图 13–8　一类疫苗批签发量统计

资料来源：中检院。

一类疫苗作为国家免疫系统的重要组成部分，主要被中生集团、中国医学科学院医学生物学研究所（昆明所）等国企垄断。近年来，随着一些优秀民营公司的发展，民营公司的占比逐渐加大，但由于一类疫苗低毛利的性质，外企占比很小。具体见图 13–9。

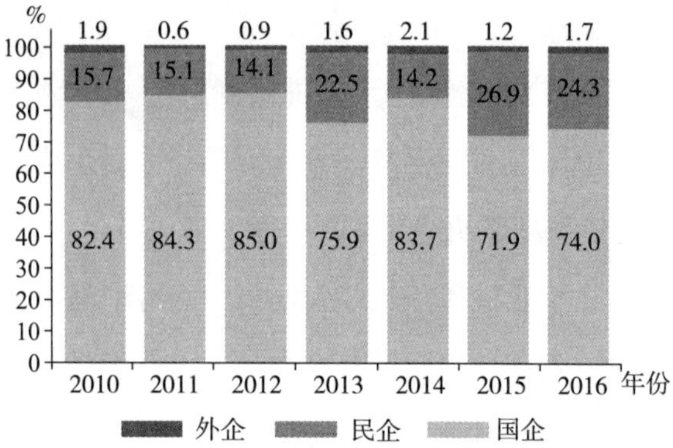

图 13-9　一类疫苗公司性质及占比情况

资料来源：中检院。

（2）二类疫苗：毛利高、市场化竞争程度高。二类疫苗的接种费用由受种者承担，毛利润高、市场化竞争程度高。多联多价、独家品种受到市场青睐，类似 EV71 病毒疫苗、新型独家疫苗上市后可迅速放量，占领市场。山东疫苗事件发生之前，国内各级疾控机构、接种单位、疫苗批发公司均可直接从疫苗生产商手里购买疫苗，山东疫苗事件发生后，二类疫苗需通过省级招标平台进行采购，且 2016 年批签发量大幅下降，见图 13-10。

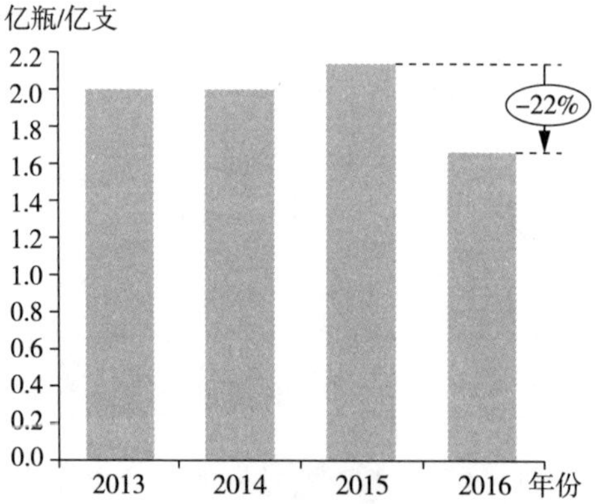

图 13-10　二类疫苗批签发量统计

资料来源：中检院。

从公司组成格局来看，水痘和狂犬病等疫苗大品种基本由民营疫苗公司生产，因此二类疫苗以民营公司生产为主，占比保持在 60% 左右；以中生集团、昆明所为主的国企占比在 30% 左右；外企由于品种相对较少，市场占比在 10%

左右，不过由于重磅品种葛兰素史克的二价 HPV 和默沙东的四价和九价 HPV 上市销售，外企的占比份额会有较大提高，具体见图 13-11。

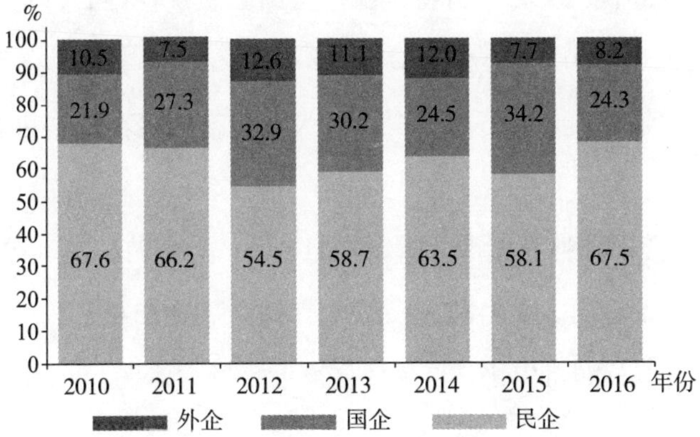

图 13-11　二类疫苗公司性质及占比情况

资料来源：中检院。

由于批签发反映的是数量变化，无法引入价格因素的影响。通过引入相应的价格参数（以中标价作为最后的确定价格），计算疫苗某一时期的产值，更能反映疫苗行业的趋势变化。根据疫苗产值数据推测，2019 年国内疫苗市场为 373 亿元，2020 年随着新冠肺炎疫情的爆发，流感类疫苗增速较快，预计在 2019 年的基础上产值会增长 3~5 成，国内外将掀起一波疫苗热潮。

3. 疫苗新政下疫苗流通渠道的变化：多票制变成一票制

前文提及了 2016 年的疫苗事件，下面再详细说说其对行业的影响。2016 年 3 月山东疫苗事件爆发，大量未经冷链运输的疫苗流入市场。国务院高度重视，要求食品药品监督管理总局、国家卫生计生委、公安部切实加强协同配合，彻查“问题疫苗”的流向和使用情况，同时，抓紧完善监管制度，落实疫苗生产、流通、接种等各环节监管责任。4 月 23 日，国务院关于修改《疫苗流通和预防接种管理条例》的决定发布，根据决定内容，疫苗经销商被排除在整个产业链之外（只允许配送），同时二类疫苗采购必须经过省级招标平台，生产公司直接或者委托具有冷链运输条件的配送商配送，对疫苗的生产、储存、配送、使用等过程建立追溯体系。

疫苗新政颁布后，二类疫苗的流通行业受到重挫，原有销售体系被打破，生产公司只能通过省级交易平台将疫苗销售给县级疾控中心，同时需要直接或者委托配送，配送环节要求全程冷链运输。2016 年下半年，在省级招采尚未建立、冷链运输条件尚未配备的情况下，大多数二类疫苗的销售基本处于停滞状态。

但是，随着各省招标平台的完善，2017 年二类疫苗的流通渠道全部恢复。由于清理了中间渠道商，多票制变成了一票制（见图 13–12），销售能力强的公司受益更多，渠道利润将内化，这个变化在近年持续体现。

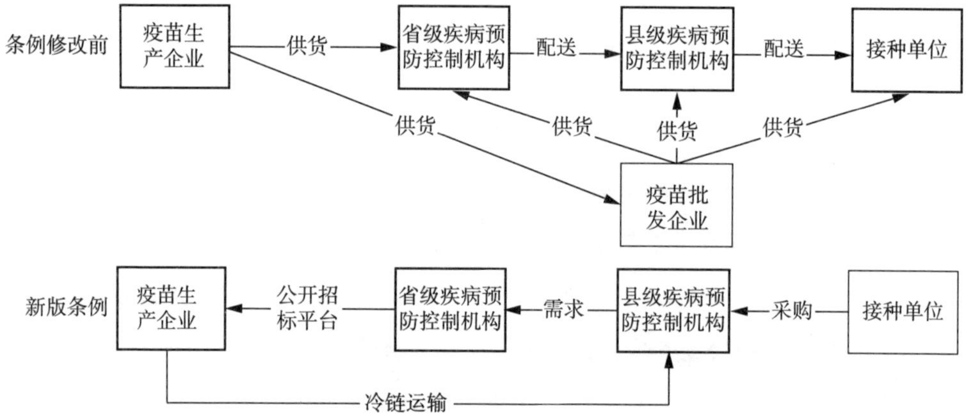

图 13–12 新政改革下疫苗流通方式转为“一票制”

资料来源：《疫苗流通和预防接种管理条例》。

三、创新大品种风起云涌，疫苗大时代来临

我们反复强调，疫苗行业已经进入了大品种大时代！大品种上市后对于公司的贡献是极其巨大的，是颠覆认知的，这是疫苗行业这两年最大的变化。

国际市场不乏疫苗大品种，更有全球销售额达 57 亿美元的疫苗之王——13 价肺炎结合疫苗。13 价肺炎结合疫苗上市后，我们可以看到其放量迅速，并且全面替代了之前的 7 价品种，对辉瑞整个的销售贡献占比也逐渐升高，支撑了公司近年来的业绩。2009 年辉瑞收入 500.09 亿美元，7 价肺炎疫苗收入 2.87 亿美元，占比 0.6%，2010 年 13 价肺炎疫苗上市后，公司疫苗板块迅速放量，收入 36.69 亿美元，同比增长近 12 倍，其中 13 价肺炎疫苗的收入是 24.16 亿美元。2016 年，公司疫苗板块收入 58.32 亿美元，13 价肺炎疫苗收入 57.18 亿美元（见图 13–13），占公司营业收入的 11%（见图 13–14）。2010—2016 年，辉瑞公司的疫苗板块复合增长率达到 164%，而 2016 年整个公司的收入端对比 2010 年下降了 21%，可见 13 价肺炎疫苗的高增速、高成长对公司的业绩支撑巨大。

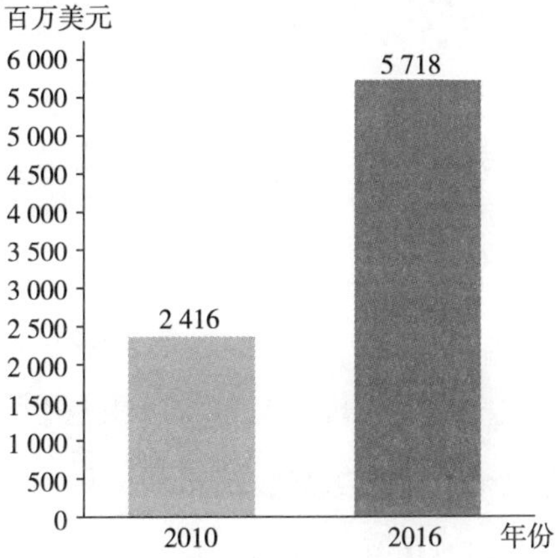

图 13–13　辉瑞 13 价肺炎疫苗收入变化情况

资料来源：公司年报。

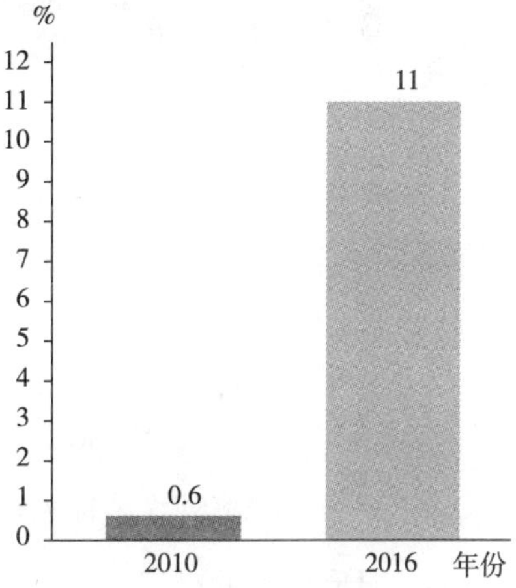

图 13–14　辉瑞疫苗板块占比

资料来源：公司年报。

国内市场“产品为王”新时代的第一枪由 EV71 疫苗打响，以未名医药的参股子公司北京科兴为例，其 2016 年上半年受疫苗事件影响，亏损 3 400 万元，EV71 疫苗于 2016 年 6 月上市销售，短期放量非常迅速，当年实现净利润 8 229 万元，也就是说 EV71 疫苗上市销售后，不到半年时间就为公司带来 1 亿多元的净利润，扭转了公司业绩。2018 年 EV71 疫苗的销售情况也超出预期，实现了4亿元左右的净利润。

当前，好品种的上市销售可以为公司带来巨大的业绩回报，短期业绩的爆发增量更是其他产品无法比拟的，以下两类疫苗将迎来淘金机会：①多联多价疫苗。多联多价疫苗符合免疫经济学发展趋势，是未来疫苗的发展方向，减少接种次数的同时还降低了患者痛苦和不良反应的发生率。如智飞生物的AC-Hib三联苗、康泰生物的DTap-Hib四联苗等。②生产厂家少，市场潜在需求大，消费者呼吁多年的新型疫苗。如HPV疫苗，国内市场呼吁多年，无形中降低了消费者的教育成本，为将来销售放量打开了上升空间；13价肺炎疫苗，全球最大的疫苗品种，国内市场需求巨大，是目前唯一可以预防两岁以下婴幼儿肺炎球菌感染的疫苗品种，沃森生物已经申报生产，进度大幅领先其他竞争对手。

同时，建议关注以下品种的销售情况及相关公司标的，我们将分别举例讨论说明。

（一）三联苗（AC-Hib）：国内多联苗放量代表，高成长带来高业绩增量

智飞生物独家产品三联苗AC群脑膜炎球菌b型流感嗜血杆菌联合疫苗（AC-Hib）于2014年12月30日获药品批文，在接种总价格与单联苗相差不大的基础上，减少了接种次数和副反应的发生概率，符合未来疫苗多联多价的发展方向，具有明显的产品和患者依从性优势，同时填补了国内流脑和流感嗜血杆菌联合疫苗的空白，可同时预防A群、C群流脑细菌以及b型流感嗜血杆菌引起的脑膜炎、肺炎、败血症等感染性疾病，接种对象为2月龄至71月龄婴幼儿和儿童。

三联苗作为公司独家产品，除了在便利性、安全性等方面具有优势外，在国内竞争格局上也具备明显的先发优势，国内目前在研AC-Hib的公司还有3家，其中罗益生物申报生产，成都欧林获批临床，具体见表13-4。

表 13-4　三联苗各公司在研情况统计

药品名称	受理号	公司名称	申请阶段	承办日期	办理状态
AC 群脑膜炎球菌多糖—b 型流感嗜血杆菌结合疫苗	CXSS1300019	罗益（无锡）生物制药有限公司	申请生产	2013 年 10 月 29 日	在审批
AC 群脑膜炎球菌—b 型流感嗜血杆菌（结合）联合疫苗	CXSL1400145	成都欧林生物科技股份有限公司	申请临床	2015 年 3 月 4 日	批准临床
冻干 AC 群脑膜炎球菌—b 型流感嗜血杆菌（结合）联合疫苗	CXSL1300032	武汉生物制品研究所有限责任公司	申请临床	2013 年 6 月 27 日	不批准
吸附无细胞百白破 /b 型流感嗜血杆菌—AC 群脑膜炎球菌联合疫苗	CXSL1400114	武汉生物制品研究所有限责任公司	申请临床	2015 年 2 月 13 日	制证完毕，已发批件
ACYW135 群脑膜炎球菌—b 型流感嗜血杆菌多糖结合疫苗	CXSL1300009	玉溪沃森生物技术有限公司	申请临床	2013 年 3 月 14 日	不批准

资料来源：相关资料整理而得。

疫苗流通领域恢复，三联苗放量爆发，带来业绩高增量。2016 年智飞生物由于受到山东疫苗事件的影响销量较低；2017 年随着销售渠道的恢复，配合公司强大的销售能力和广泛的疾控覆盖范围，三联苗产品迅速放量，上半年销售约 170 万支，对应中标单价约为 220 元 / 支，贡献销售额 3.74 亿元，大大增加了公司业绩，上半年公司收入同比增长 142%，归母净利润增长 1 327%。三联苗作为公司的主打产品，2018 年销量达到 600 万支，未来有望打造 20 亿级别品种。

（二）肠道病毒（EV71）疫苗：三足鼎立，疫苗大品种新时代的第一枪

肠道病毒 71 型（Enterovirus type 71，EV71）是人类肠道病毒的一种。EV71 感染可引起多种疾病，其中以手足口病（Hand，Foot and Mouth Disease，HFMD）最为常见。该病起病急，一般症状较轻，以发热及手、足、口等部位斑丘疹或疱

疹为主要特征，可伴有咳嗽、流涕、食欲不振等症状。患者多在一周内痊愈，预后良好。症状典型的 HFMD 一般发生在较大婴幼儿群体，少数病例（尤其是小于 3 岁者）病情进展迅速，发病 1~5 天出现脑膜炎、脑炎、脑脊髓炎、肺水肿、循环障碍等，极少数病例病情危重，可致死亡，存活病例可留有后遗症。

2008—2015 年，我国共报告 HFMD 约有 1 380 万例，重症病例约有 13 万例，死亡 3 300 多例，给我国儿童生命健康带来严重威胁。HFMD 主要发生在 5 岁以下儿童群体，占总病例数的 90%。其中 1 岁组发病率最高，年发病率可达 3 000/10 万；2 岁组次之，发病率约为 2 500/10 万；发病率随年龄增长而下降，5 岁组发病率约为 500/10 万。6 月龄以下婴儿因母传抗体保护和暴露机会较少，发病率相对较低。

全球已有 5 家公司或机构研发的 EV71 疫苗处于临床试验或者上市阶段，新加坡 1 家疫苗公司完成一期临床试验，我国台湾地区研发的疫苗进入二期临床试验阶段。昆明所、北京科兴以及武汉所（北京所技术转让）研发的 EV71 疫苗均已获得上市批文。昆明所和北京科兴的 EV71 疫苗已于 2015 年 12 月获得疫苗批文，并分别于 2016 年 3 月和 7 月上市销售。武汉所的 EV71 疫苗也于 2016 年底获批，2017 年 3 月已有批签发数据。具体见表 13–5。

表 13–5 EV71 疫苗生产情况

	生产厂家	疫苗价格	适用人群及针数
肠道病毒 71 型灭活疫苗（Vero 细胞）	北京科兴	预充 188 元/支，普通 168 元/支	6 月龄至 3 岁，2 次
肠道病毒 71 型灭活疫苗(人二倍体细胞)	昆明所	预充 188 元/支，普通 168 元/支	6 月龄至 5 岁，2 次
肠道病毒 71 型灭活疫苗（Vero 细胞）	武汉所	普通 168 元/支	6 月龄至 3 岁，2 次

资料来源：相关资料整理而得。

根据国内批签发数据，2016 年昆明所和北京科兴批签发量分别为 415 万支和 460 万支，2017 年，随着武汉所的加入，批签发量整体呈上升趋势，且武汉所和北京科兴的批签发量进一步增加，具体见图 13-15。同时，批签发数据与实际销售数据相比有滞后性，根据调研，北京科兴 EV71 疫苗的销售情况非常好，其批签发数据不能完全反映销售数量。

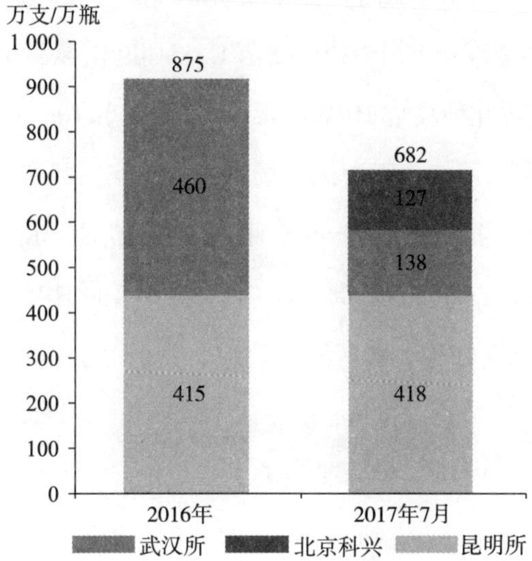

图 13-15 EV71 疫苗批签发数据统计

资料来源：中检院。

根据草根调研数据，2017 年我国 EV71 疫苗终端销售额突破 25 亿元，成为疫苗新时代的重磅大品种，预计其未来有望成长为 40 亿 ~50 亿级别品种。

（三）HPV 疫苗：百亿级别品种，市场呼吁多年，消费者教育成本显著降低

宫颈癌是目前唯一病因明确，可早发现、早预防的癌症。世界卫生组织及国际癌症研究中心确认，高危型 HPV 病毒持续感染是宫颈癌发生的主要病因。一项由中国癌症基金会领导，覆盖中国 7 个地区 19 家医院 1 244 名宫颈癌和高度病变病例的多中心调查结果显示：我国妇女 83% 的宫颈浸润癌由 HPV16.18 型引起；84% 的宫颈鳞癌由 HPV16.18 型引起，未发现宫颈癌的优势 HPV 型有地区差异。国外的研究数据也显示，欧洲 71.5% 的宫颈癌和癌前病变由

HPV16.18 型引起。

该疫苗品种国内消费者呼吁多年，终获批准。全球第一个 HPV 疫苗 Gardasil 由默沙东研制，于 2006 年获得 FDA 批准，可预防四种高危 HPV 病毒；第二个 HPV 疫苗 Cervarix 由葛兰素史克研制，于 2009 年获批，可预防两种高危 HPV 病毒；全球第三个 HPV 疫苗 Gardasil9 由默沙东研制，2014 年获得 FDA 批准，可预防九种高危 HPV 病毒。Gardasil 和 Cervarix 获批以来都已实现全球 100 多个国家的销售，而中国市场一直处于空白状态，直到 2016 年 7 月 Cervarix 才获得 CFDA 批准，2017 年 5 月 Gardasil 获得 CFDA 批准，2018 年 4 月 Gardasil9 获得 CFDA 批准。至此，国内持续多年的 HPV 疫苗空白结束。多年的市场呼吁形成了良好的消费者教育效应，为产品上市后的迅速放量奠定了良好的基础。

Gardasil 和 Gardasil9 近年销售情况良好，2016 年的全球销售额为 21.73 亿美元，见图 13-16；Cervarix 受到 Gardasil 的冲击，表现持续低迷，2016 年销售额为 1.1 亿美元，见图 13-17。但从整体来看，HPV 疫苗仍是当之无愧的重磅品种。同时，其在国内的市场空间巨大，以 Gardasil 为例，其适应人群为 20~45 岁的女性，根据国家统计局 2015 年数据，我国 20~45 岁年龄段的女性人数约为 2.8 亿，假设未来疫苗接种率能达到 20%，则潜在市场规模在 1 400 亿元左右。

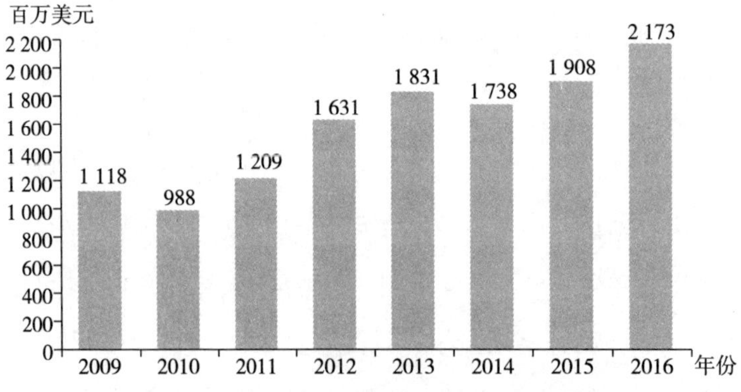

图 13-16　2009—2016 年 Gardasil 销售情况

资料来源：公司年报。

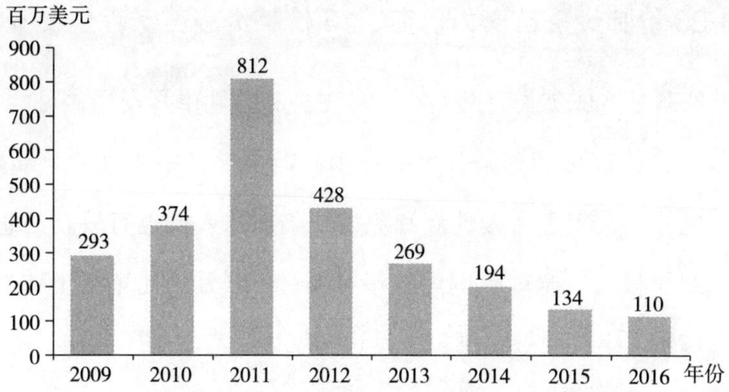

图 13–17　2009—2016 年 Cervarix 销售情况

资料来源：公司年报。

国内疫苗厂商纷纷布局，智飞生物、沃森生物、万泰生物处于领跑地位。

（1）智飞生物与默沙东合作多年，是默沙东的销售合作伙伴，曾代理默沙东的甲肝疫苗和 23 价肺炎多糖疫苗（已签署新的代理协议）。公司早在 2012 年就与默沙东签订上市后 4 价 HPV 疫苗的独家代理协议，合作期限为“3+2”，包括 3 个销售年度和 2 个延续年度，2017 年再次续订独家代理协议，提高了基础采购额要求，同时延长了销售年限，表明双方对 4 价 HPV 疫苗的销售趋势非常认可。截至 2018 年 1 月，该疫苗在我国多个省份陆续中标，多地处于缺货状态，累计批签发量达 100 万支，2018 年公司销售突破了 150 万人份（一人份 3 针，共计 2 400 元），销售额突破 35 亿元。之后，智飞生物与默沙东就 9 价 HPV 疫苗同样达成了代理协议。

（2）沃森生物 2 价 HPV 疫苗临床进度领先，有望国产上市。沃森生物的 2 价 HPV 疫苗处于临床三期后期、妇科随访、病例收集阶段，计划于 2021 年上市销售。

（3）万泰生物的 2 价 HPV 疫苗于 2019 年 12 月率先上市。

（四）23 价肺炎疫苗潜力仍在，13 价肺炎疫苗沃森生物一枝独秀

肺炎链球菌是造成肺炎、菌血症、鼻窦炎和急性中耳炎最常见的病因，尽管所有的年龄群体都可能感染肺炎链球菌，但是感染率最高的是幼龄儿童和老年群体。此外，常年患有慢性病和免疫缺陷病的人群也有较高的感染风险。据世界卫生组织报道，全球范围内每年有超过 120 万的儿童死于肺炎。其中，90% 的死亡病例发生在发展中国家，发达国家也时有发生。例如，美国疾病控制与预防中心（CDC）报道，美国每年有 1.7 万例 5 岁以下儿童感染肺炎球菌类疾病，造成约 700 例流脑和 200 例死亡。

2000 年，辉瑞公司研发的 7 价 Prevnar 疫苗获得 FDA 批准上市，主要是针对美国流行性最高的 7 种血清型肺炎球菌（可引起 80% 以上婴儿的肺炎疾病）。2010 年，辉瑞的第二个肺炎疫苗 13 价 Prevnar 获得 FDA 批准上市，能够预防 13 种血清型肺炎球菌造成的疾病。Prevnar13 疫苗在美国上市后，显著降低了疫苗型侵入性肺炎双球菌肺炎（Vaccine-Type，VT IPD）的发病率，发病人数从 1998 年的 80/10 万降低至 2012 年的 3/10 万。2014 年，FDA 批准 Prevnar13 疫苗的接种人群扩大至 50 岁及以上人群。

国内目前主要有三种肺炎疫苗：7 价肺炎球菌结合疫苗（2014 年断货后，未再获注册）、13 价肺炎球菌结合疫苗以及 23 价肺炎球菌多糖疫苗。

23 价肺炎球菌多糖疫苗主要针对 2 岁以上儿童及高危人群，如建议 60 岁老年人接种，目前生产厂家包括成都所、默沙东、赛诺菲以及沃森生物。从国内 23 价肺炎球菌多糖疫苗批签发数据来看，整体呈下降趋势，主要原因是赛诺菲 2015 年后无批签发数据以及受到 2016 年山东疫苗事件的影响，具体的批签发情况见图 13-18。基于国内潜在的预防肺炎感染的市场，伴随沃森生物 23 价肺炎球菌多糖疫苗的上市销售，未来整体的批签发量将逐渐提升，该疫苗至少是 10 亿级别规模。

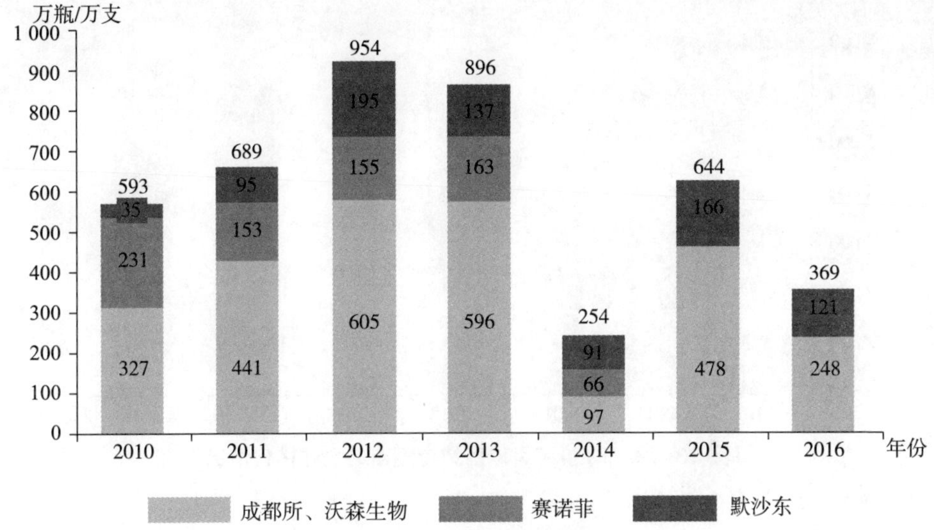

图 13-18　23 价肺炎球菌多糖疫苗批签发统计情况

资料来源：中检所。

2015 年 4 月辉瑞公司的 7 价肺炎球菌结合疫苗未获得 CFDA 的再注册认证，国内 2 岁以下儿童的肺炎疫苗断货，直到 2016 年 11 月，CFDA 批准了辉瑞的 13 价肺炎球菌结合疫苗在国内注册的申请，2017 年该疫苗实现上市销售。作为全球最大的疫苗销售品种，其研发难度较大，国内公司涉足较少，沃森生物目前已经申报生产，未来将与辉瑞分享国内市场，长期看该疫苗是百亿级别品种。

13 价肺炎球菌结合疫苗是全球唯一可以覆盖从婴幼儿到成年人的肺炎疫苗，其 2016 年全球销售额达 57.18 亿美元，是疫苗领域最大的销售品种，具体见图 13-19。国内 2 岁以下儿童的肺炎预防疫苗一直处于空白状态，市场潜在需求巨大，对比 EV71 疫苗上市后的情况，预计 13 价肺炎球菌结合疫苗上市后，沃森生物的业绩将爆发式增长。

2020 年，沃森生物的 13 价肺炎球菌结合疫苗已经上市，并在第三季度单季度就使营收增长了 234.49%，单季度营收突破 9.9 亿元，而半年报营收只有 5.73 亿元。市场回应了这款重磅产品，还因为新冠肺炎疫情使其需求激增。

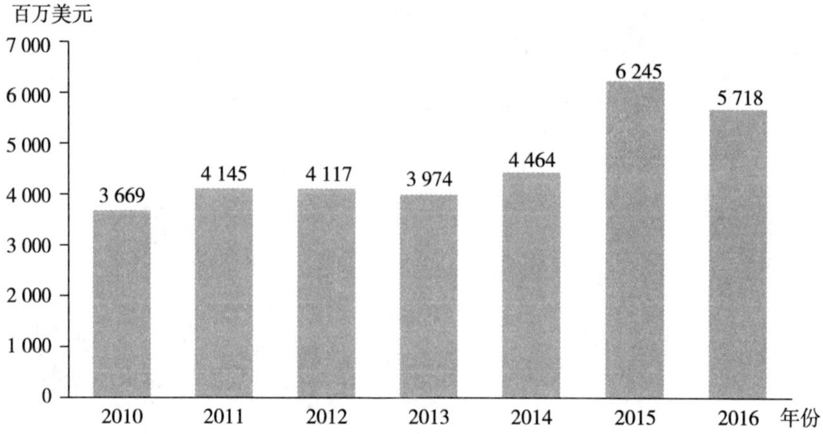

图 13-19　13 价肺炎球菌结合疫苗的全球销售情况

资料来源：公司年报。

四、重点公司概览和对比

（一）智飞生物：自营代理齐发力，业绩迎来爆发期

1. 疫苗行业深耕多年，布局生物制药领域

智飞生物于 2002 年进入疫苗行业，2010 年 9 月成为在创业板上市的第一家民营疫苗公司，且凭借多年的资源储备，逐渐发展成为一家疫苗研发实力强、生产规模大、配送链条广的生物制品高科技公司。目前旗下拥有 6 家全资子公司，董事长蒋仁生持股 50.71%，具体见图 13-20。

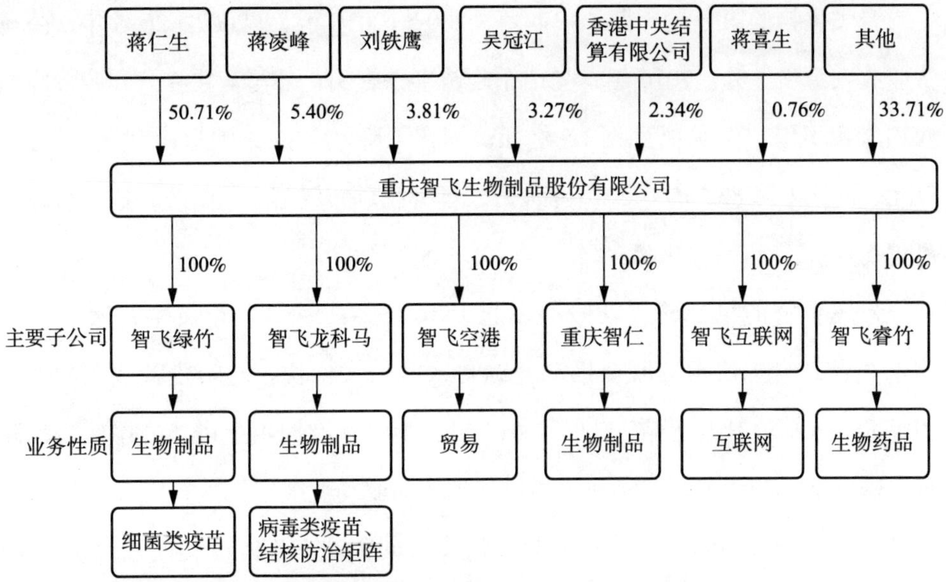

图 13-20 智飞生物的股权结构和主要子公司（截至 2020 年第三季度末）

注：股东蒋仁生、蒋凌峰、蒋喜生为关联人及一致行动人；股东吴冠江、刘铁鹰为关联股东。
资料来源：公司公告，Wind，天风证券研究所。

其 6 家子公司中：智飞绿竹承担细菌类疫苗开发，主力产品流脑疫苗在全国领先，主要产品包括 Hib 疫苗、AC-Hib 疫苗等。

智飞龙科马承担病毒类疫苗及结核防治类疫苗的研发。病毒类的 4 价流感疫苗、新冠疫苗、冻干狂苗（MRC-5 细胞）、4 价诺如病毒疫苗（毕赤酵母）等研发进展顺利，结核防治类有 4 个在研产品和已上市的微卡、宜卡两个主力产品。

智飞空港提供进出口疫苗保税仓储、通关备案、生物批签发等服务，智飞生物是默沙东在中国的授权代理商，所以该子公司的业务主要针对默沙东的 HPV 疫苗等重磅产品开展。

重庆智仁从事普通药品销售，属于远期渠道布局。

智飞互联网属于互联网开发，属于远期线上渠道布局。

智飞睿竹是 2019 年新设立的公司，定位是生物药品。在北京大兴生物基地里有项目，具体管线成形尚需时间。

智飞生物的第一轮周期——起落（2007—2016年）：2007—2015年，公司营业收入稳步上升。2016年，受山东疫苗事件影响，公司营业收入和归母净利润均大幅下滑，仅实现营收4.5亿元，同比下降37.43%，归母净利润为3 252万元，同比下降83.53%。2016年4月，国务院颁布疫苗流通新政，成为行业规范化拐点。

智飞生物的第二轮周期——崛起（2017—2020年）：智飞生物通过代理HPV疫苗、自主研发三联苗推动业绩再次几何式增长。此阶段默沙东的4价HPV疫苗、9价HPV疫苗分别于2017年、2018年在国内上市，公司作为默沙东在国内唯一的代理商，实现了通过代理产品驱动业绩增长。2017年山东疫苗事件的影响逐步消除，在代理和自主研发共同驱动下，公司实现了营收13.43亿元，归母净利润为4.32亿元，分别同比增长201.1%、1 229.3%；2019年公司实现营收105.87亿元，归母净利润为23.66亿元，分别同比增长102.5%、63.1%，扣除非经常性损益后归母净利润为23.88亿元，同比增长63.7%。以2016年为基数，2016—2019年的营收、业绩CAGR分别达到187.4%、315.4%。

智飞生物经过多年发展，"销售+研发+布局"优势明显，综合实力强劲。我们曾预计"2017年是公司业绩爆发的元年，各业务线持续向好，重磅产品三联苗AC-Hib、4价HPV疫苗、5价轮状病毒疫苗、预防性微卡及诊断试剂都将逐渐放量，业绩长期增速看好"。2020年回看，完全在预计之中。

2. 自主创新核心产品放量，管线重磅品种丰富，业绩长期增速看好

智飞生物自研产品管线丰富（见表13-6），临床研究在研产品也很多，包括重组乙型肝炎疫苗（汉逊酵母）、双价手足口病疫苗、寨卡病毒疫苗、重组带状疱疹疫苗、治疗用卡介苗等十多个疫苗。临床前研究产品预期将在2025年之后为公司产生利润。三期临床的疫苗在未来将逐渐增厚企业利润。

表 13-6　智飞生物 2019 年年报中在研管线产品内容（不含临床研究在研产品）

临床批件申请	获得临床批件	一期临床	二期临床	三期临床	生产批件申请	获得生产批件
灭活轮状病毒疫苗	组份百白破疫苗	15 价肺炎球菌结合疫苗	痢疾双价疫苗	流感病毒裂解疫苗	母牛分枝杆菌疫苗	重组结合融合蛋白
	冻干人用狂犬病疫苗（Vero 细胞）	冻干重组结核疫苗	ACYW135 脑流结核疫苗	23 价肺炎球菌多糖疫苗		
		皮内注射用卡介苗	新冠肺炎疫苗	ACYW135+ B 型流脑联合疫苗		
		卡介菌纯蛋白衍生物		冻干人用狂犬病疫苗（MRC5 细胞）		
		肠道病毒 71 型灭活疫苗		四价流感裂解疫苗		
		四价重组诺如疫苗				

资料来源：相关资料整理而得。

在研疫苗的亮点有：新冠疫苗，2020 年发生新冠肺炎疫情，中科院微生物所和智飞生物合作开发蛋白亚单位疫苗，2020 年底在乌兹别克斯坦进入三期临床。这些研发管线为智飞生物保证了未来的业绩增量。

智飞绿竹现有三种产品在售（AC-Hib 三联苗于 2020 年 2 月再注册，最终未通过），均为细菌类疫苗，分别是 ACYW135 流脑多糖疫苗、AC 结合疫苗以及 Hib 疫苗；智飞龙科马的产品包括重组结核杆菌融合蛋白、注射用母牛分枝杆菌（预防用微卡，为治疗性生物制品）。

3. 代理产品空间巨大，重磅产品陆续上市

智飞生物代理包括进口 23 价肺炎疫苗及 4 价 HPV 疫苗、9 价 HPV 疫苗、5 价轮状病毒疫苗、灭活甲肝疫苗在内的病毒类疫苗产品。

尤其值得关注的是其独家代理 HPV 疫苗，同默沙东分享国内千亿元市场，多重利好助力疫苗持续大卖。

（1）签发均已落地，9 价疫苗效果拔群。目前全球有四种 HPV 疫苗上市，分别是葛兰素史克的 2 价苗 Cervarix、默沙东的 4 价苗 Gardasil、默沙东的 9 价

苗 Gardasil9 和国产万泰的 2 价 HPV 疫苗，这四种疫苗均已在国内获批上市。根据流行性病学可知，2 价、4 价 HPV 疫苗对宫颈癌的预防有效率为 70% 左右，9 价 HPV 疫苗的预防有效率则提升至 90%。2019 年全年 4 价 HPV 疫苗批签发 532 万支，9 价 HPV 疫苗批签发 332 万支；2020 年前三季度 4 价 HPV 疫苗批签发 437 万支，9 价 HPV 疫苗批签发 459 万支。

（2）同美年健康合作，共同开拓国内成人疫苗市场。公司同美年健康签署战略合作协议共同开拓国内成人疫苗市场，资源协同发展，利用美年健康的流量和导流优势促进国内 HPV 疫苗的销售推广，同时将利用健康大数据精准把握疫苗市场动向和研发、生产、销售各个环节，公司竞争力大大提高。

（3）同默沙东重新签署代理合同，彰显公司销售信心。签署的补充协议对 4 价 HPV 疫苗的采购年限和数量做了进一步明确：2017 年至 2021 年 6 月基础采购额（最低采购额）分别为 5.42 亿元、13.72 亿元、17.84 亿元、22.30 亿元和 26.17 亿元，自生效日至 2021 年 6 月 30 日止。相比 2012 年签署的“3+2”代理合同的采购金额有了明显的增加，并且延长了采购年限。

此外，公司还独家代理了 5 价轮状病毒疫苗。默沙东的 5 价轮状病毒疫苗相比兰州所的单价轮状病毒疫苗保护效果更好，疫苗上市后，叠加公司强大的销售能力，会迅速抢占单价轮状病毒疫苗市场，未来的市场空间预计在 10 亿级别规模。

4. 重磅产品 EC 诊断试剂及预防性微卡潜在市场规模巨大

国内结核病的预防形势严峻，公司打造结核病整体诊治闭环体系，研发的 EC 诊断试剂成本大大降低，未来将可用于大规模筛查。2018 年 4 月，子公司智飞龙科马的微卡疫苗完成三期临床试验并获得国家药监局的生产注册受理；同年 6 月，微卡疫苗被纳入优先审评品种。微卡疫苗弥补了成人结核疫苗的市场空白，潜在市场规模巨大。

5. 拓展其他生物医药领域

公司参股设立智睿投资，对有发展前景的生物技术和产品进行研发培育，待相关技术或产品研发成熟，会择机注入上市公司。智睿投资目前已在细胞免疫治疗、糖尿病、单克隆抗体等多个领域开始布局，且CAR-T产品有望申报临床。

近几年，智飞生物无论是自主创新品种还是代理品种都进入了大品种陆续获批并上市爆发增长的时期。

（二）沃森生物：重回疫苗主业，抛弃业务旁支

云南沃森生物技术股份有限公司创立于2001年，是一家业务覆盖疫苗、单抗药物和血液制品的创新驱动型生物药公司。2010年11月，公司在中国深圳证券交易所创业板上市。

2017年以来，沃森生物放弃了很多旁支业务，陆续转让了杰实生物85%的股权、河北大安制药31.65%的股权、卫伦生物21%的股权、云南鹏侨医药有限公司51%的股权，累次转让了嘉和生物70.68%的股权。公司于2019年底完成向疫苗核心业务聚焦，其自主研发的疫苗产品占营收总额的98.9%，而非疫苗业务逐渐出表。这和2017年之前的沃森生物有很大不同，聚焦业务对于沃森生物是一条更加实际的成长道路。

目前公司有7个疫苗产品在售，包括13价肺炎疫苗和HPV疫苗，主要产品有13价肺炎球菌结合疫苗、23价肺炎球菌多糖疫苗、Hib疫苗、AC多糖疫苗等。2价HPV疫苗于2020年6月申报生产，预计2021年开始创造业绩。基于中国市场的庞大，即使头部市场是智飞生物+默沙东的4价HPV疫苗和9价HPV疫苗，沃森生物和厦门万泰的2价HPV疫苗还是会有需求。何况，2价HPV疫苗作为平价疫苗，未来很可能纳入一类疫苗。

在售产品中，23价肺炎球菌多糖疫苗是沃森生物的创收主力，该疫苗用于2岁以上肺炎球菌感染风险增加的人群，2019年其销售额占公司总营收的46.44%。13价肺炎球菌结合疫苗是2017年研发成功的新品，该疫苗在2020年前三季度放量，批签发量为331万剂，其中第三季度为211万剂。公司2020年第三季度单季度营收9.93亿元，而半年报的总营收只有5.68亿元。可见，沃森

生物站在了风口。

公司2012年至2020年3月主要疫苗产品见表13–7，进入注册申报阶段的产品见图13–21。

表13–7　沃森生物2012年至2020年3月主要的疫苗产品

疫苗名称	上市年份	疫苗用途
AC群脑膜炎球菌多糖疫苗	2012	用于预防A、C群脑膜炎球菌引起的流行性脑脊髓膜炎
ACYW135群脑膜炎球菌多糖疫苗	2012	用于预防A、C、Y及W135群脑膜炎球菌引起的流行性脑脊髓膜炎
AC群脑膜炎球菌多糖结合疫苗	2009	用于预防A、C群脑膜炎球菌引起的感染性疾病，如脑脊髓膜炎、败血症（全身感染）等
Hib疫苗	2007	用于预防由b型流感嗜血杆菌引起的侵袭性感染（包括脑膜炎、肺炎、败血症、蜂窝组织炎、关节炎、会厌炎等）
百白破疫苗	2017	预防百日咳、白喉、破伤风
23价肺炎球菌多糖疫苗	2017	用于预防由本疫苗包含的23种血清型肺炎球菌引起的肺炎球菌疾病
13价肺炎球菌结合疫苗	2020	用于预防由本品包含的12种血清型（1型、3型、4型、5型、6A型、6B型、7F型、14型、18C型、19A型、19F型和23F型）肺炎球菌引起的感染性疾病

资料来源：Wind，西南证券。

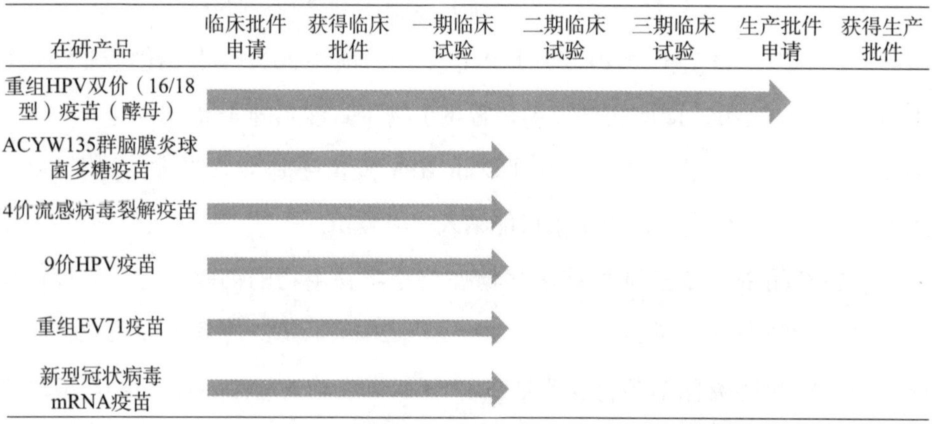

图13–21　沃森生物进入注册申报阶段的产品

资料来源：Wind，西南证券。

公司在研管线方面优于前期聚焦回顾的疫苗主线，由于出售了一些附属资产，所以略显单薄，但依然有焦点，比如HPV疫苗、新冠疫苗等。

估值方面，预计2020—2022年的EPS分别为0.66元、0.89元、1.17元。对应40元股价，2020—2022年的市盈率分别为61倍、45倍和34倍。沃森生物转型聚焦主业之后，业绩还处于缓慢爬坡阶段。

（三）康泰生物：在研产品丰富，做大做强

2017年康泰生物成功在A股上市，我国疫苗上市公司又添一员大将。康泰生物早期的主要产品是乙肝疫苗。随着公司研发投入的逐渐增加，产品线得以丰富。现在在售的疫苗产品主要包括23价肺炎疫苗、乙肝疫苗、Hib疫苗、Hib—百白破四联疫苗、麻风二联疫苗和无细胞百白破疫苗。从签批发量看，2020年四联疫苗、23价肺炎疫苗等流感类疫苗的需求大爆发，而其他种类疫苗，比如乙肝疫苗的签批发量有所下降。

公司注重研发，在研产品储备丰富。其中13价肺炎球菌结合疫苗、ACYW135群脑膜炎球菌多糖疫苗、冻干b型流感嗜血杆菌结合疫苗等3个品种已经申请药品注册批件，有望2021年上市。冻干人用狂犬病疫苗（人二倍体细胞）已完成临床研究总结报告。ACYW135群脑膜炎球菌结合疫苗已完成三期临床。具体见表13-8。随着这些产品的上市销售，公司的业绩将会迈上新的台阶。

另外，值得关注的是阿斯利康和牛津的疫苗在国内的合作方是康泰生物。这款疫苗对冷链要求较低，势必成为新冠疫苗预防海外方案中最有可能落地的疫苗。

表 13-8　康泰生物在研产品列表

药品名称	作用与用途	进展情况
13 价肺炎球菌结合疫苗	预防血清型肺炎球菌引起的侵袭性感染	审评中
冻干人用狂犬病疫苗（人二倍体细胞）	预防狂犬病	申请药品注册批件
ACYW135 群脑膜炎球菌多糖疫苗	预防 A、C、Y 及 W135 群奈瑟氏脑膜炎球菌引起的流行性脑脊髓膜炎	审评中
冻干 b 型流感嗜血杆菌结合疫苗	预防由 b 型流感嗜血杆菌引起的侵袭性疾病	审评中
ACYW135 群脑膜炎球菌结合疫苗	预防 A、C、Y 及 W135 群奈瑟氏脑膜炎球菌引起的流行性脑脊髓膜炎	完成三期临床
甲型肝炎灭活疫苗	预防甲型肝炎	完成三期临床
60μg 重组乙型肝炎疫苗（酿酒酵母）（免疫调节剂）	预防乙型肝炎，适用于对乙型肝炎疫苗常规免疫无应答的乙型肝炎易感者	已撤回，数据自查阶段
重组乙型肝炎疫苗（汉逊酵母）	预防乙型肝炎	完成一期临床
吸附无细胞百白破（组分）联合疫苗	用于预防百日咳、白喉、破伤风	临床准备中
冻干水痘减毒活疫苗	预防水痘	完成三期临床
Sabin 株脊髓灰质炎灭活疫苗（Vero 细胞）	预防脊髓灰质炎	三期临床准备中
重组肠道病毒 71 型疫苗（汉逊酵母）	预防由 EV71 病毒引起的手足口病	二期临床进行中

资料来源：公司公告。

康泰生物的核心竞争力在于其产品线丰富，这也是最具竞争力的。2020 年前三季度，其肺炎疫苗的签批发量达 244 万支，同比增长 173%。四联疫苗前三季度签批发量 466 万支，同比增长 86%。上半年乙肝疫苗受新冠肺炎疫情影响需求和产能下降，但下半年已经恢复。公司更大的看点在于和阿斯利康合作的疫苗，2020 年底已经基本通过临床，2021 年会成为利润引爆点。13 价肺炎球菌结合疫苗进入评审环节，2021 年也会贡献利润。

估值方面，预测公司 2020—2022 年的 EPS 分别为 1.14 元、2.36 元、3.40 元，150 元股价对应的市盈率分别为 132 倍、64 倍、44 倍。新品上市带来的业绩高增长将带动公司更上一层楼。

第十四章

科创板医疗上市公司的投资机会 >>>>

当前，注册制、科创板，以及一系列牵动证券市场整体格局的制度性改革如火如荼。在科创板中，医疗健康产业占据了相当大的比重，也吸引了足够多的关注。

好消息是，在外部摩擦背景下，医疗健康产业中药物自主研发的重要性越来越高，药物国产化替代越来越重要，科创板医药股的估值也水涨船高。坏消息是，带量采购、医保谈判正在进行，在国家医药整体控费环境下，药物和耗材的利润率有所下滑。一正一反之间，投资者需要了解：医药研发是整个医疗健康产业未来的突破口。“躺着”仿制，靠 me-too 药吃饭的时期已经不存在了。

科创板的医药股被推向前台有其大背景。不变的是，医药股依然是最正宗的科技股，意味着更加美好的未来。变化的是，科创板上市的医药股并不是传统成熟的医药公司，而是新技术产业公司。研发是医药公司突围的关键，但研发是一场阵地战，单个产品的研发容易失败，即使成功了，也会面临市场容量、对手的竞争性研发、大型医药公司渠道垄断等压力。所以，实际上科创板的医药股普遍是高风险的，我们首先要提示的就是风险。这种投资和以大型仿制药为基础的公司有本质不同，诸如恒瑞医药、智飞生物和康泰生物，这些老牌制药公司更加成熟，产品线庞大，有稳定的销售渠道，研发投入也烧得起钱。但科创板医药股更多的是风险投资，公司没有足够的利润支撑，没有太多的产品在售，大部分产品还在临床阶段，甚至很多药物还在发现阶段。

这种风险投资要回避吗？还记得孙正义投资阿里巴巴吗？还记得如今上涨没有尽头、让空头丢盔弃甲的特斯拉吗？投资并不只是着眼当下，投资是面向未来的。2019年特斯拉交付市场36.75万辆车，和丰田交付市场的千万辆车不具有可比性，但特斯拉的市值已经超过两个丰田了。也许当你看到这些文字的时候，特斯拉的股价已经回落到一个合理水平，但这体现的就是科技对未来的影响。所以，只要方法得当，仓位合理，心态合理，做一些风险投资也是可行的。

值得注意的是，科创板在财务分析方面可见度较低，我们总结科创板的投资集中于赛道和壁垒，而不是财务分析。原因很简单，很多科创板公司刚刚上市，刚刚获得了一笔融资，负债率 = 负债 / 资产，总资产周转率 = 收入 / 资产。由公式可知，企业如果获得了融资，资产就会提高，而收入和负债并没有变化，一来一去这两个指标就会失真，呈现负债率很低、资产周转率也很低的情形。

另外，很多科创板公司IPO放低了盈利门槛，其本身就是允许亏损的，或者即使不亏损，盈利规模也很小。很多公司出现在2010年以后，很多产品刚刚开始在市场上销售，开始替代进口，但是这些公司并不缺乏未来可以占领市场的大单品。如果用市盈率、市净率、市销率测算，根本无法得出结论。所以，投资者在科创板要遵循新的原则：赛道和壁垒的原则。

赛道就是看产品，看产品里面的在研产品是否存在大单品，这个大单品市场容量如何？竞争者进入情况如何？很多庞大的跨国医药公司都是通过拥有巨大市场潜力的单品一步步进入庞大行列的。历史上不乏安维汀、伐他汀、西地那非、修美乐、依那普利、西格列汀等动辄上百亿美元销售额的大型单品类药物。一个单品就能够让一家现在几千万元营收的小公司，迅速成为一家百亿元市值的医药公司。这就是赛道的作用，在科创板，产品比财务数据重要。

说到壁垒，最典型的就是品牌壁垒和规模壁垒。比如一个市场上排名第一的公司可以获得更高溢价，因为人才和客户都熟悉行业第一，也更倾向于行业第一，除非这家行业第一“自毁长城”。如爱尔眼科和通策医疗这么多年越来越强，并不只是团队管理得好，或者研发能力强，更多的是品牌壁垒。当你要种植牙的时候，比较大大小小的诊所，最终还是会被很多信息导向国内行业中的领军品牌。

当然，也需要适当关注财务方面，因为一些公司本身是亏损的，如果再遇到周期性下行，负债率较高，无法获得持续融资，那么就会有风险。目前资本市场没有这种风险，但不代表未来没有。所以，我们还是希望这些公司能够有一定盈利，流水可以循环，收入能够覆盖经营成本。

一、人工晶状体国产替代：昊海生科和爱博医疗

（一）人工晶状体的必要知识

1. 白内障手术的市场需求

白内障的本质就是晶状体浑浊，白内障手术就是摘除浑浊晶状体以人工晶状体替代。导致白内障的原因很多，蛋白质变性是主要原因。有调查显示，50岁以下人群的白内障患病率不到10%，而80岁以上人群的患病率高达66%，提升明显。随着我国老龄化社会来临，白内障人数将大幅增多，且随着医保支付能力和人民收入的提高，白内障手术将越来越普及。但对比国外，我国白内障手术治疗的渗透率依然不高。2018年，我国白内障手术约有370万例，每百万人口手术实施例数（CSR）仅为2 662例，相比之下，印度的CSR已达到5 600例，欧美、日本等发达国家的CSR则超过10 000例。

庞大的人口基数、老龄化来临导致患者增加，支付能力提高导致手术渗透率提高，将会造就一个高增长的白内障手术市场。

2. 各种类型的人工晶状体

人工晶状体分为软性和硬性，区别在于手术创口。软性可折叠晶状体可以缩小创口，但价格较高。软性晶状体长期被国外垄断，但国产替代产品已经开始出现，国产替代产品有较高的性价比。

人工晶状体分为可调式、单焦点、双焦点和三焦点。可调式针对低年龄白内障手术人群，随着年龄增长可调节。单焦点适合看远处物体，看近处物体需要戴老花镜，而三焦点可以完全摆脱老花镜。焦点越多，使用体验越好，价格越昂贵。

人工晶状体分为球面和非球面，由于角膜和晶体存在正负相差，所以球面人工晶状体有副作用，总球差增加会导致视物不清、眩晕。非球面人工晶状体效果更好。

预装式人工晶状体，切口较小，比非预装式要好。

抗散光（Toric）人工晶状体，在球面屈光力的基础上加入散光（柱镜），可以矫正角膜缘性散光。

景深延长（EDOF）人工晶状体，这实际上是一种优化产品，虽然多焦点的人工晶状体能够增加远近视力，但景深延长人工晶状体能够增加患者可视距离。这种技术基本被国外垄断。

PRL 晶状体与 ICL 晶状体，将晶状体手术延伸到屈光不正治疗，也就是近视、远视和散光治疗。目前手术治疗基本有两种，一种是激光类近视手术（飞秒激光为主），本质上就是用激光雕琢眼角膜，这种方式非常普遍；另一种就是晶状体植入，也可以理解为在眼内装上一个隐形眼镜，这适合度数较高的患者，一般超过 1 800 度的近视角膜会比较薄，打磨雕琢难度大，推荐使用 PRL 晶状体与 ICL 晶状体植入，即在自身晶状体后方再植入一个晶状体，让光线焦点落点更加准确，手术费用超过 3 万元。PRL 和 ICL 的区别主要在材质上，根据眼睛前房深度和角膜内皮细胞数，选择不同材质。

眼角膜塑形镜，又叫 OK 镜，很多人用过，就是佩戴几个晚上，近视眼会短期改善。有人用 OK 镜临时抱佛脚，价格在 6 000~13 000 元。其原理很简单，就是“矫形”，类似于牙科“矫形”的牙套，通过物理佩戴的方式，将角膜压成合理形状。OK 镜可以暂时提高视力水平，之后会反弹。历史上，OK 镜曾出现过一些问题，即与眼角膜长时间接触，需要保持眼部清洁，而患者忽视卫生问题会导致眼部感染。不过这种产品对于学生还是很有吸引力的，除了眼部感染，其相对于飞秒激光的风险性更低，性价比更高。

3. 人工晶状体国内外市场现状

人工晶状体的市场份额基本被国外垄断。爱尔康（美国）、强生视觉（美国）、蔡司（德国）和博士伦（美国）占据了国际人工晶状体市场的主要份额。根据爱尔康公司的报告及估算，2017 年全球人工晶状体市场份额中，爱尔康占 31%，强生视觉占 22%，博士伦占 6%，蔡司占 4%，以上四家共占了 63%。

国内代表公司就两家：昊海生科和爱博医疗。且国产人工晶状体主要是单焦点 + 硬性人工晶状体，占据的是低端市场。最近几年，国产人工晶状体在向高端发展，采取的方式主要有自我研发、外部并购、产品代理三种。

我们提及的这两家人工晶状体公司，爱博医疗偏向于自研发展，且人工晶状体业务是其现有唯一的业务；昊海生科偏向于并购代理，且人工晶状体业务是其四大产品线之一。观察国际公司可知，大多数人工晶状体公司都会向医美，或者其他医用耗材领域延伸，并不会停留在狭窄的人工晶状体单一领域。所以很难说未来爱博医疗和昊海生科谁更胜一筹，自研和并购代理属于不同的选择，各有利弊。

（二）爱博医疗

1. 爱博医疗的产品线

爱博医疗的历史很清晰，见图 14–1。

图 14–1　爱博医疗上市历程

资料来源：相关资料整理而得。

爱博医疗的产品线非常清晰，基本是自主研发，2014 年就出品了单焦的软性人工晶状体，替代了部分进口产品市场。之后的产品，包括抗散光 Toric 型人工晶状体、AQBHL 预装式人工晶状体和角膜塑形镜（OK 镜），都给爱博医疗贡献了利润。在国内人工晶状体市场，爱博医疗大约占到 10% 的份额，虽然和国际巨头有很大差距，但在国产替代的总趋势下，差距是可以弥补的。

目前公司多焦点产品依然处于临床阶段，2020 年上半年研发投入总共 1 405 万元，公司创始人解江冰是曾就职于美国劳伦斯国家实验室的博士后研究生，在美国眼力健和雅培等巨头公司担任研究员，其主攻方向就是人工晶状体。其团队研发实力不错，只是之前部分研发成果是职务研发，存在外部授权（解江冰个人 132 项专利中对外授权 70 项）。由于爱博医疗采用自主研发策略，未来公司预期会比较依赖研发的顺利推进。

2. 爱博医疗的财务分析

（1）营收和盈利能力分析。受 2020 年新冠肺炎疫情影响，爱博医疗 2020 年上半年的业绩数据并不理想，因为医疗系统遭遇压力，很多眼科手术被推迟。不过其营收依然增长了 9.39%，扣除非经常性损益净利润增长了 2.86%，而在 2016—2019 年，其营收和净利润增长远远高于这个水平，见表 14–1。

2019 年爱博医疗的毛利率为 85.69%，由于公司人工晶状体营收占总营收的比例超过 91%，加上人工晶状体手术配套产品营收占总营收的比例超过 96%，所以公司整体毛利率基本等同于人工晶状体单项业务的毛利率。爱博医疗近三年的毛利率稳定在 85% 左右，属于高毛利产品。

表 14-1　2016—2019 年爱博医疗营收和净利润增长情况

	2016 年	2017 年	2018 年	2019 年
营业总收入	4 353 万元	7 481 万元	1.27 亿元	1.95 亿元
毛利润	3 072 万元	5 519 万元	1.01 亿元	1.64 亿元
归属净利润	−140 万元	−411 万元	2 031 万元	6 576 万元
扣非净利润	−629 万元	−90.6 万元	930 万元	6 257 万元
营业总收入同比增长	—	71.86%	69.72%	53.73%

资料来源：公司年报。

2020 年上半年爱博医疗的销售净利率为 35.5%，2019 年为 33.69%，2019 年半年报为 38.53%，所以大致上确定其人工晶状体销售净利率为 35%。

爱博医疗未来的盈利增长点主要有：

第一，政策支持和带量采购。毋庸置疑，我国患白内障的总人数是增加的，但是产品渗透率不足，单个品牌产品在市场上所占比重也是个问题。带量采购有利于公司现有业务，因为性价比高可以实现以价换量。目前，带量采购政策使人工晶状体类产品的单价下降大约 20%，但提高了国产人工晶状体的使用量。考虑到人工晶状体领域国产产品占比本身不高，所以这对国产产品应该是个利好。2020 年 9 月，上海市启动人工晶状体带量采购的投开标，为上海首轮高值医用耗材集采。强生眼力健 ZA9003（三片非球非预装）为 A 组中标产品，麦德 OphtecB.V.52501TW（球面、非预装）为 B 组中标产品，此两款产品均为进口。B 组爱博诺德落标，说明爱博医疗现有产品遇到进口产品仍有不小的竞争压力。

第二，产品研发管线品类进一步完善（见表 14-2）。目前，主要看点是爱博医疗 2019 年 3 月推出的角膜塑形镜，也就是 OK 镜，未来，OK 镜的正确使用会越来越被重视，其功效也逐渐重新被市场认可。另外，治疗近视等屈光不正的 PRL 晶状体与 ICL 晶状体也是未来期待的盈利亮点。

表 14–2　爱博人工晶体研发管线情况

产品名称	产品特点	研发预算	所处阶段
多焦点人工晶状体	基于人工晶状体平台技术，开发一款连续视程多焦点人工晶状体	1 500 万元	临床试验
有晶体眼人工晶状体	基于一款自主开发的新材料，开发一种矫正人眼屈光不正，尤其是高度近视的人工晶状体	3 000 万元	临床试验
大景深（EDOF）人工晶状体	基于现有人工晶状体平台技术，开发一种具有景深扩展功能的人工晶状体	1 200 万元	注册检验

资料来源：招股书，华金证券研究所。

（2）财务风险分析。由于公司资产负债率为 5.58%，几乎不存在杠杆，所以债务分析可以省略，几乎没有负债。

（3）营运分析。根据公司 2019 年年报，总资产周转率为 0.31，应收账款周转天数为 94.89 天，存货周转天数为 625.01 天。

总资产周转率较低，是因为公司还处于发展初期，其营收规模相对资产规模还比较小。应收账款周转天数正常，回款情况较好。存货周转天数较多，公司用以销定产、适当备货的方式制定生产计划，保证现有存货可以满足公司 3~6 个月的销售需求不受影响。另外，新品备货增加也导致存货货值的增加。综合来看，爱博医疗有一定的备货习惯，这是存货周转天数较多的主要原因。

（4）杜邦分析和整体性分析。爱博医疗目前最大的问题是体量太小，产品线不完善，其净资产收益率为 11.41%（2019 年），考虑到总资产周转率较低，负债率较低，这家公司主要的盈利能力影响销售利润率的提升。销售利润率的提升来自两个方面：一方面是未来不断开发高毛利的新产品，另一方面是通过缩减费用率来提升销售利润率。由于其市场占有率依然较低，未来在政策影响下，销售规模提升，资产周转率水平会提高，所以提升规模能够提高爱博医疗的净资产收益率，也就是盈利能力。可见，开发新产品、降低费用率、提高销售规模等都可以提升净资产收益率。

在人工晶状体领域，高端产品毛利率远高于低端产品，“多焦点 + 软性 + 抗散光 + 景深延长”是爱博医疗未来开拓的方向。该公司是初创企业，新产品研发依然是其发展的驱动力。预计爱博医疗未来营收能够保持高于 20% 的增长。当下有估值过高的风险、研发失败的风险和产品安全风险。

（三）昊海生科

1. 昊海生科的产品线

昊海生科的四大业务包括眼科、骨科、医美、防粘连止血。其实，昊海生科主要生产三款产品：人工晶状体，通过收购子公司和代理品牌的方式，形成人工晶状体全产品线；透明质酸钠，也就是玻尿酸，其在眼科、骨科、医美和防粘连止血方面几乎是同一类型产品的不同使用形式；几丁糖（奇特杰），用于组织修复和防粘连。

昊海生科还有几款关联性产品，比如胶原蛋白海绵奇特邦、外用重组人表皮生长因子康合素、润眼液眼舒康（这些都是配角）。

表 14–3 列示了昊海生科各品牌人工晶状体产品的性能。疏水人工晶状体比亲水人工晶状体更能防止白内障复发，这方面爱博医疗和昊海生科可以做个对比，在选用材料方面，爱博医疗更多选择疏水性系列，多焦点人工晶状体产品在研，而昊海生科主力产品集中于亲水材料，多焦点产品有代理销售。所以，从品类上看，昊海生科采用“代理 + 并购”的方式，因此产品线丰富很多。但是从品质上看，爱博医疗档次要高一些。

表 14-3　昊海生科各品牌人工晶状体产品性能对比

产品系列		代理品牌	自产品牌			
		Lenstec	Aaren	HexaVision	宇宙	艾格
PMMA					√	√
亲水系列	球面	√	√	√	√	
	非球面	√	√	√	√	
	肝素涂层		√	√	△	
	预装式	√	△	△	△	
	多焦点	√	△	△		
疏水系列	非球面		△	△		△
	预装式		△	△		△
	多焦点		△	△		
	散光矫正型		△	△		

注：√代表现有产品，△代表在注册项目及在研项目。
资料来源：公司官网，公司招股书，华西证券研究所。

不只如此，昊海生科还有 PRL 晶状体产品，用以治疗高度数的屈光不正手术。公司 2020 年 4 月并购了杭州爱晶伦 55% 的股权，爱晶伦专注于生产和研发近视矫正相关产品，主要产品就是 PRL 晶状体，其产品依镜 PRL 不仅是该领域唯一获批的国产眼后房屈光晶状体，也是国内唯一的悬浮型产品。同类型的产品爱博医疗依然是在研。

未来，如果爱博医疗顺利推进了多焦点人工晶状体、眼后房屈光晶状体的研发，那么其在人工晶状体方面的聚焦式发展必然潜力更好。但现阶段，昊海生科通过并购和代理方式，更容易形成短期竞争优势，产品线丰富，可以让客户有更多选择，也更容易全面覆盖市场需求。所以在营收级别上，昊海生科的眼科收入量级要高于爱博医疗。

不过昊海生科这种“买买买”的模式也会有一些副作用，内生发展和外延发展各有好处。2020 年上半年，同样受新冠肺炎疫情影响，爱博医疗总体的扣除非经常性损益净利润增长了 2.86%，营收增长了 9.89%；而昊海生科的业绩却出现了较大波动，营收下降了 36.85%，扣除非经常性损益净利润下降了 95.74%，各大业务主线业绩集体退坡。

2020 年上半年昊海生科业绩退步的原因是多方面的。昊海生科有海外代理产品，有海外子公司，也有一部分用户在海外。当新冠肺炎疫情导致全球供应链断裂的时候，其遭遇的打击就更严重。因为，爱博医疗在人工晶状体领域更接近于国产替代，而昊海生科采用的并购和代理模式还需要一个跨国整合的过程。

2. 昊海生科的财务分析

（1）营收和盈利能力。2020 年上半年，新冠肺炎疫情导致全球供应链连锁反应，大量人工晶状体手术和医美需求下滑，昊海生科的业绩下滑。一般认为这种业绩下滑不具有代表性。昊海生科 2019 年眼科业务营收占比 44%，2020 年上半年眼科业务营收占比 42%，2019 年上半年眼科业务毛利率是 76.62%，2020 年上半年眼科业务毛利率是 77%。

2020 年上半年，昊海生科营收下滑的同时，产品毛利率没有出现大的波动，销售费用不降反升，研发费用达 5 657 万元，管理费用略有下滑。

2019 年上半年，昊海生科的销售费用是 2.5 亿元左右，但是 2020 年上半年的销售费用是 3 亿元。在业绩下滑的情况下，为什么销售费用反而上升呢？这也许是一个正常现象，生意不好才要到处去找生意，去营销。但这也有可能是一个反常的数据指标。建议投资者关注公司 2020 年年报的销售费用，看全年有无异常升高。

（2）财务风险分析。2020 年昊海生科的资产负债率为 10.55%，低于一般公司，说明公司并非依赖财务杠杆驱动业绩，不需要对财务风险考虑太深入。从公司 2020 年报表也可以看出，其财务费用中利息收入为正数。

（3）运营分析。根据公司 2019 年财报，其总资产周转率为 0.3，应收账款周转天数为 86 天，存货周转天数为 216.41 天。根据公司 2020 年半年报，其总资产周转率为 0.08（2019 年同期为 0.18），应收账款周转天数为 119.83 天，存货周转天数为 421.15 天。

可见，2020 年上半年总资产周转率的运营指标全线退步，说明其受新冠肺炎疫情的影响较大。其中，存货周转天数虽然大幅度上升，但依然低于竞争对手爱博医疗。因为昊海生科的生产模式和爱博医疗不同。爱博医疗有一定的备货，而昊海生科是合理备货，以销定产，这也是供应链断裂会增加其风险的原因之一。

（4）昊海生科的杜邦分析和综合基本面。根据杜邦分析，其 2019 年整体净资产收益率为 9.26%，其盈利并非来自运营，也不是来自财务杠杆，而是来自销售，23.46% 的销售净利率是其核心竞争力。公司是研发主导型公司，新产品的高毛利可以在一定程度上提升销售净利率。

横向比较爱博医疗。爱博医疗的产品线完整度不如昊海生科，也没有医美这方面的多元化业务，所以昊海生科的规模要大于爱博医疗。爱博医疗人工晶状体单项目毛利率高于昊海生科，对全球化供应链风险抵抗力要好于昊海生科。

另外，昊海生科是 A+H 股上市，投资者可以选择便宜的一侧买入。

二、创新医疗器械：南微医学、三友医疗、佰仁医疗、心脉医疗

（一）内镜诊疗——南微医学

1. 南微医学的产品线

内镜诊疗，简单地解释就如做胃镜、肠镜，复杂地解释就如现在的腹腔手

术，其分为开放手术和内镜手术，开放手术就是打开腹腔，内镜手术就是伸进去一个内窥镜，医生可以在屏幕上看见腹腔内的情况，术野有限，但可以直达病灶。内窥镜又分为软镜和硬镜，软镜是顺着食道、肠道进去查看病灶，切一块活检样本，或者直接切除病灶部位。做过肠镜就知道，如果发现了几块肠内小息肉，医生会建议在做肠镜的时候顺道处理了。硬镜就是腹腔镜手术，不会顺着食道进入，而是在腹部开一个小孔，将镜头放进去，再从另一个小口伸进手术刀，切除病灶。

由于内镜手术是微创手术，实际上是未来手术的发展方向，以避免患者死于术后并发症或手术损伤。但是，内镜手术不能解决全部问题，因为其术野受限，可能会忽视掉一些看不见的肿瘤，对术前检查要求也很高。

南微医学的业务看点有三：其一是内镜诊疗，其二是肿瘤消融，其三是EOCT，即内窥镜光学相干断层扫描技术。其中，内镜诊疗占总业务的90%以上，为目前的主要营收和利润来源，肿瘤消融是通过并购获得的外部技能，未来可以更广泛地结合内镜诊疗扩大应用，而EOCT则是南微医学非常独特的技术，是南微医学未来业绩想象力的重要来源。

（1）内镜诊疗的市场空间。据波士顿科学的统计和分析，2017年全球内镜诊疗器械市场规模约为50亿美元，2017—2020年全球内镜诊疗器械市场规模的复合增长率为5%。在消化内镜诊疗领域，2018年全球应用于胆胰管疾病、消化道癌症、消化道出血领域的内镜器械市场规模分别为14亿美元、14亿美元和6亿美元。预计到2021年，这三个领域的内镜器械市场规模将会分别达到17亿美元、18亿美元和6.75亿美元。

2018年，南微医学内镜诊疗器材的全球份额占比为2.44%，而波士顿科学的市场占有率为36%，奥林巴斯为34%，库克为13%，其他企业为14.56%。具体见图14–2。

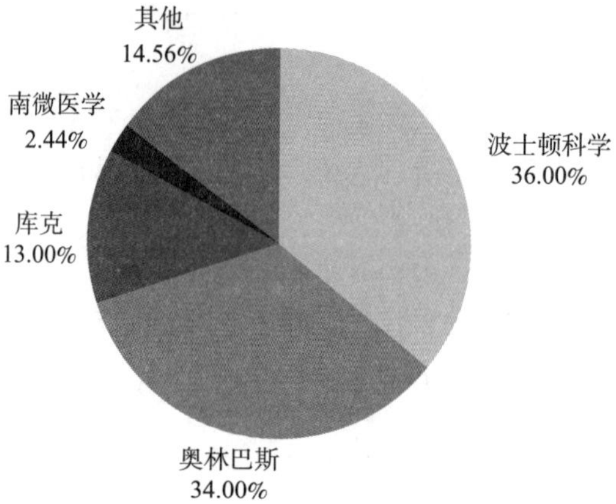

图 14–2　2018 年全球内镜诊疗器械市场竞争格局

资料来源：相关资料整理而得。

2018 年，我国内镜诊疗器械以进口为主，南微医学作为国内主要供应商，市场占有率达到 22%，常州久虹、杭州安瑞等其他国产公司占 21%。具体见图 14–3。

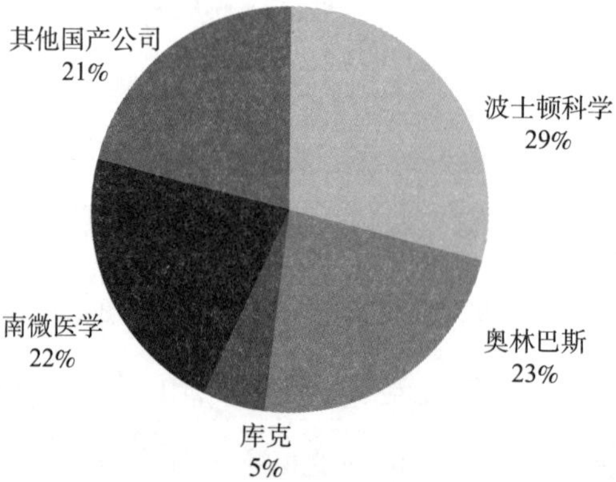

图 14–3　2018 年中国内镜诊疗器械市场竞争格局

资料来源：相关资料整理而得。

我国胃镜检查人数逐年递增，随着医药加成向器械转移，胃镜筛查人数已接近 2 000/10 万人，逐步达到了欧美发达国家水平。但是在肠镜筛查方面，美国的筛查密度是中国的 5~6 倍。有些数字来源比较久远，但符合我们的现实观感。最近几年，国人的体检需求爆发，大多数医院的胃肠镜检查都需要提前预约。因为腹部 CT 平扫不能发现胃肠腔道里面的肿瘤，医生一般会要求做胃肠镜。所以，胃镜的开展率提升了，而肠镜开展率不佳是因为肠镜体验不好，需要清空肠胃，相对来说，不到万不得已，普通人都想回避肠镜检查。但欧美国家在这方面渗透率很高，因为肠道肿瘤高发，如果可以早发现、早治疗，治愈率是相当高的。随着肿瘤知识的日渐普及，国内肠镜市场未来有较大的提升空间。

从市场份额看，南微医学还有较大的提升空间，主要体现在以下方面：

首先，全球化。南微医学旗下有 8 个子公司，其在美国和德国的销售业务主要由子公司 MTU 和 MTE 两家承担。在海外其他国家，南微医学多为经销模式，而在美国和德国由两家子公司直销。2019 年，南微医学的外销占比为 41.41%，可见“走出去”获得了更大销售规模，这也是南微医学未来一个重大的发展方向。

其次，目前国内内镜诊疗开展率较低，所以未来国内业务有较大的提升空间。全球内镜诊疗趋于平稳，维持 5% 左右的增长幅度，但是我国受设备数量、胃肠镜医生数量的限制，开展率不高。预计南微医学未来在国内的业务将保持高速增长。

最后，产品开发带来业绩增量。南微医学在基础耗材方面，逐步规模化；在专用耗材方面，进一步提升产品品质，追赶外资竞争者；在腔内手术方面，运用机器人、AI 等，创新产品和诊疗方案。另外，南微医学在内镜诊疗方面的主要产品包括：止血闭合产品（如畅销产品“和谐夹”）、活检类产品、扩张类产品（如南微医学创业时期的支柱产品胆囊支架）、经内镜逆行性胰胆管造影术（ERCP）、内镜下黏膜切除术（EMR/ESD）、内镜下穿刺活检术（EUS/EBUS）等。产品线较为完整，但依然有拓展空间。（拓展新闻：香港中文大学 2020 年 9 月 15 日宣布，该校医学院研究人员近期利用新开发的内镜手术机器人平台系统，成功为早期大肠癌患者进行内镜黏膜下剥离术，成为全球首例。）

综上，内镜诊疗是南微医学的主业，也是其利润和营收的主要来源，若干年内依然要依赖这一块业务。南微医学的规模扩张、全球化、业务拓展将持续为该业务提供动力。

（2）肿瘤消融领域的市场空间。肿瘤消融是在CT或者MRI等影像引导下，利用射频、微波、冷冻和化学的方式，对肿瘤进行消融治疗。

全球肿瘤消融行业仍然处于发展阶段，据*Tumor Ablation Market Industry Report* 2019分析，2018年其全球市场规模约为10.4亿美元，并以12.5%的复合增长率快速发展，预计2024年市场规模将达到21亿美元。按技术分类，微波消融技术增速最快。根据中科国际信息咨询中心发布的《2018—2022年中国微波射频肿瘤消融系统市场调研与发展前景预测专题报告》，2017年中国热消融产品销售额约为7亿元，年复合增长率约为20%。

南微医学2015年收购康友医疗，获得微波消融治疗仪和微波消融针。2019年其微波消融针的销售收入为8 891.44万元，微波消融设备的销售收入为635.62万元。可以看出，这并非南微医学盈利的主要来源。

（3）在内窥式光学相干断层扫描技术（EOCT）领域的市场空间。EOCT是光学相干断层成像OCT的一个应用场景。EOCT由设备及探头两部分组成，根据具体使用可分为血管OCT和消化科OCT。南微医学的EOCT主要指消化科OCT产品。全球就两家公司获得了FDA认证，一家是南微医学，另一家是NvisionVLE。该项技术具有一定壁垒，产品单台售价超过百万元，主要用于食管高级别上皮内瘤变及鳞状上皮细胞癌的检查。

这也是南微医学未来业务上期待的爆点，不过现阶段其对南微医学的业务支撑十分有限。

2. 南微医学的财报分析

（1）盈利能力分析。南微医学2019年的毛利率为65.79%，2020年上半年的毛利率为65.1%，毛利率平均稳定在65%左右。在细分领域，止血和闭合领域的毛利率最高，达 75.59%，营收占比也最大。虽然受到新冠肺炎疫情影响，2020 年上半年公司业绩不佳，但毛利率依然稳定，因为其所在行业对宏观面波动的敏感度较低。

南微医学 2019 年的销售净利率为 24.1%，2020 年上半年的销售净利率为 20.04%，最近三年销售净利率稳定在 20% 左右。

南微医学 2019 年的净资产收益率为 21.77%，属于盈利能力较强的公司。

（2）偿债能力分析。南微医学 2020 年上半年的资产负债率为 13.44%，属于低财务风险的公司。

（3）运营能力分析。南微医学 2019 年的总资产周转率为 0.68，应收账款周转天数为 41.69 天，存货周转天数为 138.66 天。

公司存货周转速度较快，应收账款回款速度较快，并无过多备货和库存积压，运营能力较强。这里要提及数据的局限性，2019 年公司 IPO 获得了很多资金，使其 2019 年的总资产达到 28.75 亿元，而 2018 年末其总资产还只有 9.69 亿元。总资产增加导致 2019 年的负债率大幅度下降，也导致 2019 年总资产周转率大幅度下降。

（4）杜邦分析和整体观察。南微医学的净资产收益率为 21.77%，销售净利率为 24.1%，总资产周转率为 0.68，权益乘数为 1.14。

IPO 导致公司总资产出现大规模变动，和资产有关的总资产周转率和权益乘数参考价值下降。未来，公司在提高运营能力和举债方面有提升空间，其所在行业的天花板较高，可以通过增加销售规模来提升盈利能力。所以，南微医学最大的利润爆点，确定性较高的是提升海外市场份额，增加规模效应。

未来，南微医学在业绩上的看点还有肿瘤微波消融设备和 EOCT。但这些业务铺开尚需时间，可以长期等待。2020 年上半年，南微医学受制于新冠肺炎疫情，内镜诊疗大量延后，业绩出现了明显下滑。但内镜诊疗需求的大趋势依然向上。预计当全球供应链恢复之后，其依然可以获得较高的增长率。现阶段其估值依然偏高，这和大环境有关。

（二）三友医疗

1. 三友医疗产品线分析

我们之前也提到过骨科类耗材的医疗公司，但三友医疗比较特殊。大多数骨科医疗器械公司是从创伤性骨科耗材切入的，然后发展关节性骨科耗材，最后才涉及技术要求较高、风险较大的脊柱性骨科耗材。但三友医疗的脊柱骨科耗材销售收入占其总营收的93%，这种反向操作必然伴随着一定的技术实力。刘明岩、徐农、范湘龙是公司核心管理层、实际控制人，也是主要技术开发团队成员。

骨科脊柱类产品的市场空间并没有准确数据，骨科行业整体递增为15%~20%，而脊柱类产品深受老龄化、支付能力等诸多方面影响，投资者可以关注以下数据（来自信达研报），来大致了解市场空间：

2019年，国内脊柱年手术量超过140万台，国内脊柱创伤预计市场规模超过20亿元，国内脊柱畸形手术预计市场规模约10亿元，国内脊柱退变手术预计市场规模约40亿元，国内脊柱肿瘤手术预计市场规模为3亿~5亿元。

不可否认，预计的数据都有一定主观性，但是脊柱类骨科材料市场空间还是比较可观的，2019年三友医疗总营收为3.54亿元。

三友医疗的营收和利润规模其实并不出色，但是这符合医疗器械的行业特点。医疗器械行业和医药行业不同，医疗器械的销售渠道比较稳定，产品迭代较少。一个产品研发出来后，会比较稳定地占据市场。在医药领域则不同，会因为类似效果的药物推出而侵蚀现有药物的市场份额。所以医疗器械公司的排名变化很少。一旦研发拓展了产品边界，其业绩往回走的情况也不多。当然2020年上半年新冠肺炎疫情这种特殊情况除外，实际上骨科手术也受到了相应影响。

三友医疗未来的拓展空间一是来自老龄化，老龄化导致更多的脊柱问题。二是来自脊柱手术的渗透率，骨科植入产品包括创伤、关节和脊柱，其中脊柱的国产渗透率最低，而未来国产替代是必然趋势。两项综合，可以预期三友医疗未来的平稳增速在15%~20%。

脊柱类产品按照产品用途及手术方式的不同，主要分为内固定系统、融合器系统、脊柱微创内固定系统以及手术工具等。三友医疗的脊柱类产品中，Adena脊柱后路内固定系统、Halis胸腰椎融合器系统、Zina脊柱微创内固定系统为主要的产品系列，且2019年Adena脊柱后路内固定系统的营收占总营收的52%，属于主打产品。

Adena内固定系列产品于2011年上市，其应用场景包括脊柱退变、骨折、复杂的脊柱畸形矫形、脊柱肿瘤治疗，适用于大多数胸腰椎脊柱后路内固定手术。

2. 三友医疗的财务分析

（1）盈利能力分析。三友医疗2019年的营收增长为59.38%，扣除非经常性损益净利润增长为65.5%，2018年的营收增长为58.83%。由于现阶段三友医疗营收和净利润的绝对金额还非常小，公司还在成长期，未来营收和净利润还将保持这个增长速率。

脊柱类植入产品2019年的毛利率为92.38%，非常高。但是2019年公司的净利率为27.68%，其最大的成本费用项目是销售费用，2019年为1.76亿元，在收入总额为3.62亿元的情况下，费用率接近50%，这是非常庞大的。进一步探索可知，其销售模式以经销为主，渠道铺设成本较高。但是，相关新产品并不会增加销售费用，未来销售规模提升可以降低销售费用率。

（2）运营能力分析。公司总资产周转率为0.75，应收账款周转天数为137.18天，存货周转天数为647.52天。

应收账款方面，三友医疗目前仍以经销模式为主，但直销模式的占比随着两票制逐渐提高。直销模式就是直接销售给医院，经销模式就是卖给代理商，代理商扣除物流等费用，根据使用量和生产商结算。从利润率看，直销模式的利润比经销模式高，直销替代经销也是趋势。

存货方面，三友医疗会保持一定的安全库存，尤其是一些非常用规格。所以存货货值偏高，这也符合高值耗材的特征。预期问题不大。

（3）财务风险分析。三友医疗 2019 年的资产负债率为 20.61%，相比于往年 10% 左右的负债率有明显提升，主要是因为应付票据和应付账款的提升，这也从侧面说明公司业务正在扩张，属于良性的经营负债增加。公司应付账款金额和营收波动也基本同步。

（4）杜邦分析和整体分析。三友医疗 2019 年的净资产收益率为 25.12%，销售净利率为 27.68%，总资产周转率为 0.75，权益乘数为 1.26。其中，净资产收益率主要来自销售净利率，脊柱骨植入类产品的毛利率较高，所以提升销售规模是公司扩张的主要动力。未来公司在创伤类业务，包括脊柱器材等领域还会进一步研发拓展，业绩会稳步上升。

（三）佰仁医疗

1. 佰仁医疗的产品线

佰仁医疗主要有三块业务，分别是心脏瓣膜置换与修复治疗、先天性心脏病植（介）入治疗、外科软组织修复。从业务占比看，外科软组织修复占总营收比重较大，2019 年为 40.07%，但这个业务整体进入者较多，公司逐步失去了业务独占性优势。所以，佰仁医疗如今的定位在心血管疾病，重点在结构性心脏病，也就是未来主要拓展心脏瓣膜置换和先天性心脏病植入治疗。这些都是具备技术壁垒的植入耗材。

佰仁医疗提供的是生物源性心瓣膜，就是将牛和猪的心瓣膜改造成人可用的。这种产品的好处是不用吃抗凝剂，不会听到“吧嗒吧嗒”心脏跳动的声音，而机械心瓣膜需要吃抗凝剂，心脏跳动会有声响。有患者换过机械心瓣膜，每天都不用特意记得吃药，安静下来，心脏跳动的声音像闹钟一样提醒着吃药时间。但生物源性心瓣膜也有劣势，使用时间为 10~15 年。因此年轻人更适合用机械心瓣膜，其使用年限较长，老年人更适合用生物源性心瓣膜。

我国瓣膜性心脏病患者占总人口的 0.25%~0.32%，有 350 万 ~450 万人，按病因可分为风湿性、退行性、感染性和其他。一般风湿性患者较为广泛，约有 250 万人，且随着年龄增长，病例人数增加。我国生物源性心瓣膜约 1 万元一片，手术量占心瓣膜手术总量的二成，未来会有大幅度提高，因为国际上该类手术占七成以上比重。2017 年的数据显示，我国有 65 749 台生物源性心瓣膜手术。随着医保报销范围增加，老年人提高生活品质的需求增加，心瓣膜手术量必会增加。

在先天性心脏病方面，我国存量先天性心脏病患者为 200 万人，且每年新增 12 万 ~20 万人，其中复杂性心脏病占二成，不治疗的话活不过 10 岁。2017 年介入治疗 32 691 例。这一领域每年大约有 20 亿元的产值空间，市场空间有限，不如心瓣膜高，但属于刚性需求，且需求稳定。心瓣膜手术还可以拖一拖，这个不能拖。

2. 佰仁医疗的财务分析

佰仁医疗财务分析比较单一：公司 2019 年的资产负债率为 2.97%，总资产周转率为 0.29。现阶段运营能力和财务融资能力对企业影响不大，且 IPO 融资使公司资产扩大，本身数据也不够准确。佰仁医疗的重点在产品盈利能力上。

公司 2019 年的销售净利率为 43.06%，医疗器械毛利率为 91.04%，其中外科软组织修复治疗毛利率为 91.38%，先天性心脏病植（介）入治疗毛利率为 88.21%，心脏瓣膜置换与修复治疗毛利率为 94.6%，是绝对的高毛利。但目前心脏瓣膜销售规模依然不大，公司竞争对手有杰成、启明、微创心通等。

（四）心脉医疗

1. 心脉医疗的产品线

乐普医疗的主要产品是心脏支架，心脉医疗的主要产品是主动脉支架。支架就是用植入物将血管撑开。了解了乐普医疗的产品，就能了解心脉医疗的产品。心脉医疗是从微创医疗分拆出来的公司，微创医疗在港股是创新型的高端医疗器械公司，具备非常出色的技术实力。2020 年上半年，受新冠肺炎疫情影响，微创医疗业绩亏损，但投资者依然追捧，股价上涨 3 倍，其分拆上市的心脉医疗也备受关注。

心脉医疗的产品线很清晰，三大产品线是主动脉类支架、术中支架、外周产品，具体见表 14–4。单从作用看，都是支撑血管，让血液流通。由于人体血管众多，不同的血管适用不同的产品，尤其在动脉方面，技术壁垒比较高。

表 14–4　心脉医疗产品线概况

<table>
<tr><th colspan="2">产品类别</th><th>主要用途</th><th>具体产品</th></tr>
<tr><td rowspan="6">主动脉类支架</td><td rowspan="2">胸主动脉覆膜支架系统</td><td rowspan="2">使用微创伤介入技术和腔内隔绝原理，建立新的血流通道</td><td>Hercules Low Profile 直管型覆膜支架及输送系统</td></tr>
<tr><td>Castor 分支型主动脉覆膜支架及输送系统</td></tr>
<tr><td rowspan="3">腹主动脉覆膜支架系统</td><td rowspan="3">使用微创伤介入技术和腔内隔绝原理，建立新的血流通道，治疗腹主动脉瘤等</td><td>Hercules 分叉型覆膜支架及输送系统</td></tr>
<tr><td>Aegis 分叉型大动脉覆膜支架及输送系统</td></tr>
<tr><td>Minos 腹主动脉覆膜支架及输送系统</td></tr>
<tr><td>主动脉球囊扩张导管</td><td>主动脉覆膜支架释放后，用球囊进行扩张，使支架更好地贴合血管内壁</td><td>Hercules 球囊扩张导管</td></tr>
<tr><td colspan="2">术中支架类</td><td>配合主动脉夹层外科手术，使二次开胸手术简化为一次完成，降低全弓置换手术操作难度</td><td>CRONUS 术中支架系统</td></tr>
<tr><td rowspan="3">外周产品</td><td>药物球囊扩张导管</td><td>治疗经皮腔内血管成形术中股腘动脉（膝下动脉除外）的球囊扩张，以治疗动脉粥样硬化性狭窄或闭塞性病变</td><td>Reewarm PTX 药物球囊扩张导管</td></tr>
<tr><td>外周血管球囊扩张导管</td><td>治疗外周血管的狭窄或闭塞性病变的扩张</td><td>Reewarm 外周球囊扩张导管</td></tr>
<tr><td>外周血管支架系统</td><td>治疗外周血管的狭窄或闭塞性病变的扩张</td><td>CROWNUS 外周血管支架系统</td></tr>
</table>

资料来源：相关资料整理而得。

在市场空间方面，2017 年我国主动脉介入医疗器械市场规模为 10.3 亿元，主动脉介入领域筛查率和就医率相对较低。根据 BCC Research LLC 的相关研究报告，2017 年美国主动脉介入医疗器械市场规模约 11 亿美元，预计 2022 年将增至 15 亿美元。众所周知，美国人口是我国的 1/4，这么看我国未来的市场规模有十倍以上的增长空间，预计 2022 年我国主动脉介入医疗规模达 19.5 亿元。

2017 年我国外周血管介入医疗器械市场规模为 30.1 亿元，预计 2022 年市场规模将达到 71.2 亿元。根据相关研究报告，2018 年 5 月主要外周血管介入类产品（球囊、支架、斑块切除、取栓导管、CTO 开通器械）的全球市场规模达 44.29 亿美元，预计 2022 年将增长至 58.76 亿美元。这个市场规模很大，发展速度也很快。

心脉医疗的产品看点包括：全球第一的 Castor 分支型主动脉覆膜支架及输送系统；国内唯一的 CRONUS 术中支架系统；外周血管介入领域的重要产品 Reewarm PTX 药物球囊扩张导管（2020 年 4 月获批 NMPA 注册证）；Hercules 直管型覆膜支架及输送系统产品获得 CE 认证证书；Fontus 分支型术中支架系统已递交注册申请；Talos 直管型胸主动脉覆膜支架系统已完成临床随访报告；静脉支架系统、腔静脉滤器等处于设计验证及型式送检阶段。

综上，可以看出心脉医疗有一定的技术壁垒，主动脉和外周血管介入领域都将呈高增长趋势，公司在国内相关产品线上有一定优势。虽然这个领域的市场依然是以美敦力和波科为主，但国产替代必然依靠心脉医疗这样的公司。

医疗器械领域还是以渐进性创新为主，这样产品迭代会比较好。和医药领域不同，其进入门槛比较高，对手比较少。从长周期看，心脉医疗应该有不错的回报。

2. 心脉医疗的财务分析

心脉医疗 2019 年净资产收益率为 24.67%，销售净利率为 42.48%，主动脉外周血管的毛利率为 80.05%，属于高毛利、高净利率，产品有极强的竞争力。2020 年上半年，受新冠肺炎疫情影响，营收增长率为 24.95%，扣除非经常性损益净利润增长率为42.29%，所以公司资产盈利能力还是非常优秀的。国内替代带来市场份额，且技术有一定独特性的医疗器械公司获得高估值是可以理解的。

三、新药研发：君实生物、微芯生物、成都先导

新药研发一般遵循头部原则。如果一家公司有100亿元营收，那么每年拿出10亿元来研发是很轻松的，如果一家公司只有10亿元营收，那么能拿出1亿元来研发就很不错了，但新药研发1亿元的产出十分有限。这是从上往下看医药投资。

从下往上看，正因为一些公司小，依靠单品的力量可以一举获得庞大的资金流水和利润，再通过研发循环，逐渐成为一家创新药公司。我国还没有很强大的跨国创新药公司，所以很多还没有盈利的创新药公司依然存在巨大的机会。就如恒瑞医药之前的PD-1，一种药7个月就卖了10亿元。恒瑞如今家大业大，但是如果一个小公司几个月就能从零营收跃升到几十亿元营收，那么单靠一个大单品，就有了成为一家成功公司的基础。

（一）君实生物

1. 君实生物的产品线

目前，医药研发受到重视，并逐渐出现了风投主导的创新药公司。比如港股的百济神州，之前没有什么营收，由于泽布替尼研发成功，公司得以发展壮大。同样的还有在美股上市的天境生物。创新就两个结果：成功或者失败。对于医药类公司，迈向成功的唯一路径就是研发，也许十年，甚至二十年，都不会赚一分钱，年年烧钱，可一旦有一个药品研发成功，其就会翻身成为有竞争力的公司。君实生物现阶段已经上市的药物品种非常单一，即PD-1特瑞普利

单抗，大量的药物还是在研状态，我们以了解其产品为主。

通过2020年半年报可知，君实生物已经有21个药品在研，其中19个是创新药，2个是生物类似物。已经上市的PD-1特瑞普利单抗主要治疗标准治疗失败后的局部进展或转移性黑色素瘤。在研药品中，有11项获得IND批准，也就是临床试验许可。全球有30余项正在进行的临床试验，其中关键性临床试验15项。

现阶段的君实生物，实质上有两个潜在爆发点。

一个是现有的PD-1热门靶点，其潜在相关16种肿瘤，拓展空间十分巨大。国内外PD-1和PD-L1都是研发热点，但君实生物是国内第一个获得药品批准的，而下一步，公司可以拓展PD-1在很多癌症领域的使用，这有很大的挖掘空间。现阶段，君实生物仅仅治疗黑色素瘤。

另一个爆点是其诸多的研发管线。

比如TNFα单抗的阿达木单抗，是单抗类的第一大单抗，治疗类风湿关节炎，2019年全球销售额为196亿美元，虽然目前逐鹿的医药公司逐渐增多，单家获利的难度在加大，但并不妨碍医药公司在这个热门单品中掘金。我国阿达木单抗生物类似药的市场规模预计在2023年将达到47亿元，在2030年将达到115亿元。

比如重组人源化抗PCSK9单抗注射液，其主要针对高血脂症的治疗，全球针对PCSK9靶点的两种抑制剂总收入是9亿美元，未来市场还在放量。预计市场规模将分别在2023年和2030年增长到52亿美元和106亿美元。

比如VEGF，2019年罗氏安维汀全球销售额为71亿美元，随着竞争者的增加，预期未来会有很多公司分食，当然也包括君实生物。

持续跟踪君实生物，且有兴趣搞懂每一个大单品作用机制的投资者，需要自己花时间去逐个了解君实生物的管线。投资者需要清楚，医药投资围绕大单品是不会错的，君实生物就是围绕大单品开展的研发，虽然研发过程是漫长的，但是公司在PD-1上已经结了一个“果子”，说明他们的研发能力是可见的。目前，其市值相对市盈率是高的，未来空间还很大。当然，收益和风险是匹配的，对于一家处在烧钱期的公司，不要过分笃定其未来，也不要忽视其巨大的可能性。

2. 君实生物的财务分析

对君实生物不用进行盈利分析，因为其现下是亏损，烧钱研发。2017—2019 年公司的研发费用分别是 2.75 亿元、5.38 亿元、9.46 亿元，2020 年上半年又投入了 7 亿元进行研发。

公司性质不同，对于盈利的诉求也不同，但是在宏观面上要小心大周期回落，因为周期回落意味着融资市场收紧，不能忽视君实生物 2020 年半年报的负债率已经达 47.59%。

我们之前讲述的公司，无论是器械类还是医药类，都很少关注其负债率，但是君实生物的投资者必须要关注其负债率。君实生物要成功，就一定要在资金耗尽前研发出重磅药、可盈利的大单品。这还是有风险的，所以投资者要在充分了解风险的情况下去追这个上市公司。

当知道这家创新药公司有如此强大的研发能力时，你是否会认为给其融资是想当然的？但是也要注意，同样聚焦研发的生物医药公司，如信达生物、天境生物、百济神州、金斯瑞等，相互间也有竞争，其竞争就是融资。是否能融资最终还是看其选择的产品管线，即在研产品进度是否快，在研产品的市场空间是否大。

（二）微芯生物

最早知道微芯生物，是因为西达本胺在 2015 年成为当年唯一被中国人发现的生物活性物质。生物活性物质和生物类似物的区别在于，生物活性物质是生物药的绝对创新领域，而生物类似物是仿制，比如君实生物的修美乐和安维汀的类似物，都是跨国药企已经成熟的生物单抗产品。

虽感慨我国生物医药创新薄弱，但在2015年也记住了微芯生物。现在微芯生物上市了，其业绩和财务指标的确没有太多可以说的。2020年半年营收达1.1亿元，半年扣除非经常性损益净利润达1 557万元。所以盈利能力分析基本无用，公司如今上市的就是西达本胺这个生物药，主要适用于既往至少接受过一次全身化疗的复发或难治的外周T细胞淋巴瘤（PTCL）患者，属于生命延长性的产品。

外周T细胞淋巴瘤，占非霍奇金淋巴瘤总病数的7%（大约10万人里有2名患者）。淋巴瘤里的霍奇金淋巴瘤可以治愈，而非霍奇金淋巴瘤是目前医学领域尚未攻克的一大难题。西达本胺适应证比较少，外周T细胞淋巴瘤患者本就不多，但是微芯生物属于创新药公司，并不只停留在这一个药品上，鉴于其已经获得正向盈利能力，未来能够循环获取研发所需的现金流，发展还是会很不错的。

当然，人们正在寻找西达本胺的新适应证，针对HDAC靶点，国外的类似药物是Belinostat和Romidepsin。但西达本胺也是少有的在疗效和使用方式（口服）上优于国外的药物。所以，微芯生物未来有两个关注点：一是西达本胺新适应证的拓展，二是在众多研发管线中发现新的靶点药物，成为二号利润来源。当然，西达本胺对比PD-1还是差一些的。

微芯生物研发管线规模比君实生物要小得多，但是有利点在于其已经实现正向净利润循环，这样就能为研发提供持续的现金流。后面值得关注的药品一个是西格列他钠，可联合二甲双胍治疗2型糖尿病；另一个是西奥罗尼，小分子化药原研药，通过调控酪氨酸激酶介导的肿瘤细胞生长和丝/苏氨酸激酶介导的细胞周期两大类不同的作用机制，发挥抑制肿瘤血管生成、抑制肿瘤细胞有丝分裂的作用。

微芯生物有盈利了，虽然是“残血”状态，但是遭遇大周期的危险较低。在研发上面，其投入级别还有待提升，但依然有看点，西达本胺是我国发现的少有的生物活性物质。2020年上半年微芯生物的研发投入费用为3 555万元，其中资本化为 2 355 万元，资本化比重较高。未来，西达本胺 + 西格列他钠 + 西奥罗尼的市场空间会接近 30 亿元。相比现有的营收规模，那是几十倍的涨幅。

未来还是要看公司研发管线的成果。从较短周期看，其眼前的研发成品数量还是较少，不过，未来值得期待。

（三）成都先导

DNA 编码化合物库（DNA–Encoded Library，DEL）是把 DNA 片段作为一种条形码，在包含数百万至上亿分子的化合物库中，每一个分子都由一条独特的 DNA 片段在分子水平连接，从而实现对整个化合物库的编码，其与传统高通量筛选化合物库的对比见表 14–5。

表 14–5　两种化合物库对比

类型	模式	数量	时间	化合物结构空间覆盖
传统高通量筛选化合物库	单一化合物	百万级	需要长时间合成或购买	稀疏
DNA 编码化合物库	库化合物	几十亿或更多	较短时间合成	密集

资料来源：相关资料整理而得。

目前国内只有成都先导拥有 DEL，是针对靶点药物的筛选技术，可使药物筛选效率大大提升。换句话说，成都先导是为医药研发做服务的，如果一个医药公司针对一个靶点寻找化合物药物，那么成都先导就可以通过 DEL 发现苗头化合物或者先导化合物，接下来医药研发才能进一步铺开，现下这个技术筛选效率较高。对于医药公司，研发是生命线，但研发必须要有方向。此时，成都先导这样的公司就尤为重要。

从成都先导的研发产品看，多数为 IND 以前在研，也就是处于临床试验以前阶段，其业务模式是提供技术合作和自主研发。当然，很可能其大多数研发成果会被卖掉，毕竟很多公司仅有个临床项目就可以融到巨额资金。但众所周知，临床不过三期，都是有风险的。这就像写文章，成都先导提供了提纲和一个好的题材，下面就得其他公司自己写。

提示风险：成都先导业务十分依赖全球化。公司2020年上半年营业收入较上年同期下降了18.85%，主要是筛选收入下降所致。受全球新冠肺炎疫情、海关加强管制、部分国际航班停航等影响，海外客户寄出的蛋白和公司自行采购的进口筛选用物料到货时间大大延长，并且部分客户（以美国为主）的实验室在疫情期间关闭，从而筛选服务无法按时完成或无法按时与客户完成交接确认。

公司在DEL技术领域不断深耕，已取得DEL技术相关发明专利24项，计算机软件著作权9项，正在申请中的境内外专利110余项，还有多个围绕着优化DEL相关技术以及攻克DEL技术难点的在研储备项目。

成都先导的化合物发现常用策略主要有6种，根据应用占比分为：已知活性化合物（Known）（43%）、高通量筛选（HTS）（29%）、基于结构的药物设计（SBDD）（14%）、定向筛选（Focused Screen）（8%）、基于分子片段的药物设计（Fragmenent Screen）（5%）、DNA编码化合物库DEL（1%）。可见，DEL虽然效率很高，但依然处于早期发展阶段，未来有很大的拓展空间。

全球涉及DEL技术领域的研发公司与机构主要分为三类，第一类是为公司内部研发提供服务的大型跨国药企，如葛兰素史克；第二类是提供商业服务的CRO公司，主要有10家，极具竞争实力的是成都先导、X-Chem及Nuevolution，Nuevolution自2019年被安进以1.67亿美元收购后没有再公开对外合作的项目，其未来极大可能会作为安进内部研发平台，不再对外提供服务，那么全球提供规模化DEL服务的CRO企业仅有成都先导和X-Chem；第三类是中小型创新药开发公司、大学和研究机构，全球有四五十家，标的比较稀缺。

从投资者的角度看，并非只有股票差价一条路，这一类标的除了未来的业绩拓展，很有可能成为并购的目标。跨国药企需要整合先导药物发现平台时，面对稀缺的标的，并不会在意其估值高低的。所以，并购一直是医药行业投资者变现的重要方式，不一定是 IPO。

至于成都先导的财务分析，2019 年其销售净利率为 45.52%，资产周转率为 0.46，资产负债率为 19.45%。我们看到其产品竞争力还是很强的，但是现阶段公司还受制于全球化的医药研发供应链。由于 IPO 融资，2020 年上半年公司的资产周转率和资产负债率都过低，失去了参考价值。

四、生物医药：康希诺生物和特宝生物

（一）康希诺生物

对于康希诺生物，说不说是比较犹豫的，科创板上市的时候，其突破了千亿元市值，这是一个明显而注定的高估，考虑到我国资本市场的现状，如果对康希诺股票不加甄别地买入，注定会造成亏损。或者说，这个游戏的展开本身不以基本面为前提，也就很难分析。但是反过来想，股价是变动的，万一有一天其进入一个较为合理的估值区间，或者其研发出的新冠疫苗产生超预期的销售，我们又不想错过这场辉煌。所以我们还是提及了康希诺生物，但是提醒投资者，这是有风险的投资。

康希诺生物的业务比较清晰，其核心研发能力来自四个技术平台：多糖蛋白结合技术、蛋白结构设计和重组技术、基于腺病毒载体疫苗技术、制剂技术。其中较为引人关注的是腺病毒载体疫苗技术，因为公司和陈薇院士团队合作开发了基于这一技术的首款新冠疫苗。当然，在疫苗发现方面，国外目前比较流行的是 M-RNA 技术，但用腺病毒载体疫苗技术研发的疫苗进度大大快于 M-RNA 疫苗，事实胜于雄辩，这项技术还是有很好前景的。

康希诺生物开展预防埃博拉病毒病、脑膜炎、新型冠状病毒肺炎

（COVID-19）、百白破、结核病、带状疱疹等13个适应证的16种创新疫苗产品的研发，除MCV2和MCV4外均处于临床研究早期阶段，具体见表14-6。良好的研发平台可能让疫苗的研发成功率更高，我们也拭目以待，未来其产品逐渐落地，确定性会逐步增强。

表14-6　康希诺生物开展的创新疫苗产品研发

序号	疫苗产品	病毒/适应证	获取临床批件时间	进度
1	Ad5-EBOV	埃博拉病毒	2015年2月	已获得新药证书及生产文号
2	MCV4	脑膜炎球菌	2015年12月	新药注册申请获受理
3	MCV2	脑膜炎球菌	2015年12月	新药注册申请获受理
4	重组新型冠状病毒疫苗（腺病毒载体）	新型冠状病毒（COVID-19）	2020年3月	临床试验进行中
5	婴幼儿用DTcP	百白破	2018年1月	临床一期进行中
6	DTcP加强疫苗	百白破	2018年1月	临床一期进行中
7	青少年及成人用Tdcp	百白破	—	申请临床
8	DTcP-Hib联合疫苗	百白破和b型流感嗜血杆菌	—	临床前研究
9	PBPV	肺炎球菌	2018年10月	临床一期进行中
10	PCV13i	肺炎球菌	2019年4月	临床一期进行中
11	结核病加强疫苗	结核病	—	在加拿大开展临床一期试验
12	CSB012-腺病毒	腺病毒	—	临床前研究
13	CSB015-脑膜炎	脑膜炎球菌	—	临床前研究
14	CSB016-带状疱疹	带状疱疹	—	临床前研究
15	CSB017-脊髓灰质炎	脊髓灰质炎	—	临床前研究
16	CSB013-寨卡病毒	寨卡病毒	—	临床前研究

资料来源：公司2020年半年报。

康希诺生物现阶段几乎没有什么在售产品，2020 年上半年营收仅仅为 400 万元，在 A 股这基本等同于零，所以其依赖未来研发的成功，目前属于初创阶段，财务分析意义不大。

公司未来进一步发展的可能性有以下几点：

（1）新冠疫苗。这一点不用多说，但安全性和有效性是疫苗产品的两个关键点，我们不能保证这一定是个亮点，但由于这是个风险投资的目标公司，所以投资者要了解因果。

（2）结合疫苗替代多糖疫苗的趋势。结合疫苗免疫记忆时间更长，但多糖蛋白结合技术是康希诺生物的主要技术，现阶段这部分疫苗以进口为主。如果公司研发成功，市场需求是有的。

（3）丰富管线、优秀团队和提高疫苗生产能力。其中，提高疫苗生产能力在新冠疫苗上已经有一定的体现，这也是康希诺有资格和院士团队合作的基础。

综上，康希诺生物的潜力完全依赖于疫苗的研发，因为现阶段还没有什么销售额，而这些研发在未来兑现、产品上市之后，市场需求、行业空间等问题都不大。2019 年国内的疫苗市场规模为 425 亿元（约 61 亿美元），人均为 4.4 美元，而美国的疫苗市场规模为 160 亿美元，人均为 57.7 美元，人均疫苗消费的巨大差距说明国内疫苗行业的发展有巨大空间。不过，风险是有的，因为这家公司至今没有产品在售，这并不符合价值投资的基本逻辑，也就是预期的确定性。投资者如果想要参与投资，需要充分看清风险，或者等待康希诺生物回归到一个较为合理的估值，即一个初创公司该有的估值。

（二）特宝生物

1. 特宝生物的产品线

目前，特宝生物的产品有四个：

派格宾（通用名：聚乙二醇干扰素 α-2b 注射液），乙肝一线用药，乙类医保药物。

特尔立（通用名：注射用重组人粒细胞巨噬细胞刺激因子），其在国内重组人粒细胞巨噬细胞刺激因子药物中市场占有率排名第一，为 rhGM-CSF 类药物，主要作用是恢复白细胞数量。肿瘤放化疗和造血功能障碍会导致白细胞减少，而白细胞是人体免疫的基础。

特尔津（通用名：重组人粒细胞刺激因子注射液），治疗中性粒细胞减少症，为 rhG-CSF 类药物。中性粒细胞是白细胞的一种。

特尔康（通用名：注射用重组人白介素 -11），主要用于实体瘤、非髓性白血病化疗后Ⅲ、Ⅳ度血小板减少症的治疗。

可以看到，其中派格宾是治疗乙肝的，特尔立、特尔津和特尔康基本上是治疗肿瘤放化疗导致的白细胞减少、白细胞里面的中性粒细胞减少以及血小板下降。如果你有陪伴病人放化疗的经验，就会知道医生非常关注血液指标，如果白细胞数量不达标，就需要打升白针。

升白针不是输入白细胞，而是输入人血白蛋白，以催熟白细胞。升白针分为长效升白针（PEG-rhG-CSF）和短效升白针（rhG-CSF）。对于患者而言，当然是长效的好，但短效的便宜。需要关注的是，现阶段特宝生物手中在售的都是短效升白针，PEG 化的长效升白针在研。

特宝生物在研 3 个Ⅰ类新药：Y 型 PEG 化重组人粒细胞刺激因子注射液（YPEG-G-CSF，Ⅲ期临床中）、Y 型 PEG 化重组人促红素注射液（YPEG-EPO，Ⅱ临床申报中）、Y 型 PEG 化重组人生长激素注射液（YPEG-GH，Ⅱ / Ⅲ期临床中）。乙肝药物派格宾就是一个成功蛋白质 PEG 化的药物。

所以，特宝生物在蛋白质长效化修饰方面优势明显。重组蛋白质，就是通过基因重组改变细胞基因，比如改造大肠杆菌的基因（这是假设），由于蛋白质合成依赖基因信息表达，改造后的大肠杆菌就会产生新的蛋白质。

大多数重组蛋白药物存在半衰期短、免疫原性高、临床给药频率高、须注射给药等弊端。长效蛋白不仅弥补了以上短效蛋白的短板，同时可以稳定地提高血液浓度，提高疗效和降低副反应。因此重组蛋白长效化是近年来生物技术发展的重要趋势之一。

目前生物药长效技术大致分为化学修饰和生物修饰两大类，其中化学修饰包括聚乙二醇（PEG 化）、多聚唾液酸以及脂肪酸修饰法，生物修饰包括构建突变体、融合蛋白和糖基化。

所以，PEG 化就是聚乙二醇化生物医药。我们可以参考机构罗列出的聚乙二醇化药物的市场占有情况，见表 14–7。国内在研聚乙二醇化生物药的临床进展情况见表 14–8。

表 14–7　聚乙二醇化生物药样本医院销售额

产品	企业	2018 年销售额 / 亿元	增速 /%	占比 /%
聚乙二醇重组人粒细胞集落刺激因子	齐鲁药业	5.300	115.7	46.2
	石药集团	4.500	123.1	39.8
	恒瑞医药	—	—	—
聚乙二醇干扰素	特宝生物	0.500	367.3	4.0
	罗氏	1.100	−31.6	9.5
	默沙东	0.009	−95.5	0.1
聚乙二醇重组人生长激素	长春金赛	0.050	46.9	0.4
合计		11.459		100.0

资料来源：PDB 药物综合数据库，西南证券整理。

表 14–8　国内在研聚乙二醇化生物药临床进展情况

企业	在研产品	适应证	临床阶段
特宝生物	Y 型 PEG 化重组人促红素	儿童慢性肾功能不全生长障碍等	二期
	Y 型 PEG 化重组人粒细胞集落刺激因子	预防化疗后中性粒细胞减少	三期
	Y 型 PEG 化重组人生长激素	生长激素缺乏症	二期 / 三期
江苏豪森	聚乙二醇胸腺素 α1	HBeAg 阳性慢性乙肝	三期
	聚乙二醇洛塞那肽	Ⅱ型糖尿病	一期

续表

企业	在研产品	适应证	临床阶段
天津派格	聚乙二醇化艾塞那肽	Ⅱ型糖尿病	一期
	聚乙二醇化重组人粒细胞集落刺激因子	预防化疗后中性粒细胞减少	一期
安科生物	聚乙二醇化重组人干扰素 α2b	慢性乙型肝炎	一期
	聚乙二醇重组人生长激素	生长激素缺乏症	一期
格兰百克	PEG 化重组人粒细胞集落刺激因子	预防化疗后中性粒细胞减少	四期
Polaris Group	聚乙二醇修饰的精氨酸脱亚氨酶	肝细胞癌	三期
北京双鹭	聚乙二醇重组人粒细胞集落刺激因子	预防化疗后中性粒细胞减少	三期
新时代	聚乙二醇重组人粒细胞集落刺激因子	预防化疗后中性粒细胞减少	三期
富进生物	聚乙二醇化重组集成干扰素变异体	慢性丙型肝炎	三期
九源基因	聚乙二醇化重组人粒细胞刺激因子	预防化疗后中性粒细胞减少	二期
三元基因	聚乙二醇新型集成干扰素突变体	慢性肝炎	一期
瑞迪奥	锝 [99mTc] 肼基烟酰胺聚乙二醇双环 RGD 肽	肺癌良 / 恶及分期诊断	一期
山东先声	注射用聚乙二醇化重组人血管内皮抑制素	晚期实体瘤	一期
沈阳三生	聚乙二醇化重组假丝酵母尿酸氧化酶	高尿酸血症引起的痛风	一期
药华医药	Ro 聚乙二醇化重组人干扰素 α2b	真性红细胞增多症	一期
奥赛康	聚乙二醇化重组人粒细胞刺激因子	预防化疗后中性粒细胞减少	一期
赛保尔	聚乙二醇重组人促红素	慢性肾性贫血	一期

资料来源：药智网，西南证券整理。

特宝生物的专利技术 Y 型分支聚乙二醇是将 PEG 结构的两条支链分别通过稳定性更强的酰胺键和 C–N 键与母核链接，具有较好的稳定性以及支链不易水解脱落等优势。已上市的派格宾在疗效与安全性方面与进口药旗鼓相当，并在个别临床指标上优于进口产品，说明该项技术在国内外同类产品中具有较大竞争优势。

公司除了三个血液蛋白重组药物 PEG 化在研，还有三个药在研。一个慢性乙肝临床治愈实验，属于派格宾的升级版，目的依然是治疗乙肝，还有两个是 ACT50（抗肿瘤，针对整合素 avb3 靶标）和 ACT60（皮肤病，一种糖皮质激素与 IL-2 受体激动剂的新型药物组合），这两种药物都在人体实验阶段，预期兑现还需时日。

小结：特宝生物产品线在卖的有四个药物：派格宾、特尔立、特尔津、特尔康。在研项目也是围绕这四个药物，一个是派格宾的联合疗法，还有就是另外三个药物的 Y-PEG 化疗法，以实现长效化。至于 ACT50 和 ACT60 可以作为潜在的利好，未来研发还需要很长时间。

在营收方面，公司 2019 年营收乙肝药派格宾占一半，三个血液肿瘤类药物占一半，具体见图 14-4。

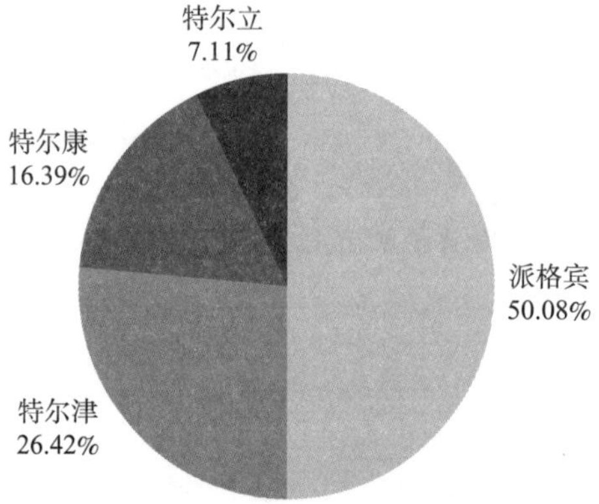

图 14-4　特宝生物营收情况

资料来源：公司年报。

我国是乙肝大国，现有慢性乙肝感染者约 7 000 万人，其中慢性乙肝患者 2 000 万 ~3 000 万人。乙肝病毒感染是导致肝硬化和肝癌等末端肝病发生的主要原因。新版中国慢乙肝防治指南推荐 PEG-IFN-α 和强效低耐药的核苷（酸）类似物（NA）为临床首选抗病毒药物。PEG-IFN-α 可作为 HBeAg 阳性 / 阴性慢乙肝非肝硬化患者和代偿期肝硬化患者（需密切监测相关副作用）的一线优选治疗方案。

治疗乙肝的核苷酸类药物主要有恩替卡韦、拉米夫定、替比夫定、阿德福韦和替诺福韦。恩替卡韦很多投资者比较熟悉，因为在第一批带量采购中，正大天晴的恩替卡韦降价十分严重。但派格宾有比较强的议价能力，因为在我国获批用于慢性乙肝治疗的长效干扰素只有特宝生物的派格宾、罗氏的派罗欣和默沙东的佩乐能三个品牌。据 PDB 药物综合数据库数据，目前派格宾占整个长效干扰素 α 市场的 29.4%，国产替代趋势明显。

2. 特宝生物的财务分析

特宝生物 2019 年的毛利率为 88.99%，几款制剂基本都在这一毛利率水平，销售净利率为 8.81%，销售费用为 4.2 亿元，产品主要为升白针和乙肝治疗药物。销售费用高是为了提高产品渗透率，因为升白针需要和国内外多家医药公司竞争，而且乙肝属于慢性病。预计未来公司产品的渗透率提高，产生规模效应会降低销售费用率的占比，提高销售净利率。资产负债率为 28.65% 在医药领域有点高，总资产周转率为 0.97，可见这家公司的资产规模还比较小。公司处于早期发展阶段，未来将逐步进入快速成长期。

第十五章

医疗科技的前沿 >>>>

如今跨国投资逐渐便利，很多投资者开始关注一些在美国股市或者欧洲股市上市的比较小型的科技前沿公司。未来在我国医疗全行业的发展中，一些公司必然会选择并购这条路，所以医疗方面的前沿科技会逐步影响到国内市场。在此我们首先要阐明一点，对于医疗高科技小公司的投资，属于高风险投资。乐观看，有理由看好这些小公司，因为有时候一家小公司的回报不只千倍。悲观看，医疗科技的周期非常长，小公司要经常面对失败的可能，一旦失败，公司归零也是很正常的事，这又是非常大的投资风险。但是不管投资与否，了解科技前沿对于投资科技类股票的意义不言而喻，如果一个科技进入了成熟期，那么其爆发的时候至少要知道是怎么回事。

例如云计算，如今基本上没有软件公司不上云的，大家都在推自己的云产品，比如迅雷有云下载，用友有云软件，360 有云查杀。不同的软件、不同的功能都在挖掘云的可能性，然后推进整个行业的发展。如果我们搞不清楚云是什么，那么当这股云浪潮来的时候，我们就无所适从，不知道关键点是在服务器还是在各种结合云技术的软件上。所以，要了解未来的可能性，因为我们不知道它什么时候会变成钱。

一、基因编辑技术

我们所说的基因编辑技术，基本上就是指成簇规律间隔短回文重复（CRISPR/Cas9），实质上这属于第三代基因编辑技术，由于简便易行，引起了非常多的关注。如今的基因编辑成就已经开始深入各种动植物的基因改良当中。当我们还在争论转基因的时候，其实转基因已经进入淘汰期，基因编辑的时代已经来临。

我们首先要搞清楚什么是基因编辑技术。现代科学有很多种方向，但是在生物和基因方面，大致上就是一个方向，“精准改造”，比如靶向治疗，针对各种不同的癌症特异性设计药物。基因编辑技术也一样，历史上我们曾用多种方法去改造生命体的基因。

基因是什么？人有 23 对染色体，人体的 60 兆个细胞就是靠这些染色体里的“图纸信息”打印出来的，这 23 对染色体有 23 条来自父亲，有 23 条来自母亲。具体到每一条染色体，则是呈现双螺旋结构的 DNA，DNA 由腺嘌呤（A）、胸腺嘧啶（T）、鸟嘌呤（G）、胞嘧啶（C）四种碱基排列组成。A 和 T 配对，G 和 C 配对，形成双链。这些碱基的排列顺序所蕴含的信息就是基因。人类拥有大概 20 000 个基因，这些碱基的排列顺序有 20 000 种可能性。

基因的作用就是打印蛋白质，病毒就是很简单的一个 DNA 或者 RNA 和一些蛋白质的结合体，大多数生命体都是由蛋白质组成的，所以几乎所有的生命都是由 DNA 决定的，这就是“基因同源”。人和树木的 DNA 其实差距并不是很大，之所以树木是树木人是人，是因为我们的部分基因发生了突变，这就要说到进化论了，就好像 DNA 在打印过程中图纸会随机发生错误，也许大部分错误都是致命的，但是少部分的突变导致了进化。比如冰川期，北极熊繁殖较快，随机产生的一个毛色突变就能让北极熊在那个时代获得优势，继而冰川开始融化，北极熊的生活逐渐变得困难，棕熊和黑熊就获得了优势。

癌症是什么？虽然对癌症有很多种解释，但普遍的一种说法是癌症病变是部分细胞在分裂过程中产生了突变，突变可能来自天生的不稳定基因，也可能来自分裂中的随机事件，也可能来自病毒对于DNA的改造，比如HPV病毒就是致癌的。

我们是怎样改造基因的呢？1974年，科恩（Cohen）将金黄色葡萄球菌质粒上的抗青霉素基因转到大肠杆菌体内，揭开了转基因技术应用的序幕。这种技术实质上就是将一个基因片段，也就是包含多个位点的一整条基因打入另一个生物的细胞中，让其和DNA重新组合。这种组合有很大的随机性。所以科学家们在转基因动植物领域一直争论不休，因为一整段基因落点并不是固定的，它可能整段落在一个位置上，也可能被撕成很多个小片段分别落在基因序列的任何区域，也许是尾端，也许是头部，这样形成的新生物特性就是不稳定的，因为并不知道这一整段基因片段里面有没有不好的基因。

我们已经有了很多转基因的新物种，比如将胰岛素的基因植入猪的心脏，将生长激素抑制素的基因转入大肠杆菌，等等。但这些技术还没有被运用于人体，如果用在人体上，我们根本不知道附带的基因片段里有什么，也许会变超人，也许会变绿巨人。

基因编辑技术就是要改变这种状况，我们不但要添加新的基因位点，还要剪除不好的基因位点，并且让基因位点精准落在或离开相应的位置，所以这种技术又叫作“魔法剪刀”。

CRISPR/Cas9是第三代基因编辑技术，第一代基因编辑技术是锌指核酸酶（ZFN），其方法是找到基因位点和对应的蛋白质，对蛋白质的特定部分进行分析和设计（锌指），再将改造后的蛋白质送入细胞，这个细胞会从数万基因中找到目标基因，和目标基因结合。这项技术主要是为了敲除目标基因，让目标基因丧失功能。

2010 年左右出现了第二代基因编辑技术转录激活因子样效应物核酸酶（TALEN），碱基和一个 TAL repeat（蛋白）结合，进入细胞敲除目标基因。二代技术比一代精准很多，在 CRISPR/Cas9 出来之前，好评度较高，实用性较强。

2012 年，美国加利福尼亚大学伯克利分校的詹妮弗 · 杜德娜和瑞典于默奥大学的艾玛 · 纽埃尔 · 卡彭蒂耶共同完成了 CRISPR/Cas9，其和前两代技术有根本性区别。

CRISPR 是细菌中存在的一种 DNA 序列，首次发现是在乳酸菌里，在抗病毒感染的时候这种 DNA 序列会起作用，在乳酸菌感染病毒的时候，一些病毒的基因片段会保留在 CRISPR 序列中，当病毒第二次来袭，CRISPR 就可以在 Cas9 酶的作用下，用保存的基因片段找到病毒基因，并且切断。这个机制类似于我们人体的免疫力，我们的机体会针对病毒产生抗体，类似地，乳酸菌这种功能使目标基因包裹在病毒上，然后产生对同种病毒的抵抗能力。

同时，CRISPR/Cas9 利用了 RNA 的向导功能。RNA 是用来誊写 DNA 信息的，RNA 的碱基是腺嘌呤（A）、鸟嘌呤（G）、胞嘧啶（C）和尿嘧啶（U），RNA 的誊写就是 DNA 的腺嘌呤和 RNA 的尿嘧啶、DNA 的鸟嘌呤和 RNA 的胞嘧啶进行互补配对。

将基因位点信息用 CRISPR 片段结合到向导 RNA 上，由 RNA 找到目标位点，由 Cas9 内切酶完成基因剪除。这个过程中 DNA 会不停地自我修复，而 CRISPR/Cas9 会重复切除，直到“修复失误”出现。

不仅仅是剪除，这项技术的另一个功能是替代被剪除的基因。在反复切除修复的过程中，目标 DNA 的片段会被捕获，再添加到复合体中，就像我们拆掉了一节基因，然后用别的基因修补进去。

▲ 华人科学家张锋博士证实了 CRISPR/Cas9 技术在哺乳动物身体上运用的可能性，张锋博士是美籍华人，11 岁随父母赴美，如今是博劳德研究所的研究员，这个研究所由麻省理工学院和哈佛大学共同开办，据说其团队成员大多数是华人科学家。可见华人在这方面并不欠缺天赋。

CRISPR/Cas9 也有缺陷，最常发生的是“脱靶效应”，脱靶的意思就是打错了位点，理论上这个技术是精准的，但是少量的脱靶会让结果变得难以预料。在癌症治疗方面，这种方法就遇到了阻碍，因为在癌症部位没有办法把脱靶的细胞剔除出去。目前大多数的试验还是集中在胚胎干细胞领域，因为单细胞比较好控制。

利用 CRISPR/Cas9 技术改造动植物已经成为一个热门的科研活动，全世界的科学家都在研究，还出现了赛跑迹象，但是 CRISPR/Cas9 基因编辑的最终目的还是攻克癌症，如果能更好地解决脱靶问题，也许这个技术就可以让癌细胞的突变基因被替换成正常的基因，这样癌症就可以逆转，癌细胞就可以成为正常细胞，在损伤最小甚至没有损伤的前提下，癌症就被消灭了，当然这还需要时间。

二、靶向药物和免疫疗法

之所以说第三代基因编辑技术是一种跨越，是因为其精准地改造了基因，相比以前的基因重组或者转基因，这是质的飞跃，甚至可以在一定程度上结束转基因安全的部分争论。当然目前技术还不够完美，需要更多人来完善。

靶向药和免疫疗法相对来说就比较简单了。我们前面说过，癌症是因为基因突变，突变是由多种因素导致的，而突变之后由于基因位点改变，DNA 表达就会体现出一定的特异性。那么针对不同的特异性，需要多角度安排疗法。比如针对癌细胞的不同染色体变异，寻找一种能够找到携带有变异基因的癌细胞的药物，将癌细胞消灭或者限制其生长；比如寻找到癌细胞的生长因子，研发出一个抑制剂，抑制癌细胞的增长；比如激发身体的免疫功能，让免疫细胞攻击癌细胞。癌细胞之所以令人讨厌，是因为其不同于正常细胞，治疗也是针对其与众不同的那些方面。

靶向药，顾名思义是针对一个标靶的药物，就像射箭一样，瞄着靶子射过去。相比化疗、放疗和手术，它针对的是癌细胞的特异性。手术和放化疗虽然效果明显，但是好细胞和坏细胞会一起被杀，事实证明很多的癌症患者死于过度治疗，因为手术联合放化疗具有很强的损伤性。但是，对于早期未扩散的实体癌症，应该使用手术和放化疗来彻底清除，这是目前最有效的方法。特异性的靶向药或者免疫疗法主要针对的是晚期癌症，或者是内环境癌症，比如淋巴癌和血癌，这些癌症细胞存在于身体的内环境，无法阻止其扩散，而靶向药就是很好的追杀利器。

那么靶向药的标靶是什么呢？就像我们瞄着靶子射箭，总要找一个靶心，癌细胞和正常细胞之间存在差异，我们就是要找到不同点，然后把不同点作为靶子。早在 20 世纪 60 年代，人们就发现了费城染色体，它存在于慢性髓细胞白血病（CML）的癌细胞中，这些染色体产生的原因是正常细胞发生了染色体异位，可以理解为染色体突变了，形成了一个新的融合基因 BCR-ABL，这种基因编码生成的一种酶可以作为癌细胞的生长因子，推动癌细胞比正常细胞更快地生长，这种酶是一种叫络氨酸激酶的蛋白质，活性非常高。

我们知道了酶在推动癌细胞生长，思路就很清晰了，抑制住这种酶，让癌细胞生长困难，这就是诺华公司早期的伊马替尼（又叫格列卫）的由来。带“替尼”名称的药很多都遵循这个靶向思路，但这类靶向药的缺点依然是明显的。首先要有靶子，也就是有明确的生长因子。其次必须找到针对性的药物，现有手段是通过大数据筛选医药库，但成功率有限。最后抗药性和复发依然广泛存在。但是对于癌症患者，这依然是一个不错的选择。

国内比较有名的替尼类药物有恒瑞医药的阿帕替尼和吡咯替尼，贝达药业的埃克替尼，其他的替尼类药物很多还在临床期。其实国内仿制药前沿的竞争基本上就在靶向药上。

说完了靶向药，我们再来看免疫疗法，这个在“魏则西事件”后一度被误解的疗法，如今逐渐在几个方向发展起来。我们的身体是很强悍的，可以对抗各种病毒，病毒入侵身体会产生抗体。人体有两种非常厉害的免疫细胞，B 细胞和 T 细胞，都产生于骨髓，T 细胞可以吞噬外来入侵者，而 B 细胞生产各种抗体。两者相辅相成，缺一不可，于是很多疗法想要利用免疫细胞，激活免疫细胞来治疗癌症。

我们先熟悉一下 T 细胞的“好朋友”DC 细胞，又叫树突状细胞。免疫疗法的第一步是识别 DC 细胞在哪里，让其作为搬运工向癌症机体内部呈递特异性抗原。第二步是 DC 细胞碰到了 T 细胞，并且激活了 T 细胞。第三步是 T 细胞进入微环境杀死了癌细胞。

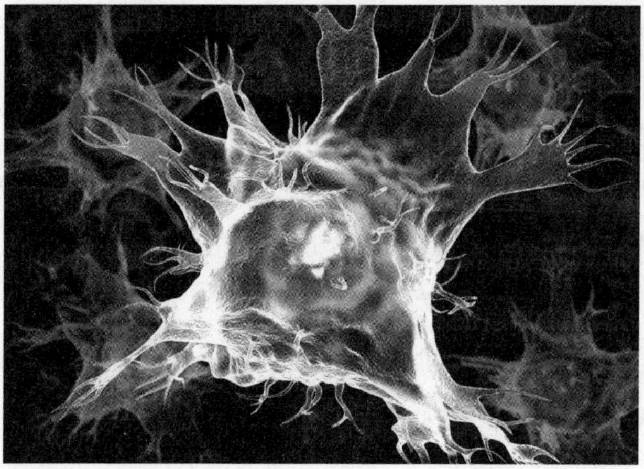

▲ DC 细胞最大的特点是有很多的枝蔓，能够深度延伸到细胞缝隙中，增加细胞的接触面。

免疫检测点抑制剂针对的是免疫疗法中的第三步，T 细胞进入微环境后，会根据 DC 细胞呈递的特异性抗原来识别癌细胞。所以这和靶向治疗一样，区分了好细胞和坏细胞，可以将损伤降到最低。在找到癌细胞且对上号之后，T 细胞会释放干扰素，面对干扰素，好细胞心领神会，在细胞表面生产 PD-L1 分子，而 T 细胞表面有 PD-1 分子，两个分子一打招呼，于是就放过了好细胞，直接去杀癌细胞。但是癌细胞也很聪明，它也会学习释放出 PD-L1 分子，T 细胞就分不清楚了。

怎么办呢？癌细胞释放 PD-L1 分子，T 细胞释放 PD-1 分子，我们要用抑制剂抑制这两种分子表达，也就是免疫检测点抑制剂疗法。这种疗法现有 CTLA-4、PD-1 和 PD-L1 三种抑制剂。不过这种疗法依然是有缺点的，大量激活 T 细胞会有副作用，少数患者会死亡。这种抑制表达量和治疗效果有关，但是不能准确量化，治疗费用太贵。

国外使用的 PD-1 疗法主要是美国新泽西州普林斯顿的百时美施贵宝的疗法，FDA 已经批准其治疗不再对其他药物响应的不可切除或转移性黑色素瘤患者，以及晚期（转移性）鳞状非小细胞肺癌（NSCLC）。另外，该疗法在头颈癌方面也有不错的进展，所以这个方向的研发是很重磅的。

我们再来看 CAR-T 细胞疗法，PD-1 抑制剂定位在免疫疗法的第三步，而 CAR-T 细胞疗法是针对前两步的，为什么让 DC 细胞这么辛苦地去传递信息和寻找 T 细胞呢？我们完全可以把 T 细胞找出来，然后体外培养，所以这种疗法也叫作过继细胞疗法。一般有三种，TIL（肿瘤浸润性淋巴细胞疗法）、TCR（人造 T 细胞手提疗法）、CAR（嵌合抗原受体疗法）。TIL 疗法就是依赖患者自己的 T 细胞过继到癌症部位，例如黑色素瘤。TCR 和 CAR 都是转基因技术，将普通 T 细胞转变为抗癌症 T 细胞，区别在于 TCR 是细胞受体，而 CAR 是嵌合抗原受体。CAR 可以识别癌细胞表面多种蛋白，但是也会损伤好细胞，不够精准。如果一起杀死的正常细胞无关紧要，我们就可以尝试这种方法。所以，和 B 淋巴细胞关联的慢性淋巴细胞白血病（CLL）、急性淋巴细胞白血病（ALL）和 B 细胞型非霍奇金淋巴瘤（NHL）就可以使用 CAR-T 细胞疗法。

这个疗法的代表是诺华公司的 CTL019，于 2017 年 8 月通过 FDA 批准上市，针对的是 CD19 分子表达。这个 CD19 分子也好理解，其实就是黑名单，大多数与 B 细胞相关的癌症中都存在癌细胞表面 CD19 分子的表达。就治疗效果而言，最振奋人心的是 93% 的 ALL 患者使用这种疗法后症状完全缓解。

但这种疗法的副作用巨大，一个是其无法阻止癌症的复发，而且复发率比较高，另一个是如果发生细胞因子风暴会危及生命。但是对于淋巴癌这种几乎无药可救的疾病，这已经是最佳选择。

随着诺华的成功，研发 CAR-T 细胞疗法的公司也水涨船高。在国内最早递交临床申请并被受理的是南京传奇生物科技，其控股公司是港股的金斯瑞生物科技，其股价从 2017 年 8 月的 4~5 元一直冲到 34 元，这个幅度是相当惊人的。另外，重点的概念股有安科生物（看博生吉）、复星医药（看复星凯特）、恒瑞医药（看恒瑞源正生物）、佐力药业（看科济生物）。

我们认为 CAR-T 细胞疗法还会继续扩展可治疗癌症的种类，而且其应对的都是非常致命的癌症，虽然有缺陷，但还是有很多人因此获得了生命的延续。

总体上看，未来很多癌症的疗法将是精准的综合性疗法，如今投入巨资研究基因数据的不仅仅是医疗公司，还有谷歌、IBM 等数据巨头。癌症就是复制基因过程出了错，最有效的治疗方法就是使用基因技术找到癌细胞标靶，并精准将其杀死。在这个过程中，一个困难是不同患者即使得了同一种癌症，其突变的基因也未必相同，大多数患者用药前都需要进行基因比对，来确定具体用药的种类；另一个困难是癌细胞复制过程中容易出现新的突变，从而导致现有疗法突然失效。

一个简单且直观的方法是，针对不同基因突变的患者设计不同的药，并且在他们癌症发生新突变的时候再用另一种药，或者找到个性化的药物进行针对性治疗。我们已知可能导致癌症的突变基因是几万个，而癌症只有几百种，有些药在治疗某种癌症的时候可能是有效的，却没有通过临床检验，因为其针对的是特定的基因突变，如果能够进行大数据分析，我们可能会了解所有几万个突变基因和癌症的关联性，以及针对这种突变基因需要使用哪一款特效药。谷歌旗下的 Calico 就是在做这种总结。大数据和医学继续走下去，也许有一天就真的能造出一个“大白机器人”，只要扫一扫你的基因，就能够给你提供药物。当然这条路十分漫长，大量靶向药就是通过这种方式来重新定义疗效的。

三、医疗自主化

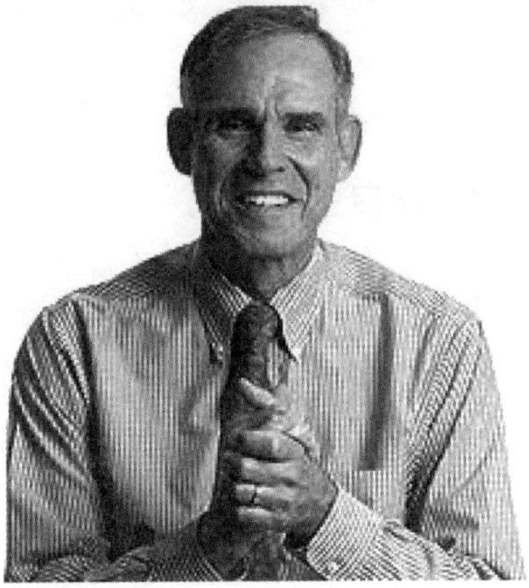

▲ 埃里克·托普，心脏病学家、基因组学教授、约翰霍普金斯大学医学博士、医景网主编，医疗领域的预言家，也是医疗自主化的推动者。

医疗自主化也算医疗的一项前沿吗？的确，相比前面所述的技术，这更像一种理念。但我们来考虑一个问题，患者去看病，当问起病况的时候，医生总是粗浅地解释几句，这并不是因为医生懒惰，而是因为在医学上，患者和医生的知识是不对等的，医生不可能解释各种专业知识，只是尽可能做表述。在有电子病历之前，我们甚至对医生的草书习以为常。

过去，整个医疗过程都是围绕着医生的诊治进行的。医患之间由于误解，产生了很多矛盾，走了很多弯路，都是因为医学知识的非对称性，那么未来要做什么呢？既然医学知识是不对称的，就要有一个方法，让病人看得懂所有的诊断，看得懂用药的理由。更进一步，可以将程序化的理论输入 AI 系统，当患者询问一种病的时候，机器能够直接回答并给出所有相关的治疗建议。

医疗自主化的意思就是病人逐步成为治疗的主导，在医疗上所有人都能平等获取。获取什么呢？一是获取对于自身健康状况的认识，二是获取相关的健康知识。

医生的知识体系就像古老照相机的黑箱子，大家都不知道里面装了什么，只是被动接受专业人士的服务。科技的进步逐渐改变了这种境况，用手机有可能拍摄出比单反相机更加漂亮的照片。我们不需要知道 AI 是如何让我们在健康方面变得更专业的，只需要接受这个结果，人类区别于动物的主要方面是更加习惯运用工具。

（一）从科技进步看医疗自主化

医疗自主化的成形有如下几方面的推动，从而使不可能逐步成为可能：

1. 信息透明化趋势

世界范围内反击不公平、不公正行为最好的方法，就是信息透明。各行各业的标准化过程，其实就是信息从封闭到公开的过程。诸如 A 股治理的重点就是信息披露，房地产治理的重点是信息联网，征信系统的普及可以防止债务人欺骗。在医疗领域也是如此，国内外都存在很多医疗纠纷，这里面并不存在哪一方一定是正确的，因为知识并不对称，全社会倾向于保护医生。但是如果医生错了呢？我们并不能否认一个真理——是人就一定有可能犯错。

过去我们还无法做到透明化，当一个患者死亡，大概率会将其归入手术的成功率，或者治愈的成功率，没有总结。如今治疗已经有迹可循，各种信息系统会记录下医生的用药、用量、医嘱和判断结论。

2. 信息解读方式便利化

有一大堆信息公布出来，并不代表这些信息对你有用，尤其是医疗方面的信息。很多患者在这方面是聪明的傻瓜，往往一知半解地去判断医生的优劣，甚至选择医生都是口口相传的。一知半解和一点也不知道其实类似，但是好在人类可以借助工具。例如一些急救知识，束手无策的时候我们总能在互联网找到一些答案。未来这些答案会被大数据技术汇总，继而形成一个 AI 系统。初期这个系统会显示一大堆疾病原理，未来会直接告知人们应该怎么做。不需要知道中间的过程，只要一个结果。

3. 医疗设备小型化和便利化

距离病人最近的是什么？并不是社区医疗卫生院，而是家。手机如今已经可以连接第三方设备，比如监测血压、血糖、心律、呼吸等，甚至 B 超和 CT 设备也可以随身携带，或在家中配备。可以说现代医疗仰仗器械，经验最后都要落实到仪器的检测结果上面。我们已经很少看见只需要观察患者面色就能得出结论的医生。在信息透明化的浪潮下，医生也不敢擅自给出模棱两可的结论。

对于医疗自主化，医疗设备的小型化和便利化是另一个跨度的进步。从检验物的采集、试剂检验、病理分析到最终结论，一台机器完全可以承担。当然现阶段的医疗器械便利化和轻量化的路还很长，但未来的趋势是一定的。

4. 电子病历打造个性化医疗

通过小型便利的医疗器械获得所有的健康指标，加之有 AI 帮助解读，我们已经可以诊疗一些疾病，甚至自己给自己开药了。但是，医学是复杂的，正如前面所说，导致癌症的突变基因就有数万种。

其中一种解决方法，就是实行持续性的疾病管理，例如最近几年兴起的慢病管理。检测和医疗都是阶段性的，检测结果也是基于一个时间点，也许因多种因素某人在检测的时候血压是正常的，但是晚上睡觉的时候血压突然飙升，甚至有生命危险。另外，跨医院治疗的时候，这个医院的医生让拍一个 CT，到了另一个医院，另一个医生让再拍一遍。CT 检查是有辐射的，但辐射还是小事情，大事情是第一家医院的医生可能刚刚触及一些疾病的真相，到了另一家医院，另一个医生在一头雾水的情况下重新判断很有可能不准确。很多疾病是需要持续性观察的，而且观察的频率要非常高。

电子检测设备的性能已经上升到新的高度。比如用手环测量心跳，我们可以用手环持续不间断地测量，进而得到一些心律曲线的信息，这些信息和我们单次测量的结果不一样，它包含了心律在各个时间段的波动情况，特别是能够测量一些不易知晓的时间段（比如睡觉时）的心律。

我们可以植入一个通信设备，当这些曲线被持续观测的时候，如果出现了身体警报，这个设备会直接报警给医院或者家人，从而使患者获得及时救治。

（二）国内医疗自主化情况

软件记录信息，再通过大数据分析演变为 AI 技术，从而了解患者的身体状况，直接给出治疗方案，再加上电子病历可以保持连贯性，并且连接持续监测的医疗设备，最后形成一个个人的综合健康数据库。医生从数据库里面可以直接调用历史的检查结果和以前医生的判断，甚至参考人工智能的医疗判断，做出进一步有针对性的治疗。整个医疗自主化的终点就是每一个人都会有一个“大白机器人”。

终极目标还只是目标，如今全世界范围内有两件最重要的事情要做，一件是医疗器械小型化和轻量化，另一件是电子病历合并。从国内看，医疗器械逐步小型化和轻量化，已经有了 POCT、微流控芯片、家用医疗器材、手机功能嵌入的监测设备等。这方面的公司有很多，即使技术不完备，公司也可以考虑从国外购买设备弥补不足，未来难度应该不大。

但是在通行电子病历方面，或者医疗数据整合成 AI 方面，我国还远远落后，这主要基于两方面原因：

一方面是健康隐私问题，比如某基因检测公司高管说："员工不应该有缺陷基因。"个人的健康档案里面可能就不仅是手机号码和住户地址，还会有一些特异性的东西，例如有些疾病信息的存在会被招工单位歧视，甚至有些基因的特异性位点可被利用来制作针对个人的精准病毒。这些都是非常危险的。国外的方法是试图让中立公正的第三方来持有数据，然后根据各大公司数据使用的需求进行先期加密，让使用者只能接触到自己需要的数据。另外患者看病时电子病历的信息必须由患者授权，否则即使是主治医生也不得给予。

另一方面是利益问题，如果一个医生必须承认前一个医生的诊疗数据，那么这个国家的医疗也应该是全免费的"大锅饭"模式，否则如果医生要通过自己的诊疗或者方案获利，就必然会要患者重走诊疗程序。我国现阶段医院服务和医药加成的盈利模式，必然使各大医院之间忙于竞争，并且在医院之间竖立高墙。我们看到，即使使用同一款软件，医院间也不会共享诊疗信息，因为怕权责不明，承担了不该承担的责任。

国外相对来说好一点，美国有个"蓝色按钮"计划，旨在为病患和普通使用者提供在线安全的健康记录，并且对其健康进行管理和监督。"蓝色按钮"记录了详细的个人健康信息，包括化验结果、医生记录、问题清单及健康提示等。使用者不仅可以在线查看这些健康信息，还可以从自己的病历中导出数据，系统会自动生成包含个人体重、血压、膝关节损伤等详细数据的健身计划。该健身计划可谓私人订制，因为每个使用者的情况都不一样。

形成健康档案仅仅是单一维度的，未来势必引入 AI 技术对其进行个性化分析，形成个性化的诊疗方案，当然国内现阶段连完整的健康档案都没有，这也是未来的一个科技点，投资者需要等待相关的投资机遇。

（三）医疗自主化就是智慧医疗吗

医疗自主化和智慧医疗大部分是重合的，我们将面对一个更加智能化的未来，更多的跨学科技术将进入医疗领域，比如 AI 技术、云计算技术、加密技术。但是医疗自主化和智慧医疗又有所不同，这个不同在于治疗的终点。智慧医疗仅仅认为治疗应该是高效的，而医疗自主化认为治疗必须以患者自己的意志为主导。如果两个方案，一个方案费用很高，患者无法负担，另一个方案性价比高，但是疗效欠佳，医生也许推荐了前者，而患者只能负担后者，又难以启齿，结果前一个方案只实施了一半就因为患者无法负担医疗费用而停止了，这一定会耽误病情。有人强调医疗和消费是不一样的，消费应该听从顾客的声音，而医疗只能听从医生的声音。其实并非如此，未来的医疗应该能够告诉患者详细的情况，然后让患者自己做决定，而不是损耗在各种重复的身体检测和决策上面，这并不利于提高效率。

四、手术机器人：天智航

手术机器人是一个全新赛道，传统骨科手术受制于医生经验和术中设备，存在操作精准度不稳定、复杂术式难普及等不足，亟须精准治疗解决方案。随着微创外科手术和智能外科手术的快速发展，骨科手术导航定位机器人技术成为未来。

手术机器人有多种，比如腹腔镜手术机器人、骨科手术机器人、神经手术机器人、血管介入手术机器人、支气管手术机器人等。代表性的企业如表 15–1 所示。

表 15-1　全球代表性手术机器人

分类	代表产品	公司名称	公司总部
腹腔镜手术机器人	Da Vinci Roboti	Intuitive Surgical	美国
	Senhance	Trans Enterix	美国
	Severance	Revo-I	韩国
骨科手术机器人	Mazor Renaissance	Medtronic	美国
	Mazor X	Medtronic	美国
	ROSA ONE Spine	Zimmer Biomet	美国
	ROSA Knee	Zimmer Biomet	美国
	MAKO	Stryker	美国
	TiRobot“天玑”	天智航	中国
	T Solution One	Think Surgical	美国
神经手术机器人	ROS ONE Brain	Zimmer Biomet	美国
	Neuromate	Renishaw	英国
	睿米	柏惠维康	中国
	Sino Robot	华科精准医疗	中国
血管介入手术机器人	Cor Path GRX	Corindus	美国
	Amigo	Catheter Precision	美国
	Sensei Robotics	Hansen Medical	美国
支气管手术机器人	Monarch	Auris Health	美国
	Ion	Intuitive Surgical	美国

资料来源：CNKI，国盛证券研究所。

在手术机器人领域，最有名的是腹腔镜手术机器人达芬奇，就是表 15-1 中的第一家。达芬奇机器人由三部分组成：外科医生控制台、床旁机械臂系统、成像系统。其核心不是将手术全部交给机器人，而是利用医疗机器人的精准，让手术更加微创。

达芬奇手术机器人的成本并不低，主要是其机械臂属于损耗品，一条机械臂大约 10 万元，但只能使用 10 次，而且这样的机械臂要有四条。综合看，只要开一次机，不管手术是否成功，都要 4 万 ~6 万元的开机成本。介绍达芬奇手术机器人和我们的主角天智航“天玑”机器人关系不大，但是可以让我们更直观地了解什么是手术机器人。

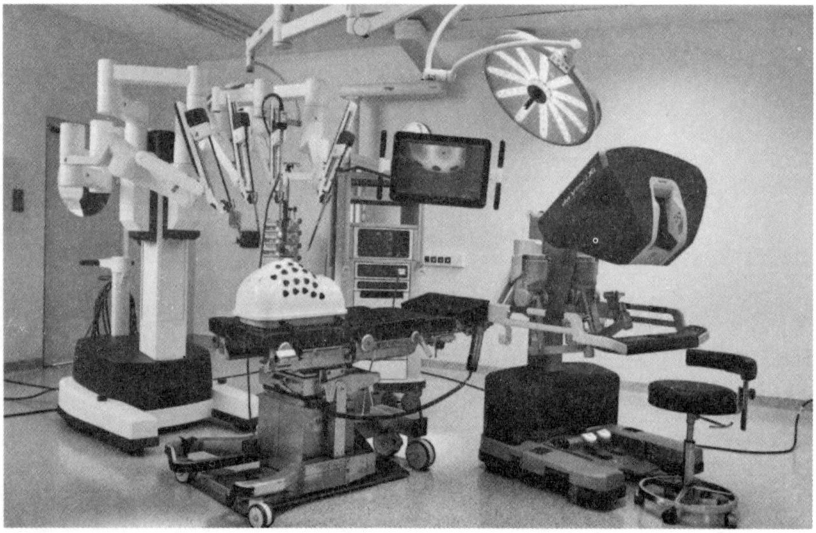

▲ 手术机器人的成品展示。

在国外，最早的手术机器人出现在 20 世纪 80 年代。1986 年，美国 IBM 公司 Thomas J. Watson 研究中心和加利福尼亚大学合作开发医疗机器人技术，并于 1992 年推出第一个真正意义上的医疗机器人——RoboDoc，该机器人主要用于髋关节置换，并通过了 FDA 认证。由于发展历史较长，国外手术机器人渗透率较高的就是神经活检和髋关节置换。达芬奇手术机器人作为一种腹腔镜手术方式也逐步普及，尤其是在盆腔腹腔镜手术方面，其更善于处理隐藏较深的肿瘤。

天智航是国内手术机器人的先驱者，公司主要为医疗机构提供骨科手术机器人、手术中心专业工程、配套设备及耗材、专业技术等，其天玑机器人是国内首家通过 NMPA 注册的手术机器人，公司也是全球第五家获得许可的手术机器人公司。当然这家公司还是初创公司，其骨科手术导航定位机器人的销售额占营收的九成，尚在亏损。未来随着手术机器人渗透率的提高，手术机器人最终会替代临床医生。

根据普华永道的咨询数据，手术机器人在 2020 年有接近 60 亿美元的全球市场，且美国和欧洲分别占了 63% 和 25% 的市场份额，而亚太地区的市场份额只有 12%。另外，手术机器人费用较高，操作医师数量有限也限制了当下市场的普及，未来随着手术数量的增加，成本费用下降也是大趋势。

天智航有三款机器人产品："GD-A""GD-2000/GD-S" 和 "TiRobot®"（又名"天玑®"）骨科手术机器人。"天玑"属于通用型骨科手术机器人，其可承担的骨科术式见表 15-2。手术机器人产品结合不同术式，收费不同。北京积水潭医院根据手术复杂程度分档，收费在 1.8 万 ~4.5 万元；而在手术辅助机器人层面，收费在 7 000~15 000 元。有医生朋友提及，相关产品使用一次开机费在 2 万元左右，属于高端高值医疗设备。

表 15-2　"天玑"骨科手术导航机器人可承担的骨科术式

<table>
<tr><th>手术类型</th><th>手术名称</th><th>手术操作</th><th>具体功能</th></tr>
<tr><td rowspan="9">创伤骨科（骨盆、髋臼骨折）内固定手术</td><td>耻骨联合空心钉内固定手术</td><td>骨折复位后进行的螺丝钉内固定</td><td>以机械臂辅助完成手术器械或植入物的定位</td></tr>
<tr><td>骶髂关节空心钉内固定手术</td><td rowspan="8">骨折复位后进行的螺丝钉内固定</td><td rowspan="8">以机械臂辅助完成手术器械或植入物的定位</td></tr>
<tr><td>前柱空心钉内固定手术</td></tr>
<tr><td>逆行前柱空心钉内固定手术</td></tr>
<tr><td>后柱空心钉内固定手术</td></tr>
<tr><td>逆行后柱空心钉内固定手术</td></tr>
<tr><td>髋臼上（lc 2）空心钉内固定手术</td></tr>
<tr><td>逆行髋臼上（lc 2）空心钉内固定手术</td></tr>
<tr><td>髂骨翼内空心钉固定手术</td></tr>
</table>

续表

手术类型	手术名称	手术操作	具体功能
创伤骨科（四肢骨折）内固定手术	股骨颈空心钉内固定手术	骨折复位后进行的螺钉内固定	以机械臂辅助完成手术器械或植入物的定位
	踝关节骨折螺钉内固定手术		
	跟骨及距骨骨折螺钉内固定手术		
	足踝多关节融合空心钉内固定手术		
	Lisfranc 骨折空心钉内固定手术		
	掌指骨骨折螺钉内固定手术		
脊柱手术	颈椎椎弓根螺钉内固定手术	颈椎、胸椎、腰椎的临床手术操作主要处理骨折及退行性病变需要进行的螺钉内固定及椎体成形，减压内固定等	以机械臂辅助完成手术器械或植入物的定位
	颈椎侧块螺钉内固定手术		
	寰枢关节间螺钉内固定手术		
	齿状突骨折前路螺钉内固定手术		
	颈胸椎椎弓根螺钉内固定手术		
	胸椎椎弓根螺钉内固定手术		
	胸椎经皮椎弓根螺钉内固定手术		
	腰骶椎椎弓根螺钉内固定手术		
	腰椎关节突螺钉内固定手术		
	胸腰椎经皮椎弓根螺钉内固定手术		
	经小关节面螺钉内固定手术		
	脊柱肿瘤椎弓根螺钉内固定手术		
	脊柱侧弯手术		

资料来源：招聘说明书，国盛证券研究所。

从天智航的研发方向来看，其已经覆盖了 45% 的骨科手术，但是还需要进一步拓展机器人的应用范围。天玑®骨科手术机器人 2.0 国内版已进入注册审评阶段，天玑®骨科手术机器人 2.0 国际版已经完成样机开发，全髋关节置换机器人（THA）处于预研阶段，全膝关节置换机器人（TKA）已经完成产品设计定型，处于研发验证阶段。医用机器人专用机械臂和光学跟踪相机的研究也取得了积极进展。

天智航的看点类似于大多数医疗器械公司的看点。医疗器械和医药不同，其市场份额较为稳定，未来拓展依赖产品的迭代和丰富，方向性较为确定；而医药更加看重单品研发的成败，能否创新或仿制成功才是关键。所以天智航未来的市场空间就在于不断迭代其骨科手术机器人，完善耗材研发，使机器人手术逐步替代传统人工手术。

另外，天智航还进行了一些并购，当然这些并购对象目前发展状况一般，其子公司也在向上下游延伸。这些做法是有必要的，其投资方向包括足脊柱医用耗材、移动 CT、机械臂和静脉配药机器人等，具体见表 15-3。

表 15-3　天智航广泛布局骨科机器人上下游

公司	天智航出资比例 /%	主营业务及其与公司主营业务的关系
安徽天智航医疗科技有限公司	100.00	从事医用耗材生产业务，为公司主要产品提供配套耗材
北京天智航医疗技术服务有限公司	100.00	从事医疗器械销售和技术服务业务，为公司主要产品提供配套服务
北京水木东方医用机器人技术创新中心有限公司	70.00	从事机器人领域技术培育和研发，有助于公司探索最新的技术路径和研发方向
新中心有限公司	20.00	正在筹建骨科医院，提供配套服务
天和诚	19.00	医疗设备及耗材经销
天峰启航	16.67	医疗板块投资
法国 SPW	0.16	医用耗材生产研发销售
美国 Topco	1.50	持股平台
德国安杰	6.00	医疗机器人核心部件生产

资料来源：招股说明书，国盛证券研究所。

2016 年 9 月初，天智航买入法国 SPW 股票，2017 年 8 月增资后，占该公司总流通股比例为 17.36%，但之后基本亏光了这笔投资。对于初创企业，这次的失败教训还是比较沉重的。

并购失败还是次要风险，天智航还存在市场接受度不高的问题。不过，从2019年半年报、2019年年报数据看，其发展还是不错的。2019年半年报骨科业务营收为9 872.42万元。可见2019年公司营收的确有较大幅度的提升。但进入2020年情况就不容乐观了，受新冠肺炎疫情影响，骨科手术延迟，骨科手术机器人需求大幅度下滑，但预期这种颓势在未来会再次扭转。

骨科手术机器人的看点，在于其未来无限替代人工的可能性。这个领域是高科技的代表，也充满不确定性。对于投资者来说，这是一个值得长期关注的领域。

第十六章
注意事项 >>>>

一、正确的投资策略不拘一格

大多数情况下我们不喜欢公司有商誉，但是对伯克希尔·哈撒韦另眼相看。我们一直呼吁以扣除非经常性损益净利润为参照，但是对于威高股份旗下的威高血液净化增发导致控股公司转为联营公司，我们依然在参考未并表的业务。我们说可以用 15 倍市盈率来参考股价，但在面对金融股 6 倍市盈率时依然会犹豫，因为金融股属于高负债，利率抬升预期会在一定程度上增加其资金成本，而在医药股远高于 15 倍的市盈率时我们依然推崇，因为医药股会遵循成长的轨迹。

万事不可绝对，不可钻牛角尖，要打破对投资固化的认识，要明白“金融市场一切皆有可能”。即使稳健如巴菲特，其实际投资期也没有包含 1929 年之后的十年大萧条，也就是说，巴菲特也没有遇到过极端的情况。这不是说巴菲特会失败，而是告诉大家适应环境变化比学习知识更加重要。巴菲特在 70 余年的投资生涯中每时每刻都要面对未知，但是股神依然屹立不倒。

知晓一点炒股技术并运用可不可以？当然可以，投资者不排斥任何一种技术，但技术面的知识只能反映一家公司股价变动期间投资者会出现的群体心理特征，并不研究某只股票具体的投资者构成和公司真实的价值，所以很多时候，炒股技术会出现貌似准确的价格表现。如果一只股票好坏已经明确，再利用一下技术，找到一个相对合理的突破点买入，这当然是合理的。所以我们不去评判技术趋势投资，只是提醒大家不要忘记重点，在了解了重点的情况下，利用和学习技术趋势投资在某些情形下是有必要的。

另外，投资从本质上是寻找公司的未来价值，每一家公司各不相同。我们也许会看到一个类型的公司集体溃败，但更要关注这些公司为改变所做出的努力。我们没有推荐跨界的医药上市公司，并不是我们不关注，或者带有偏见，而是我们尚未看到亮点。玩跨界对公司而言并不是一个加分项，但是在这些公司中总有一两个玩得好的，我们并不死板，如果感觉跨界是一个有前途的做法，当然要支持公司跨界，并购买公司的未来。

二、利好利空兼有常识

市场反转非常频繁，往往昨天的一个好消息，不知道经过了怎样的传播，今天就成了一个利空。利空和利好之间有时候有很强的随意性，我们也看到部分投资者只承认利好，选择性承认利空，部分有影响力的公众人物甚至从来只看多不看空。投资当然要乐观，但是也不能罔顾客观事实。一般来说，最大的利空是涨高了，最大的利好是跌多了。就像黑夜和白昼，涨跌、多空都是交替的。但市场对信息的反应往往并非按常理来，在股价下跌的时候任何利好都被看成利空，在股票上涨的时候，只要股价验证了，很多投资者就会认为利空其实是利好。这些被错误引导的行情在一段时间的反向发展之后，一定会走到本该有的轨道上来，当投资者注意到市场短期选择了错误的方向，接下来的反转会更加猛烈。

所以，对于利空和利好的判断不要听从他人或者新闻的解读，要先有一个从了解到判断的自我思考过程。能够排除纷扰独立思考，投资者才能获得成功，否则就会纠结，越纠结越赚不到钱。A 股的信息迟滞性恰恰给予了投资者充分解读信息的时间，不能根据价格做出判断，不要认为短期价格上升了，利空就应该是利好，即使短期价格上升了，利空还是利空，它只是被短暂牵引到相反方向而已。

要尽量避免一厢情愿，所有的事情都不会因为一厢情愿而发生改变。

三、不要一个人战斗

投资者如果知识不足，那么多交流是有益的。要增广见闻，不仅可从书本上找，也可在交流中逐步增长知识，而且在交流中要对观点提供者进行区分，对于那些经常表达正确方向的观点提供者，应该更多地与之交流。

一方面，不要觉得麻烦了别人，谦虚和慷慨永远是人际交流的两大法宝。另一方面，不要吝啬自己的看法和观点，查漏补缺才能日益成长。心理学上有一种理论解释了这种交流带来拓展的心理行为，即周哈里窗理论，见图 16–1。

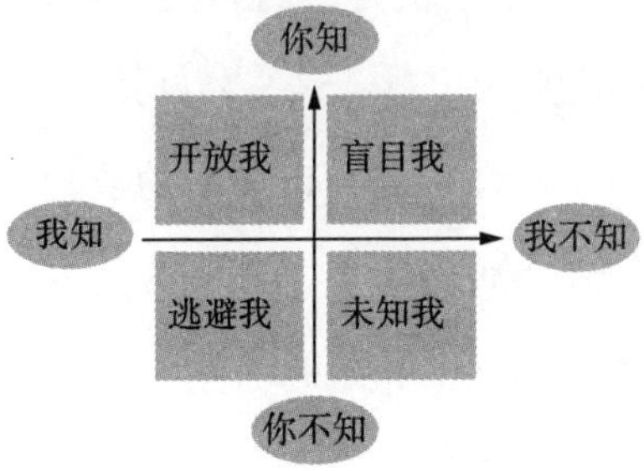

图 16–1　周哈里窗理论

资料来源：相关资料整理而得。

让他人知道。通过向对方讲述自我保留的东西而减少不必要的精力和时间消耗（横轴向下移动）。

他人让你知道。通过他人直接表达对自我无意识领域的认知，增加了解自我的可能性，从而使自我无意识转向有意识的公众领域（纵轴向右移动）。

综合：缩小私人领域，缩小自我盲点，扩大公众领域帮助自我与他人形成更好的交流环境，并逐步激发自我潜能。

图 16–1 中，我知道的越来越多，你知道的也越来越多，通过交流，未知我的区域越来越小。未知我又代表潜能区域，这些潜能区域逐渐成为自己的认知区域。

交流的好处是能够更好地了解自己的盲点和不足，而很多投资者对待交流的心态有问题。我们看到每当股市低迷的时候，交流就随之减少，大家都不愿意谈市场，但当股市火爆的时候，人人都在表达观点，又不太允许别人表达不同观点。这都是错的，我们应该把市场交流作为常态，互通有无，不存在需要藏着掖着的信息和知识，有些知识不说出来，永远不知道对错。

四、摒弃接盘思维

有人说 MSCI 是利好，有人说养老金进入是利好，有人说外资买入是利好。有时候利好太多了，但我们是否想过，这些利好招来的投资者也是需要盈利的。

投资者经常忽略一点，就是自己在市场中的位置，大多数零散的投资者在市场上并不占优势，有时还有很多劣势，而一些新进入者还会把资金和信息优势发挥得淋漓尽致。我们只能接受新进入者给市场带来的巨大变化，这种变化在一定程度上是不可控的，也是难以适应的。

当然一些巨头新进入也不必说是利空，具体要看个人在市场中的位置，是属于传统盈利的投资者，还是日常亏钱的“韭菜”。传统盈利的投资者对市场的各方势力更加了解，或者对公司研究的时间更长。另外，我们并不是说国外机构研究不充分，而是短期内它们只能通过公开信息进行买卖，所以对于一些公司，它们一样会出现追高的状况。如今港通交易活跃，个股是可以获得交易数据的，曾经活跃的股票有些已经开始大幅下挫了，这并不奇怪，而从港通的流出看，有很多资金被套牢在其中。

外资也会犯非常大的错误，如果都不犯错，讲价值，讲理性，那么十年一次的金融危机是怎么来的呢？所以要摒弃接盘思维，拥有竞跑思维。比如一只老虎追过来了，A 马上开始系鞋带，B 说："你快跑啊，为什么还要系鞋带？"A 说："我不用跑过老虎，只要跑过你就行了。"这就是 A 股的盈利理论，要战胜的是市场中的平均值和大多数人，不要过分在意盈亏比例，谁也没有具体统计过。

五、要让自己年轻化

"我这个年纪，学习已经太迟了。"很多人是如此定义自己的，对投资者来说，最可怕的是被时代抛弃，当你只能聚焦超市货柜的时候，基本上已经封死了自己百倍千倍的盈利路径。

当然有人会提起巴菲特对可口可乐、卡夫食品等的投资成功之处，但是要清楚认识到，那个时候可口可乐和卡夫食品采取的工业化和市场开拓方式实质上是先进的，20 世纪 80 年代电视和冰箱在第三世界普及，而可口可乐的扩展实质上就是这两样家电产品的扩展。如今，这种扩展越来越难，因为没有什么更先进的方法，可口可乐的业绩也因为消费者对于糖分的新认知而逐步走下坡路，再投资可口可乐已经不具备认知壁垒了。巴菲特又开始考虑投资苹果、比亚迪等公司了。

一切并非绝对，任何一次成功的投资都需要一定的认知壁垒。

如果我们关注的是公司的未来，我们就需要有认知壁垒，就要保持自己的年轻化。有人说医疗不是要按照老人的思维吗？非也，如今大部分家庭老人治疗的决策权在儿女手中，儿女会用新思想、新理念来为老人提供健康建议。很多老人对技术还有偏见，诸如支架和起搏器，各种碎片化的知识让他们恐惧，其实这些技术的确可以很好地延长生命，并且提高生命的质量。

所以，要习惯用年轻人的角度思考问题，要努力了解科技的前端，越了解前端，年轻化的思维能力越强。

六、成功投资的关键：三分选股，七分组合

成功投资的关键其实是风险控制，投资者需要在风险可控的前提下取得更高的收益。国外备受推崇的价值投资，为何到中国就饱受投资者的质疑？答案是很多人看到巴菲特长期的巨大盈利，也想照猫画虎，以为自己买一两只股票长期持有就能赚几百倍，其实他自己也不能确定买入的股票能不能涨！投资者的第一个痛点就是选股问题，就是选择能长期上涨的股票。但投资者只会选股还不够，决定其收益的不是选股，而是投资组合操作。很多投资者看了几本有关价值投资的书，就以为自己懂得了价值投资的真谛。其实国内很多著名的价值投资者，的确通过长期持有贵州茅台、恒瑞医药赚了钱，但他们中绝大多数不过是运气好——碰巧长期持有的股票翻了几十倍而已。要知道好运气不会常有，更多的投资者没有那么好的运气，持有的股票很垃圾，最终亏了很多钱。价值投资的确以选股为前提，选择好的公司非常重要，但是投资者还要明白，对于能否赚钱，选股只决定了30%，而投资组合操作占了70%。

由于进入股市的门槛太低，很多投资者没有经过专业的投资训练，而没有长期资产管理经验的普通投资者很难理解上面的话。因为选股这一关，已经有很多投资者无法通过了，而更重要的一关——投资组合操作，则恐怕闻所未闻。但事实就是如此，这并非我们故弄玄虚。马克维茨1952年写的《资产选择》在

1990 年还获得了诺贝尔经济学奖。这本书重点讲了投资组合理论，现代金融投资理论几乎都是以投资组合理论为基础的。投资组合理论牵涉大量的高等数学计算，普通投资者很难懂，但是可以直接告诉大家结论：投资组合就是在风险最小的情况下，取得最大收益的资产组合，或者在收益固定的情况下，风险最小的资产组合。投资者通过投资组合可以消除个股风险，但不能消除系统性风险，比如战争、政策风险。

我们的经验是，普通投资者可以选择 8~12 个细分行业的龙头公司做投资组合，而资产管理者，比如管理几十亿元资产的基金经理，通常需要组合 30~40 只股票，40 只股票的组合可以把个股净值风险降低到 5% 左右。我们得出这个结论是花了高昂学费的。

下面提出关于投资组合的九个问题，如果投资者能独立回答正确，基本上就是搞懂了投资组合。

（一）为何一定要进行投资组合

股市投资的组合相当于“不要把鸡蛋放在同一个篮子里”，那么问题来了，普通投资者组合多少只股票合适呢？自己在本书中寻找答案吧。

（二）投资组合仅适合股票吗，组合里可以有基金、债券和黄金吗

投资组合就是资产配置，是包括不同类别资产的组合，所以不仅适合股票，也适合其他类资产，投资者可以选择股票、债券、货币基金和黄金等做资产组合。家庭资产投资股市比例的公式：100- 年龄 = 股市投资比例。

（三）买 10 只银行股是投资组合吗

因为银行股都属于一个板块，它们存在相关性，且相关系数很高，所以即使把这个板块内所有的股票都买了，也不叫投资组合。

（四）投资组合操作中如何规避市场的系统性风险

系统性风险原则上不能通过投资组合规避，但是可以把时间拉得足够长，通过分期分批买入来分散系统性风险。问题其实是间隔多长时间买入比较好。

（五）在投资组合中，应该选价值型股票还是成长型股票

投资组合对成长股和价值股都适合，依据自己的投资能力做组合就好了。

（六）可以按照技术指标做组合操作吗

如果技术指标是指大盘指数而且你是技术高手，则可以借鉴自己的长期经验，但如果是个股的技术指标或者你是新手，那就算了。投资一定要简单化，拉开价格差异，比如 10% 的级差更靠谱一些。

（七）多少只股票的投资组合可以完全规避个股风险

我们的答案是如果选择 500 只细分行业的龙头股组合，个股的风险可以完全忽略，比如标普 500 指数。不过问题来了，为何不买标普 500 指数基金还要自己选股呢？

（八）如何寻找到最优的组合

投资组合的原理是收益是个股收益的累加，但个股的风险不累加。原则上，每个人都有一个收益最大、风险最小的投资组合。但投资者要明白的是，投资组合仅适合个人的风险承受力，所以不存在适合所有投资者的风险最小、收益最大的最优组合。

（九）如何选择最适合自己的投资组合

每一个投资者的风险承受能力是不同的，所以要根据自己的风险承受能力合理投资。同时，普通投资者尽量在自己的能力圈内选股，比如我们对医药行业熟悉，就可以在医药行业的细分市场里选择好的公司做组合。

学习很贵，但是不学习更贵

投资大师从来不是繁忙的交易者，他们积累巨额财富的秘密是抓住大牛股！只有牛股才能让收益一路绝尘，摆脱短赢长亏的尴尬；唯有持续高增长的股票，才能充分享受资金的复利增长过程，这个翻倍、十倍乃至百倍的获利过程不是奇迹，而是倚靠智慧、信念成就财富梦想的光荣之路。

投资者要想从徒劳无益的追涨杀跌中解脱出来，走上另外一条投资大师的必经之路，就必须通过学习掌握价值投资方法。我们一直在传授价值投资理念和方法，旨在通过一段时间的学习，让广大学员学会投资，真正达到专业投资者的水平。本书是价值投资者交流经验、学习价值投资方法的乐园。

愚者昧于成事，智者见于未萌。人的一生，只要抓住几次投资机会，就能彻底实现财务自由，贫富往往在一念之间！

最后提醒大家，投资是科学也是艺术，估值有一定的主观性，所以本书提到的公司案例及估值仅供大家参考，投资有风险，入市需谨慎！